中国财政科学研究院研究生教学参考书系列

GUANLI KUAIJI:
LILUN,GONGJU,ANLI

管理会计：
理论、工具、案例

王建新　编著

中国财经出版传媒集团
经济科学出版社
Economic Science Press

图书在版编目（CIP）数据

管理会计：理论、工具、案例/王建新编著. --
北京：经济科学出版社，2022.12
（中国财政科学研究院研究生教学参考书系列）
ISBN 978 - 7 - 5218 - 4396 - 5

Ⅰ. ①管… Ⅱ. ①王… Ⅲ. ①管理会计 - 研究生 - 教
学参考资料 Ⅳ. ①F234.3

中国版本图书馆 CIP 数据核字（2022）第 240271 号

责任编辑：于 源 陈 晨
责任校对：王京宁
责任印制：范 艳

管理会计：理论、工具、案例

王建新 编著

经济科学出版社出版、发行 新华书店经销
社址：北京市海淀区阜成路甲 28 号 邮编：100142
总编部电话：010 - 88191217 发行部电话：010 - 88191522
网址：www. esp. com. cn
电子邮箱：esp@ esp. com. cn
天猫网店：经济科学出版社旗舰店
网址：http://jjkxcbs. tmall. com
北京季蜂印刷有限公司印装
787 × 1092 16 开 15.25 印张 316000 字
2022 年 12 月第 1 版 2022 年 12 月第 1 次印刷
ISBN 978 - 7 - 5218 - 4396 - 5 定价：66.00 元
（图书出现印装问题，本社负责调换。电话：010 - 88191510）
（版权所有 侵权必究 打击盗版 举报热线：010 - 88191661
QQ：2242791300 营销中心电话：010 - 88191537
电子邮箱：dbts@ esp. com. cn）

前　　言

这是一个日新月异的时代。科学技术进步和商业模式创新推动人类进入了新经济时代，引发了生产要素的重组和竞争格局的重构，人才作为知识储备已经成为企业获取市场竞争优势、提升价值创造能力的关键驱动因素。

这是一个中国经济向智能化转型的时代。数字经济是千载难逢的良机，如何综合性提高财务数据治理水平，借助大数据为企业的经营战略提供有效决策服务，如何防控重大危机事件带来的财务风险，是会计行业面临的重大挑战和机遇。

这是一个会计人才融入时代潮流的大好时代。如何成为会计行业的精英，是每一位会计专业人士必须面对的竞争格局。通过学习管理会计相关课程，开阔视野，提升专业应用能力，塑造创新和创业精神，把大数据与财务智能化有机结合，挑战最前沿的商业案例分析，成就会计人生的最高境界。

学习管理会计的方法应该分两步走：一是了解管理会计的框架体系，即搞清楚管理会计是什么、是如何发展起来的、未来的发展方向在哪里；二是了解管理会计现有的、比较成熟的各种工具、方法，尤其是其应用的目的、场景、优缺点等，以便可以随时调用。

管理会计工具作为管理会计理念的具体化，随着管理思想的演进逐渐深耕和完善。管理会计发展至20世纪70年代，管理会计工具以标准成本法、本量利分析等为代表。而进入80年代，为了满足企业流程再造和精细化管理的需要，战略成本管理和作业成本法成为企业实现流程优化和提升管理效益的主要工具。90年代，经济增加值、平衡计分卡等一系列有利于企业价值创造的管理会计工具风靡而起。管理会计工具的不断丰富为企业带来了新的挑战，即如何有效地选择应用管理会计工具以提升企业的价值创造能力。价值链作为企业业务活动的价值载体，反映了企业价值创造的动态过程，为管理会计工具发挥价值创造功能提供了平台。不同企业存在相同的主要价值链节点，但由于企业战略和行业环境不同，每种主要节点都可以分解成具有企业自身特点的差异性活动，因而导致价值链各节点管理需求不同，结合权变理论，企业对管理会计工具选择亦有所不同。因此，对管理会计工具在企业价值链各节点上进行分类介绍，有助于企业识别和选择管理会计工具，提高管理会计工具的应用效率，从而创造价值。

通过管理会计的规划活动，设计企业顶层战略，运用预算管理工具，将战略分解为日常经营目标。通过管理会计的决策工具，协助管理人员作出基于数据分析信息的决策，将企业在投资、筹资、运营和分配各环节相互竞争的方案中，选定最优的战略协同方案。通过管理会计的控制活动，根据管理会计信息系统收集反馈信息，运用有效的控制方法，保证计划被正确执行或情况出现变化时修改计划。通过管理会计的评价活动，全面评价企业目标达成情况，分析有利及不利因素，动态优化运营流程，形成战略协同的经营模式。

目 录

第一章　管理会计之"源"

——理论基础

随着社会生产力的发展和科技进步，企业面临的经营环境复杂多变，组织和经营管理模式不断变革，管理会计的外延逐渐拓展，内涵也在不断丰富。尤其是数字经济时代的到来，在物联网、大数据、云计算、人工智能、区块链等新兴技术"赋能"作用下，管理会计进入了创新发展的"快车道"。管理会计将内化更多相关学科理论，在企业中将得到更为广泛的应用，与企业经营管理的结合也将更为紧密。

管理会计的形成与发展受诸多学科影响，表现为很强的学科交叉性，经济学、管理学、运筹学、数学、统计学等在管理会计中得到了广泛的应用。随着中国进入创新与品质发展的新时代，人力资本成为中国经济转型升级与持续增长的新动能，管理会计开始更多地引入心理学、社会学、组织行为学等理论。可以看出，管理会计是动态发展的，管理会计的理论也随着环境和企业管理变化而不断发展。

第一节　管理会计的理论体系

要想全面地了解管理会计，我们需要弄清楚管理会计在众多理论体系中所占的地位，划清它和其他理论的区别和联系。1952 年，世界会计学会年会上正式通过了"管理会计"这个名词，标志着管理会计正式形成。管理会计体系通过不断吸收现代管理科学，特别是系统论、控制论、信息论、行为科学、信息经济学等方面的研究成果，同时引进数学、统计学和计算机技术，在理论体系上日趋完善。2014 年，《财政部关于全面推进管理会计体系建设的指导意见》中指出，推进管理会计理论体系建设。推动加强管理会计基本理论、概念框架和工具方法研究，形成中国特色的管理会计理论体系。

一、管理会计的概念

管理会计的概念体现了时代发展的特征，管理会计来源于企业实践，通过总结归纳，又进一步回归指导实践，通过不同时期国内外专家学者对管理会计的定义，我们可以看出管理会计概念范围和内涵的发展路径，从而总结出能够代表和指导当今企业实践的管理会计概念。

（一）国内学者关于管理会计定义的主要观点

1983 年，余绪缨教授编著的《管理会计》认为：财务会计与管理会计是当代资本主义国家中企业会计的两个重要领域。

1984 年，李天民教授编写的《管理会计学》认为：管理会计主要是通过一系列的专门方法，利用财务会计及其他有关资料，进行整理、计算、对比和分析，使企业各级管理人员能据以对日常发生的一切经济活动进行规划与控制，并帮助企业领导作出各种决策的一整套信息处理系统。

1987 年，王家佑教授编写的《管理会计》认为：管理会计是西方企业为加强内部经营管理，实现最大利润的目的，灵活运用多种多样的方式方法，收集、加工和阐述管理当局合理的计划和有效控制过程所需要的信息，围绕成本、利润、资本三个中心，分析过去、控制现在、规划未来的一个会计分支。

1989 年，温坤教授认为：管理会计是企业会计的一个分支。它运用一系列专门的方式方法，收集、分类、汇总、分析和报告各种经济信息，借以进行预测和决策，制订计划，对经营业务进行控制，并对业绩进行评价，以保证企业改善经营管理，提高经济效益。

2012 年，孙茂竹等主编的《管理会计学》（第 6 版）认为：管理会计是以提高经济效益为最终目的的会计信息处理系统。正确研究和理解管理会计应注意以下四点：第一，从属性看，管理会计属于管理学中会计学科的边缘学科，是以提高经济效益为最终目的的会计信息处理系统。第二，从范围看，管理会计既为企业管理当局的管理目标服务，同时也为股东、债权人、规章制度制定机构及税务当局甚至国家行政机构等非管理集团服务。也就是说，其研究范围并不局限于企业，从目前看有扩大研究范围的倾向。第三，从内容看，管理会计既要研究传统管理会计所要研究的问题，也要研究管理会计的新领域、新方法，并且应把成本管理纳入管理会计研究的领域。第四，从目的看，管理会计要运用一系列专门的方式方法，通过确认、计量、归集、分析、编制与解释、传递等一系列工作，为管理和决策提供信息，并参与企业经营管理。

2013 年，中国会计学会管理会计与应用专业委员会编的《中国管理会计理论与实践》讲道：现代管理会计在本质上是基于价值的管理控制系统，它既有传统管理会计的提供信息、辅助决策的功能，也是一种直接参与过程管理的控制体系，终极目标在于落实组织战略、创造组织价值。

2013 年，曹国强著的《管理会计也时尚》认为：管理会计是一种技术和方法，帮助管理人员制定合理的经济目标。管理会计是个管理信息系统，为管理决策提供所需要的信息。管理会计是一种思维方式和管理理念，以实现股东价值最大化为目标。简单地说，管理会计就是为"管理"服务的"会计"。

2014 年，财政部《关于全面推进管理会计体系建设的指导意见》指出：管理会计是会计的重要分支，主要服务于单位（包括企业和行政事业单位）内部管理需要，是通过利用相关信息，有机融合财务与业务活动，在单位规划、决策、控制和评价等方面发挥重要作用的管理活动。管理会计工作是会计工作的重要组成部分。

2014 年，楼继伟在《在中国总会计师协会第五次全国会员代表大会上的讲话》中讲到：管理会计是从传统会计中分离出来与财务会计并列的、着重为企业改善经营管理、提高经济效益服务的一个会计分支。

国内学者关于管理会计的定义体现以下几个特点：

（1）管理会计的目的是价值增值。

（2）管理会计包含一套特有的方法体系。

（3）管理会计是一项管理活动，参与企业经营管理的各环节。

（4）管理会计有机融合了业务与财务。

（5）管理会计既是信息支持系统又是管理控制系统。

综上所述，本书认为：管理会计应是以组织价值最大化为目标，有机融合相关学科的成果并借助于管理会计工具方法，以"大智移动云物区"等技术为主要手段，为组织的信息使用者提供最有效的财务与非财务信息的一项管理活动或一门独立的信息职业。

（二）国外学者关于管理会计定义主要观点

1958 年，美国会计学会管理会计委员会对管理会计作了如下定义：管理会计就是运用适当的技术和概念，处理企业历史的和计划的经济信息，以有助于管理人员制订合理的、能够实现经营目标的计划，以及达到各项目标所进行的决策。管理会计包含进行有效计划的制订、替代方案的选择、对业绩的评价以及控制等所必需的各种方法和概念。另外，管理会计还包括经营管理者根据特殊调查取得的信息以及参与决策的和日常工作有关的会计信息的收集、综合、分析和报告的方法。

1966 年，美国会计学会的《基本会计理论》认为：所谓管理会计，就是运用适当的技术和概念，对经济主体的实际经济数据和预计的经济数据进行处理，以帮助管理人员制定合理的经济目标，并为实现该目标而进行合理决策。

1981 年，美国管理会计师协会（即当时的国家会计师协会）发布的首个管理会计公告（SMA）——《管理会计定义》明确：管理会计是确认、计量、积累、分析、提供、解释、沟通管理者在规划、考核与控制组织以及确保资源合理利用与责任中所使用的财务信息的过程。管理会计还为股东、债权人、监管机构和税务机构等非管理群体编制财务报告。

1982 年，美国学者罗伯特在《现代管理会计》一书中讲道：管理会计是一种收集、分类、总结、分析和报告信息的系统，它有助于管理者进行决策和控制。

1986 年，美国全美会计师协会管理会计实务委员会认为：管理会计是向管理当局提供用于企业内部计划、评价、控制以及确保企业资源的合理使用和经管责任的履行所需财务信息以及确认、计量、归集、分析、编报、解释和传递这些信息的过程。管理会计工作还包括编制供诸如股东、债权人、规章制定机构及税务当局等非管理集团使用的财务报表。

1986 年，英国成本与管理会计师协会修订后的管理会计定义，进一步把管理会计的范围扩大到除审计以外的会计的各个组成部分。按照英国成本与管理会计师协会的解释，管理会计是对管理当局提供所需信息的那一部分会计的工作，使管理当局得以："（1）制定方针政策；（2）对企业的各项活动进行计划和控制；（3）保护财产的安全；（4）向企业外部人员（股东等）映财务状况；（5）向职工反映财务状况；（6）对各个行动的备选方案作出决策。"

2007 年，美国管理会计师协会提出建立管理会计新定义的目标，2008 年发布了新定义："管理会计是一种深度参与管理决策、制订计划与绩效管理系统、提供财务报告与控制方面的专业知识以及帮助管理者制订并实施组织战略的职业。"

根据国际会计师联合会财务和管理会计委员会的定义，管理会计是为企业管理当局进行企业计划、评价和控制，保证适当使用各项资源并承担经营责任，而进行确认、计量、累积、分析、解释和传递财务信息等的过程。

2014 年 10 月，英国皇家特许管理会计师公会与美国注册会计师协会推出《全球管理会计原则》，对管理会计的概念定义为："管理会计通过全面分析，向组织机构提供信息，帮助和支持组织进行战略规划、组织实施和管理控制，促使其作出明智的决策，进而创造价值，并保证企业持续性地成功。"

与国内学者关于管理会计概念定义不同，外国学者关于管理会计的定义聚焦在实务上，关注管理会计在计划、决策、控制三个方面发挥作用，偶尔提出信息系统的概念。这与目前国内外关于管理会计的研究特点也是相吻合的。国内管理会计研究以理论研究指导实践、实践经验进一步提升理论的模式循环开展，现阶段国内管理会计理论体系研究和案例研究齐头并进；国外管理会计的研究则更多聚焦在案例研究、管理会计工具构建与应用方面。

（三）国内外观点辨析

纵观国内外学者对管理会计的概念定义众说纷纭。现有管理会计的内涵和边界内容过多，边界不清晰。就中国的管理会计实践而言，使用新中国成立初期的"成本财务管理"而不是"管理会计"似乎更贴切，因为现行的管理会计实践更多的是将其作为成本中心，还没有上升到利润中心，乃至投资中心那一步。除此之外，如人力资源管理会计、环境管理会计、战略管理会计都就是目前现有实践的不足，也是未来的探索方向。

管理会计与财务会计不同，不必受资本市场监管约束，因此学习国外的管理会计不存在"趋同"的要求，而是与国外管理会计概念取长补短、相互借鉴、相互补充。中国现代化管理会计相比国外比较晚，但兴起时间却与国外相对重合，都为20世纪50年代之后。中华人民共和国成立初期计划经济时代的"成本财务管理"与以美国为代表的管理会计有很大相似之处，甚至有些内容还要更为丰富。例如，1953~1956年中央重工业部实行的"班组经济核算""小指标竞赛""经济活动分析"等，与稻盛和夫的"阿米巴"经营模式英雄所见略同，但比后者提出早了十年以上。中国的众多社会现实包括经济制度、股权结构、权利距离、集体主义文化、家族观念、家族治理、地域商会、儒家文化、校友师生关系等，均与西方国家有显著差异。同一工具方法的实行效果可能在国外是有效的，在国内却是不理想的。例如平衡计分卡，国外股权相对分散，管理会计目标多元化，更加分散或者均衡的股东有助于实现共同治理，利益相关者的诉求更容易在平衡计分卡体现。因此，在发展中国特色管理会计的今天，对中国管理会计发展的历史，应当不仅知其然，还要知其所以然，才能把中国管理会计的理论和实践工作做得更好。

（四）如何理解管理会计的概念

从本质上来说，管理会计是一种以价值创造与价值增值为目标的控制系统，同时，管理会计的目标是通过运用管理会计工具方法，参与单位规划、决策、控制、评价活动并为之提供有用的信息，推动单位实现战略规划。由此可以看出，管理会计具有控制系统与信息支持系统两大功能的作用机制。可以通过以下六个方面来理解管理会计的概念。

一门专门学科。美国管理会计师协会为其定义为：管理会计是一门专门学科，在制订和执行组织战略中发挥综合作用。20世纪50年代初，美国会计学会年会上就正式使用了"管理会计"这个名词，标志着管理会计正式形成，传统会计被称为"财务会计"。

一个会计分支。管理会计又称"内部报告会计"，是旨在提高组织经济效益，并通过一系列专门方法，利用财务会计提供的资料及其他资料进行加工、整理和报告，使各级管理人员能据以对日常发生的各项经济活动进行规划与控制，并帮助决策者作出各种专门决策的一个会计分支。

一种经济管理活动。管理会计又称"内部报告会计"，是指以组织现在和未来的资金运动为对象，以提高经济效益为目的，为组织内部管理者提供经营管理决策的科学依据为目标而进行的经济管理活动。

一种量化管理模型。管理是关于如何为实现共同的组织目标而进行的管人理事的活动，本质上它是一种对管理者的思维起指导作用的方法论。由于在管理过程中起主导作用的是管理者的决策思维方式，因此，如何消除管理者思维中的经験主义和模糊化，使决策科学且可靠，是提高管理效率的关键。量化的决策是科学管理的基础。管理会计的本质是量化管理，它的最大价值就是为管理者破除经验主义，消除模糊化和不确定性，为实现科学决策提供量化的信息支持。同时，量化管理的高效性和科学性需要借助完善的模型才能得以实现。换言之，管理会计需要模型。

一个一体化工具。在管理会计的核心理念中，价值的创造与维护是最为重要的两点。基于此，管理会计是组织战略、业务、财务一体化最有效的工具。作为组织战略、业务、财务一体化最有效的工具，管理会计最大的特点就是跳出了传统财务的范畴，可以充分反映组织的业务活动。而如何用量化的结果分析和诊断组织业务运营情况，显然，建立和应用业务模型是最有效的途径。

一套系统的管理工具。中国兵装集团认为，管理会计是实现公司发展战略、强化公司经营的管理工具，一般来说具有预测、决策、规划、控制、考核和评价功能。在当前复杂动态的经营环境下，管理会计需要不断创新，要更加凸显战略性，面向全价值链，加强跨组织管理，充分体现价值创造要求。管理会计的实践是个动态过程。在合适的管控模型建立后，如何根据经济环境进行调整，考验着那些先行者；能够在这个过程中将原有体系进行升华，则是高手中的高手。规范化、标准化和信息化，是兵装集团的制胜关键。

根据构建会计定义集合的新思路（将会计定义集合分为三个层次，第一层次为广义会计定义、第二层次为不同主体会计定义、第三层次为不同业务类型会计定义），管理会计定义属于会计定义集合第三层次。

第一，管理会计定义要满足广义的会计定义，可从广义会计定义衍生出来。广义会计定义，即一般的会计定义，是对会计本质的一个基本定义，其他不同会计类型的定义都可从这个基本定义延伸出来。如采用信息系统论的观点，会计是一个信息系统，管理会计相应地具有管理信息系统特性。

第二，要体现管理会计的特色。管理会计具有很多特色，其中最大的特色就是管理会计为管理经营决策服务。

第三，定义管理会计要考虑不同需要和不同的发展阶段。现代管理会计在本质上是基于价值的管理控制系统，它既有传统管理会计提供信息、辅助决策的功能，也是一种直接参与过程管理的控制体系，终极目标在于落实组织战略、创造组织价值。

二、管理会计的相关理论

如前面所述，管理会计体系通过不断吸收现代管理科学在体系上日益完善，同时也具有自然科学理论的特征。因此，根据管理会计概念论述，我们认为管理会计的相关理论应当包括现代管理科学理论和自然科学理论。现代管理科学理论伴随着社会经济环境、企业管理科学水平的不断发展而发展。与管理会计相关的自然科学理论主要为系统论、控制论和信息论，体现了管理会计兼具控制系统和信息支持系统两大功能的特点。只有正确理解管理会计理论，才能科学全面地认识管理会计。

（一）现代管理理论的演进与管理会计的发展

管理会计是会计学与管理学直接结合的一门综合性学科，是西方学者把"管理"与"会计"这两个主题巧妙地融合在一起，主要是为各类组织内部的管理者提供服务，并成为管理科学的一个重要组成部分。管理会计学的发展变化总是与现代管理学和现代会计学的发展联系在一起。安东尼（Anthony）在对管理会计的发展进行评论时指出，衡量任何管理会计思想的尺度是企业管理者对这些思想的应用，管理会计的发展就是对优秀管理实践的吸收、提炼、改进与传播。管理会计的发展过程，是通过不断吸收现代管理科学的新方法，使自己的内容逐步丰富、完善起来，并使自己的理论和方法逐渐成熟和日臻完善。管理会计通过充分吸收现代管理科学的各种专门方法和技术，从而具有更加广泛的应用价值和灵活的适应能力。现代管理科学的形成和发展，对管理会计在理论上起着奠基和指导作用。

管理会计是为适应企业生产发展的管理要求而不断发展、完善的融管理与会计为一体的一个专门领域，是一门由会计学与管理学相结合的综合性很强的交叉学科，是现代管理学和会计学相融合而成的边缘学科，管理会计学的发展变化与现代管理学、会计学发展变化密切联系。因此，管理会计学的起源、发展受到现代管理科学的深刻影响。

1. 19世纪末至20世纪初——古典管理理论

19世纪中叶英国工业革命，资本主义经济发展较快。伴随着私有企业或工厂规模与业务的不断扩张，企业面临的内部环境越来越复杂，企业依赖原有的单凭经验或粗放式的方法去管理，已经不能适应经济迅速发展的需要。当时，企业主最为关注的问题是公司内部业务管理效率到底如何，已有的效率能否得以提升或改进。虽然许多私营企业主纷纷像"管理学之父"泰罗那样为企业的生产经营活动设计、制定了各种详细的业务流程、具体的可操作标准、较精确的作业方法，实行了较完善的衡量、计算和监督制度等具有科学性的企业管理方法。但是，传统的财务会计报告的主要功能主要是为企业外部的利益相关者的决策提供会计信息服务，与企业迫切需要面向企业内部特定管理的专业化综合会计信息理论模式的需求并不相符，这种对管理会计的需求与管理会计供给不足的差异便是推动早期管理会计诞生的最初动因。

在19世纪末至20世纪初产生的科学管理思想，使管理实践活动从经验管理跃升到一个崭新的阶段。该阶段主要代表有泰罗、法约尔、韦伯，他们分别对生产作业活动的管理、组织的一般管理、行政性组织（或称官僚组织）的设计提出了成体系的管理理论。其中对管理会计产生较大影响的管理理论有：

（1）泰罗的科学管理理论与管理会计的产生。

美国的泰罗（F. W. Taylor）是最先突破传统经验管理格局的先锋人物，他于1911年出版了著名的《科学管理原理》（*Principles of Scientifc Management*），这开创了企业管理的一个新纪元。泰罗的科学管理理论主要包括：①制作定额管理；②标准化原理；③能力与工作相匹配原理；④刺激性的差别计件工资；⑤计划职能与执行职能相分离原理。其中对标准化管理制度的确定，为"标准成本制度"的确定奠定了思想及理论基础。泰罗的科学管理理论的重点在于对工作任务的适当说明，即按科学分析人在劳动中的机械动作，省去多余的笨拙的动作，制订最精确的工作方法，实行最完善的计算和监督制度，等等，其贡献在于改进了工厂生产率和效率，引进了对工作场所的科学分析。计件工资将公认的报酬和绩效相联系等制度的缺陷是激励前提简单化，将工人看作机器的一部分，轻视员工开发潜力，排除了高层管理任务，忽略了组织和环境之间的关系。以"刚性管理"为基本内容的"泰罗制"，促成了由传统的经验管理向科学管理的转化。

当时工业化社会的经济快速增长，市场竞争更加激烈，企业为了不断地增强其竞争能力，迫切需要利用企业管理会计的这些量化和细化业务指标的职能把标准成本和差异分析纳入会计系统，通过审慎地事先估计、精确地事中计算和客观地事后分析，以便准确地衡量企业生产经营的实际成本与标准之间存在的差距，揭露相关差距背后的真实原因。愈发感到事后核算的成本会计信息并不能满足其要求，于是企业的成本核算由简单地记录过去逐步发展到具有规划未来的功能（估计成本、标准成本和预算等方法），这就使成本会计在原有的成本归集核算的基础上逐步形成了事先控制的新职能，把成本会计从事后核算向事先控制推进。这是会计为配合泰罗制的广泛实施，在计算和监督方面所取得的重大进展，特别是它把严密的事先计算引进会计体系中，实行事先计算、事中控制与事后分析相结合，可以看作管理会计乃至整个会计发展史上的一个重要的里程碑，为管理会计的发展提供了契机，也为会计直接服务于企业管理开创了一条新路。但限于当时的科学技术水平、企业生产经营过程的复杂程度、管理会计本身的成长状况以及相邻学科的发展情况，尤其是泰罗科学管理理论和方法的某些弊病和缺陷，管理会计赖以形成的理论（包括方法）和实践的基础与条件尚不成熟，所以，在较长时期，上述技术方法只被看作会计配合推行泰罗的科学管理理论所作的一些尝试，只是作为原有会计体系中的一个附带部分而存在，并没有形成一个相对独立的科学的理论与方法体系。

（2）法约尔的一般管理理论与管理会计的职能。

科学管理的另一个代表人物是法国的亨利·法约尔（Henri Fayol），他在"泰罗制"的基础上加以进一步发展，不仅考虑基层各车间工人的操作过程，而且重视研究上层各个职能科室的管理，从企业全局的观点创建他的"职能管理"说。法约尔于1916年出版了他的代表作《工业管理和一般管理》，分别对经营管理活动、管理职能、管理原则等方面进行了全面系统的阐述。法约尔的一般管理要素和原则，实际上奠定了在 20 世纪 50 年代兴盛起来的管理过程研究的基本理论基础。此后出现的许多管理实务和思想，在某种程度上也可直接追溯到一般管理理论。

法约尔的一般管理理论主要包括管理的 5 项职能和 14 项原则。他认为，"管理"是企业主管当局为完成既定目标，在生产、销售、财会、人事、研究开发等方面，运用计划、组织、指挥、协调和控制 5 项管理职能，对资源的配置和运用进行最优决策。这是从管理的职能层面来论述管理的。此后，虽然许多学者对管理的职能在此基础上进行了增减和变化，但基本意思没有太大改变，只是人们已将 5 项职能简化为 4 个基本职能，即计划、组织、领导、控制职能。而管理会计作为会计学与管理学直接结合的一门综合性学科，其职能也不外乎规划、组织、控制和评价。

2. 20 世纪 30 年代初——行为科学理论

（1）行为科学理论。

20 世纪 30 年代初，为了解决经济危机问题，许多管理学者把社会学和心理学等引进企业管理的研究领域，提出用调解人际关系、改善劳动条件等办法来提高劳动生产率。行为科学理论正是因当时社会矛盾的加剧而产生的。行为科学理论阶段重视研究人的心理、行为等对高效率地实现组织目标（效果）的影响，其侧重于对工人在生产中的行为及这些行为产生的原因进行分析研究。最重要的一点是主张企业管理由原来的以"事"为中心发展到以"人"为中心，这是管理思想上的一个重大的转变。其内容包括人的本性与需要，动机与行为，以及生产中的人际关系（包括上下级之间的关系）。行为科学在第二次世界大战后的发展主要集中在两大领域：一是有关人的需要、动机、行为的激励理论，其中较有代表性的理论有马斯洛的"需要层次论"、赫茨伯格的"双因素理论"、弗鲁姆的"期望理论"、亚当斯的"公平理论"等；二是同管理直接相关的领导理论，包括麦格雷戈的"X"理论与"Y"理论、阿吉里斯的"不成熟—成熟理论"、布莱克和默顿的"管理方格理论"等。

行为管理思想之所以会产生，是因为前期的科学管理思想尽管在提高劳动生产率方面取得了显著的成绩，但由于它片面强调对工人严格地进行控制和动作的规范化，忽视了工人的情感和成长的需要，从而引起工人的不满和社会的责难。在这种情况下，科学管理已不能适应新的形势，需要有新的管理理论和方法来进一步调动员工的积极性，从而提高劳动生产率。组织毕竟是由一群人所组成的，管理者是通过他人的工作来达成组织的目标，因此需要对人类工作的行为进行研究，由此说明了行为管理思想提出后为什么很快会在实践中得到广泛地重视和应用。

（2）行为管理会计。

20 世纪 50 年代，美国学者首先将行为科学的思想引入会计，开辟了会计研究的一个全新领域。从行为科学的影响方面讲，1971 年 E. H. 柯普兰出版的《管理会计和行为科学》及 1973 年 A. G. 霍普伍德出版的《会计系统与管理行为》

堪称代表作。经过半个多世纪的拓展、深化，行为管理会计研究已成为目前会计学中最新的、最有前途的研究领域。行为科学的管理思想对现代管理会计的形成和发展起到了重要的理论指导作用。

（3）决策的行为观。

行为科学对现代管理会计中的主要内容——决策管理会计的决策理念有很大影响。这主要是指管理者应适应决策目标从单一化向多样化的转变，以及决策方法从最优化准则向满意性准则的转变。管理会计在参与决策的过程中必须做到，协助企业在总体上正确地进行目标多样化决策，达到切实可行的满意解，并做好目标之间的协调配合。在决策方法上，以满意性准则取代原来奉行的最优化准则，即企业中的各级决策人，从"主观理性"层面出发，在决策中寻求的是他们自己认为"满意的解"，而不是从"客观理性"层面出发所要求的"最优解"。把决策人看作"寻求满意的人"，而不是"寻求最优的人"，使决策更加符合客观实际，这是现代决策思想上的重大转变。与此相联系，在技术方法上，"满意解"可以用比较简化和近似的方法来求得，它不像"最优解"，要通过许多复杂计算才能得到，这也有助于提高这种新的决策理论的实践性。

（4）预算的行为观。

这主要表现在：①以"分权制"为基础，制订具有多层次、多样化目标的预算体系。从行为科学的观点来看，"分权制"是一种能有效运用激励机制，充分调动企业内部各单位及职工的积极性和创造性的管理体制。②对企业总预算所规定的各种经济指标进行分析、落实时，应采用"参与性预算"。采用"参与性预算"，就是吸收下级预算执行者亲自参与预算制订，充分尊重他们独立自主的精神，让他们献计献策，提出合理化建议。这样做，就可以从心理上满足各预算执行者自我归属感和自我实现感的需要，从而使他们把自己的预算看作是自己义不容辞的职责，而不是上级强加给自己的任务。否则，在预算执行的过程中，就容易产生抵触和消极、被动的情绪，不利于充分调动预算执行者完成预定目标的积极性和主动性。③倾向于采用合理的、经过努力有可能达到并具有一定灵活性的预算指标。这是因为预算指标要求太高，经过努力无法达到，就会使预算执行者丧失信心，甚至还会因此而放弃应有的力所能及的努力；而预算指标要求太低，则会使预算执行者在精神上经常处于松弛状态，也不利于充分发挥他们的潜力。

（5）控制中的行为观。

这主要表现在：①建立经常性的、明细化的差异分析制度，为各预算的执行者及时提供明细而具体的差异形成的信息，使他们能够据此适时地调节自己的行为。这就意味着要形成一种"自行调节""自行控制"的机制，借以在预算执行过程中充分发挥各预算执行者发展有利差异、避免不利差异的积极性和主动性。②定期或不定期地向各预算执行者报告其预算的完成情况，让他们及时了解工作成绩和不足，激发他们早日完成工作任务的热情，从而促使其奋发努力，调整自身行为，改进工作中的不足之处。③把职工的物质利益同个人的贡献大小和企业的经济效益结合起来，把物质刺激同精神鼓励结合起来，适时地满足职工的物质和精神上的各种需要，激励他们沿着局部与整体"目标一致性"的方向而卓有成效地开展自己的工作。

现代管理会计的基本职能是为企业的决策提供有用的信息，而有用性实际上是说管理会计信息能够用来激励和影响人的行为。因此，现代管理会计的职能在本质上是一种行为职能，它将激励人的行为力量贯穿于激励职能的全过程。重视"人的行为"方面，是现代管理会计的一个基本方向。

3. 20 世纪 40～60 年代——现代管理理论与现代管理会计的形成

20 世纪 40～60 年代，西方国家进入了所谓的"战后期"。工业生产和科学技术迅速发展，企业规模进一步扩大，企业生产过程自动化的程度空前提高，技术更新的周期大为缩短，市场竞争越来越激烈，面对突如其来的新形势，第二次世界大战前曾风靡一时的"科学管理学说"就显得非常被动，其重局部、轻整体的根本性缺陷暴露无遗，无法与之相适应。正是由于泰罗的科学管理学说的根本缺陷不能适应战后西方经济发展的新形势和要求，所以才出现了许多新的管理理论和方法，并迅速发展。孔茨（H. Koontz）将这些现代管理理论称为"管理理论丛林"，其中有代表性的为 6 个学派，即管理过程学派、以德鲁克（P. F. Drucker）为代表的经验主义（案例）学派、管理科学学派、以巴纳德（C. Barnard）为创始人的社会系统学派、以西蒙（H. A. Simon）为代表的决策理论学派以及早期的行为科学学派。现代管理科学的形成和发展，对现代管理会计的发展在理论上起着奠基和指导的作用，在方法上赋予其现代化的管理方法和技术，使其面貌焕然一新。因此，现代管理会计是以现代管理科学为理论和方法的基础而发展起来的，它以决策会计、计划会计和执行会计为主体，并把决策会计放在首位。其中，对管理会计产生较大影响的管理学派有决策理论学派、管理科学学派和经验主义（案例）学派等。

（1）决策理论学派。

决策理论学派是从社会系统学派发展而来的，主要代表人物是美国的赫伯特·西蒙（Herbert A. Simon）。西蒙对经济组织内的决策程序进行了开创性研究，于 1960 年先后出版了《组织》《管理决策新科学》等著作，因在决策理论方面的突出贡献而获得了 1978 年的诺贝尔经济学奖。在西蒙看来，管理的关键在于决策，决策贯穿于管理的全过程，决策程序就是全部的管理，管理就是决策，组织是由作为决策者的个人所组成的。西蒙还分析了合理的决策方法及决策程序等问题。企业管理可以从不同的角度分解成不同的子系统，各子系统从总体上来说目标是一致的，但有时也会发生矛盾，这就要求必须把企业管理作为一个整体进行分析，只有整体的目标才是系统的最高目标，只有整体最佳才是最优的管理决策。以"泰罗制"为基础形成和发展起来的标准成本系统，虽可视为管理会计的一个起点，并成为至今流行的管理会计的重要组成部分，但应看到其有效实施的前提条件。它必须有赖于整个社会大的社会经济环境和企业内部生产技术系统的稳定，表现为长期大量生产具有稳定的市场需求的较少品种的产品。如果不是这样，原始意义上的"标准成本会计"就难以有效地运作，而这正是它的局限性。到了 20 世纪 50 年代，企业的规模越来越大，生产经营日趋复杂，企业外部的市场情况瞬息万变，竞争更加激烈。这些新的条件和环境，迫切要求实现企业管理现代化，要求企业内部管理更加合理化、科学化，对外部环境具有灵活性和高度适应的能力，否则就会在激烈的竞争中被淘汰。于是，在"管理的重心在经营，经营的重心在决策"这个新的企业管理指导方针下，管理会计就演变为运用适当的技术和概念来处理某个主体的历史的和预期的经济数据，帮助管理当局制订具有适当经济目标的计划，并以实现这些目标作出合理的决策为目的，因此，管理会计的基本内容就是以决策为中心的会计，即决策会计。

因为决策是管理的核心和首要职能，所以管理会计不仅成为企业信息系统中的一个子系统，而且成为决策支持系统的重要组成部分。它的性质是以现代化管理的性质为转移，并随着现代管理会计性质的发展而发展的。现代管理会计是一门以决策研究为核心的高度综合的"软科学"的一个分支，从事决策研究的现代管理会计自然就成为与管理融为一体的一个专门领域。可见，以赫伯特、西蒙为代表的决策理论学派对决策性管理会计的发展起到了非常重要的作用。

（2）管理科学学派。

管理科学学派又称数理学派，它是泰罗科学管理理论的继续和发展。其代表人物是美国管理学家伯法（E. S. Buffa），其代表作为《现代生产管理》。伯法强调运用数学模型和计算机技术来进行管理决策，提高经济效益。管理科学学派认为，管理就是用数学模型和程序来表示计划、组织、控制、决策等合乎逻辑的程序，求出最优的解答，以达到系统所追求的目标。管理科学就是制订用于管理决策的数学模型与程序的系统，并把它们通过电子计算机应用于组织管理。管理人员在企业中运用数学模型的主要目的是寻求解决问题和进行决策的最佳方案。他们提出解决问题的一般程序是：①提出问题；②建立一个研究系统的数学模型；③从模型中取得解决问题的方案，并对数学模型求解，取得能使系统达到最佳效益的数量值；④检查这个模型对预测实际情况的准确程度；⑤对所求得的解进行控制，提出对方案进行调整控制的措施；⑥把方案付诸实施。该学派的特点是：力求减少决策中的个人艺术成分，依靠建立一套决策程序和数学模型来寻求决策工作的科学化；各种可行方案均以效益高低作为评判的依据，有利于实现决策方案的最优化；广泛使用电子计算机作为辅助决策的手段，使复杂问题能在较短时间内得到优化的解决方案。

管理科学思想在管理会计中得到了广泛的运用，特别是辅助管理者作出计划和控制方面的决策。为适应企业管理上的重大转变，现代管理会计要求用高等数学和现代数学方法——运筹学来"武装"自己，使之朝着定量化的方向发展。从数量科学影响方面讲，管理会计在 20 世纪 60 年代将"回归分析法""学习曲线"等方法引进、应用的基础上，20 世纪 70 年代又将概率论引入决策模型的建立方面。1976 年，在美国的《会计研究》杂志 1 期、2 期所刊载的 21 篇论文中，有 12 篇采用了上述方法。同时，20 世纪 70 年代至 80 年代，会计学界又对现代管理会计体系展开了深入的研究，并出现百花齐放的局面。如 J. M. 弗里姆金的《管理分析用会计》（1976）、C. L. 穆尔与 R. K. 杰达克合著之《管理会计》（1980）、R. N. 安东尼与 G. A. 韦尔什合著之《管理会计基础》（1981）、杰克·格雷与唐·里基特合著之《成本与管理会计》（1982）、R. S. 卡普兰的《高级管理会计》（1982），以及 C. T. 霍恩格伦的《管理会计导论》当为代表之作。他们对于现代管理会计的发展所作出的贡献，得到了会计界的充分肯定。一门科学的定量化，意味着该门科学的精密化、成熟化和完善化。把高等数学、运筹学和数理统计学中的数量方法加以吸收、引进，并应用到现代管理会计中来，使它能把复杂的经济活动用简明而精确的数学模型表述出来，并进行科学的加工处理，有助于揭示有关对象之间的内在联系，掌握有关变量的联系、规律，以便为管理人员正确地进行经营决策提供客观依据。

（3）经验主义（案例）学派。

经验主义学派又称案例学派，其代表人物主要有美国管理学家欧内斯特·戴尔（Ernest Dale）和彼得·德鲁克（Peter F. Drucker）。该学派认为，古典管理理论和行为科学都不能完全适应企业发展的实际需要，有关企业管理的科学应该从企业管理的实际出发，以大企业的成功的组织管理者的经验为主要研究对象，对之加以概括，找出其中具有共性的东西，将其系统化、理论化，并以此为依据向企业管理人员提供实际的建议。

早在 1984 年，著名的管理会计学家哈佛大学教授卡普兰就指出，对于那些尚未从事会计实务的人而言，有关管理会计实务方法的知识纯粹来源于教科书，而管理会计教科书中的方法与实例有相当一部分内容缺乏系统地观察与实验，特别是一些研究人员依然在追求构建高度复杂但却日益偏离实际的数学分析模型。卡普兰认为，没有经过实践检验的会计理论是空洞的理论，没有理论指导的会计实践则通常带有盲目性。在会计科学的发展史上，理论与实践常常不同步，经验性研究（empirical research）方法却为解决这个问题提供了一个有效的途径（Kaplan，1986）。于是以卡普兰为首的学者们所倡导和实行的经验性研究，即以现场为基础的研究（fieldbased research），为管理会计实现大量的创新（innovations）及在非财务计算领域（nonfinancial measure area）的扩展，取得了大量的丰硕成果，标志着管理会计进入了一个充满生机与活力的蓬勃发展的新阶段。

现代管理科学方法论工具的广泛引入和运用，赋予管理会计现代化的管理方法，也成为现代管理会计方法的新生长点，大大丰富了管理会计的方法体系。到 20 世纪 60 年代中期，管理会计开始重视如何为管理计划和管理控制提供有用的信息。在现代管理科学的直接推动下，最终从传统会计中催生出了现代管理会计，并使其成为在现代条件下主要致力于加强企业内部生产经营管理，尤其是对企业的未来进行科学预测与决策，对生产经营活动进行事中、事前规划的新的相对独立的理论与方法体系。至此，管理会计形成了以决策与计划会计和执行会计为主体的管理会计结构体系。

4. 20 世纪 60 年代末至 70 年代——战略管理理论

（1）战略管理理论。

20 世纪 60 年代末，"战略"的概念开始引入管理学界。战略管理理论有了大的发展。1965 年，管理学者安索夫（Ansoff）在以往企业战略实施应用的基础上进一步展开研究，出版了《公司战略》一书，开了战略规划的先河。1976 年，安索夫等所著的《从战略计划到战略管理》一书问世，使企业的战略管理问题日益受到人们的关注。此后，围绕企业战略管理的确定，所谓的"市场战略""制造战略""收购战略""销售战略""全球化化战略"等都纷纷被提了出来。特别是迈克尔·波特的 5 种竞争力、3 种基本战略和价值链的分析等在全球范围内产生了深远的影响。在经济迅速发展、竞争日益激烈的今天，战略管理对企业经营管理仍具有极其重要的意义。

所谓战略，是指为了实现预定的目标，对组织全局的、长远的重大问题进行的谋划。企业战略是指企业为自己确定的长远性的主要目的与任务，以及为实现此目的和完成此任务而选择的主要行动路线与方法。它所涉及的是企业的长期发展方向和范围。战略管理是指在组织战略目标和计划的形成和实施过程中，需要各个部门的管理者参与。它将战略计划和管理合二为一。战略计划是对组织的长期目标和战略进行决策，具有很强的外部导向，涉及组织的绝大部分。它要求所有管理者既从战略角度思考长期的、外部的问题，也从战术角度思考短期的问题。战略管理是一个过程，首先是战略制订；其次是战略实施和控制；最后是战略评价。

（2）战略管理会计阶段。

基于社会经济发展的新形势，企业战略管理及为其提供信息与智力支持的"战略管理会计"的兴起就成为历史的必然。战略管理会计的产生正是在 20 世纪 60~70 年代形成的战略管理热潮之下。在这个热潮下，为适应战略管理的需要，英国学者西蒙德（K. Simmonds）于 1981 年在其论文《战略管理会计》中最先提出战略管理会计（SMA）的概念，强调了管理会计与战略管理结合的重要性。与西蒙德相比，布罗姆维奇（Bromwich）更进一步认为，SMA 绝不仅仅是收集企业竞争对手的信息，更应该是研究与竞争对手相比企业自身的竞争优势和创造价值的过程，研究企业产品或劳务在其生命周期中所能实现的、客户所需求的"价值"，以及从企业长期决策周期看，对这些产品及劳务的营销能给企业带来的总收益。这些研究促使战略管理会计开始形成。

战略管理会计概念的提出，标志着管理会计在适应企业管理要求的道路上开始了又一次跨越式的发展，即管理会计开始提供企业战略管理所需要的内、外部会计信息。战略管理会计与传统管理会计的重要区别在于更为强调战略。传统管理会计的理论和方法以企业内部为视点，没有将企业的内部信息与外部环境的变化联系起来考察，缺少诸如质量、可靠性、生产的弹性、顾客的满意度、时间等一系列与企业战略目标密切相关的指标，缺少对企业在竞争中的相对地位分析，不能提供和分析与企业竞争地位相关的成本、价格、业务量、市场份额、现金流量以及资源需求等方面的会计信息。这就迫切要求更新传统管理会计观念，提供与战略决策有关的信息，尤其是超越企业本身的更为广泛的与战略管理相关的信息。因此，战略管理会计的内容应当从服务于企业战略管理的角度出发来构建，其体系内容应是围绕着战略管理展开的。具体包括战略分析、战略决策评价、编制平衡计分卡、编制全面预算、战略业绩评价、战略成本管理等。采用的方法主要包括价值链的分析法、产品生命周期法、竞争对手分析法以及作业成本计算法，其实质是把战略相关理论运用到管理会计中来。

　　近年来在国内外出现了一套以绩效衡量为核心的新的战略企业管理思想——企业绩效管理（business performance management，BPM）。简言之，企业绩效管理就是以绩效衡量为核心，帮助管理者实现企业战略目标的一整套方法、工具、流程与制度。绩效管理就是要确保战略管理取得成功，企业首先必须将战略转化成一整套可执行的绩效衡量标准与体系，来激励员工努力并引导方向。绩效衡量连接了企业战略管理的各个层次。企业绩效管理作为一项新的管理创新，能够与战略管理控制过程实现完美地结合，其实现的途径就是通过实施战略管理解决方案，确保在企业营运过程中能始终提供正确、实时和完整的信息。

5. 20 世纪 80 年代——系统管理思想和权变管理思想

　　（1）系统管理思想。

　　系统管理思想是从系统角度分析组织与管理问题的思想、理论和方法的。系统管理思想认为，组织作为一个转换系统，是由相互依存的众多要素所组成的。局部最优不等于整体最优，管理人员的作用就是确保组织中各部分能得到相互的协调和有机的整合，以实现组织的整体目标。系统管理思想还认为，组织是一个开放的系统。管理会计作为现代企业管理信息系统中的一个重要的信息系统，它所提供的管理信息具有很强的综合性、敏感性和渗透性，可以看作是整个企业管理系统的神经中枢，对企业各级管理人员作出正确的经营决策、有效地指挥、控制经营活动起着重要作用。所有这些都表明，系统理论对管理会计的指导作用已融入管理会计的内容之中。

　　（2）权变管理思想。

　　产生于美国的"权变管理理论"就是强调在管理中要根据组织所处的内外部条件随机应变，针对不同的具体条件寻求不同的最合适的管理模式、方案或方法。后来出现的柔性管理强调的是"软"管理模式，这种模式相对于"硬"的、固定的、一成不变的管理模式而言，恰恰与权变管理理论不谋而合。

6. 20 世纪 90 年代——流程再造理论

（1）流程再造理论。

业务流程重组的核心思想是打破企业按职能设置部门的管理方式，代之以业务流程为中心，重新设计企业管理过程。剔除不创造价值的无效作业，对其业务流程进行重新设计，即流程再造。在新的企业运营条件下，若企业原来的流程已不再适应新的环境，则需要改造原来的工作流程、管理流程，以提高工作效率、提高顾客满意度，进而提高企业的竞争力和经济效益，使企业能更适应未来的生存发展空间。

（2）流程理念——管理会计的新增长点。

流程理念的产生和发展对管理会计的影响主要体现在成本管理方面。因业务流程再造是以优化企业的价值链为核心，以提高企业竞争能力为目的，为了在衡量绩效的关键指标（包括产品和服务质量、顾客满意度、成本、员工的工作效率等）上取得显著改善，从根本上重新思考、彻底改造、设计企业的业务流程而进行的企业重新整合。从 20 世纪 80 年代中期开始，管理会计由原来严格强调计划与控制转向重视减少经营环节中的浪费。从 20 世纪 90 年代中期开始，管理会计重点由计划与控制以及减少浪费转变为对客户价值、组织创新和股东价值动因的确认、计量和管理，更多地强调战略性的企业价值创造。

7. 20 世纪 90 年代末——柔性管理

柔性管理以人为中心，以市场为导向。它的主旨是企业的一切管理活动应适应环境变化，满足市场快速多变、个性化的需求。作业管理促使企业内部形成新的权力结构有助于将柔性管理原理落到实处。从某个层面看，作业管理就是以人为本的柔性管理。作业管理以人为本来推演和设计企业组织框架和运转机制，进而引致业务流程再造的兴起。现代管理会计正在为人本管理提供信息支持，体现着"系统观"。

（二）自然科学理论与管理会计

1. 系统论与管理会计

系统论的思想是在人们的实践活动中产生的一门科学，由贝塔朗菲在 20 世纪 40 年代创立。系统论认为任何事物都是若干相互联系、相互作用的部分组成的具有特定功能的有机整体，任何事物都是一个系统，具有整体性、相关性、动态性、有序性、目的性的特点。

系统的整体性意味着构成系统整体的各个要素间相互关系、相互作用，系统的整体功能大于各要素的功能之和。管理会计在企业规划、决策、控制和评价各个环节发挥作用，通过提供决策相关信息并控制决策执行，提高战略实现效率。

系统的相关性意味着组成系统的各要素、系统与环境都处于相互联系、相互作用之中，任何要素变化都会引起其他要素的变化。所以系统内部各要素之间以及系统和外部环境要素之间可以进行信息交换。管理会计不可只关注企业的某一个问题、某一个部门，企业应用管理会计也不可只单一地用某一个工具、某一个环节，管理会计是一套服务于企业管理的系统性解决方案。

系统的动态性说明系统随时间推移而发展变化，这是因为系统内部的结构及其分布位置随时间变化而变化，系统外部环境也随着时间变化而变化。这便说明管理会计从理论到实务，都需要顺应"对象"的发展而动态调整，灵活应用，要求管理者对管理会计的掌握程度由"术"上升为"道"，才能以不变应万变。

系统的有序性是指系统各要素的联系是按照一定的规则和程序展开，具有相对静止的方面，所以系统也保持一定的稳定性和有序性。正是因为系统的有序性，管理会计的研究成果得以逐渐成形，形成了具有推广价值的理论和方法。

系统的预决性是指系统的发展方向和对系统发展方向的预测。管理会计自身具有系统性，管理会计对象也具有系统性，管理会计在具体应用时应关注企业未来的战略发展，通过信息系统的有效作用，帮助企业作出有远见的预测和规划。

管理会计的系统性有着多方面的表现。管理会计是多种职能的统一。管理会计的职能包括规划职能、决策职能、控制职能和评价职能，这几种职能是相互联系、彼此制约和相互影响的。它们的作用是：规划职能确定目标和行动方案，使人们知道活动的内容、目的、程度和规则，即知道应该做什么；决策职能是企业管理人员选择和决定未来经营活动方案和过程；控制职能是在实际活动过程中对各部门、各环节的活动进行协调指挥，以保证计划的顺利实施；评价职能是对人们的活动及其结果进行适时的或最终的评价，运用一定的手段奖优罚劣并将结果反馈回来，为下一过程提供经验或教训。

由于管理会计的对象是多方面的，管理会计要处理的关系就包括人、财、物、组织机构等各种因素，因此，管理会计是多种因素的统一。各种因素都有自己独特的功能和作用，要求管理者在应用管理会计时不能只注重一种因素，而应该对各种因素进行统一的管理。如果处理不好它们相互制约的关系，就无法达到价值增值的目的。例如，如果成本管理做得不好，就很难实现战略管理目标，而如果战略管理不到位，成本管理会失去方向。

管理会计不仅是多因素的统一，而且是多层次的统一。由于管理会计对象结构的复杂性，使管理会计对象呈现多层次的统一。各个层次的联系也是复杂的。管理会计对象的多层次性，要求管理者在管理会计活动中认识到管理会计对象的复杂联系，从管理会计对象联系的整体性上进行应用，要认识到事物的整体性和组成整体系统的各要素的相互作用。特别是对一些复杂的经营系统来说，从系统的整体性上考虑更为重要。

现代社会企业的经营管理已形成一个动态的大系统，企业与企业之间、企业内部各项经营活动呈现为相互联系的网状结构。管理会计的相关理论和方法，往往只认识到整个经营和管理系统的一个或几个环节，而没有从系统内部诸要素之间的相互关系、系统与环境的相互作用、整个管理的动态系统去研究企业经营和管理问题，因此具有片面性。

系统性原理告诉我们，在应用管理会计时，必须从经营和管理系统的整体和全局出发，掌握系统内部各要素间的相互联系及其作用，把握统一的整体结构、功能和特性，要认识这一系统所在的大系统，考察它与周围环境因素的相互影响、相互作用。根据系统要求，企业管理会计应具体处理好以下几个方面的关系：

（1）由于任何一个整体都包含许多部分，没有部分就无所谓整体。而整体的形成不是由部分任意拼凑的，各个部分和整体之间是有机联系的，整体的功能不是部分功能的机械相加，而是整体功能大于各部分功能相加之和。所以，企业应用管理会计应该立足于整体功能，来选择各个部分，组成好的整体。

（2）由于经营管理整体的各部分都有自己的特性和内容，具有不同的结构和功能，而各个部分又是密切联系的，因此，管理者一方面要采取不同的管理方法和领导艺术，调动各个部分的积极性，充分发挥各个部分的功能和优势，允许各部分进行公平、合理、平等的竞争；另一方面，也要求管理者积极促进各个部分的互助合作、相互支持，为实现共同的目标而相互促进。通过整体中各个部分的相互协调，使整体功能处于不断优化之中。

（3）要处理好系统与周围环境的关系。任何系统都不是孤立存在的，总是与周围的事物相联系，它的存在和发展都离不开周围的环境，需要不断从周围环境吸取能量和信息。系统环境的状况如何，也影响着系统内部的状况和性质。系统内部与环境的关系往往形成事物发展的内因与外因的关系。环境因素是系统生存和发展的条件。管理会计的系统性要求管理者注意系统与环境的关系，在规划、决策、控制和评价过程中，要考虑经营管理系统的整体状态与周围环境的关系，这样才能保证科学性和正确性。

2. 信息论与管理会计

信息论是由美国贝尔电话研究所的数学家 C. E. 申农创立的。根据信息论和信息观点所确定的研究客观事物系统的性能和运动规律的科学方法叫信息方法。运用信息方法的基本要求是：以信息概念作为分析问题和处理问题的基础，应当完全撇开对象的具体运动形态，把系统的有目的的运动过程抽象为一个信息变换的过程。信息方法告诉我们，正是由于信息流的正常流动，尤其是因为有反馈信息的存在，才能使系统按预定目的实现控制。如果是两个系统发生信息联系，就必须使两个系统通过信息通道发生信息交换。

信息方法一般可分为信息获取、信息传输、信息处理、处理结果的输出四个步骤。

信息获取是指将系统所需要的信息测定出后，使之变成数据，经传输线路输送给处理装置进行必要的处理。

信息传输是保证获得的信息在系统中流通的手段。为了使信息正常传输，必须在系统中设置通信系统，即由各种类型的信道组成的信道网。信道是连接两站或两设备间的信息通路。为了提高信道网的利用率或保证信息传输的可靠性，可以利用直接信道方式，也可以利用迂回信道方式。

信息处理是将从信息获取设备传送过来的初始信息，用一定的设备或手段按照既定的目标和步骤进行加工处理。

处理结果的输出是指在信息控制系统中，对已加工处理的信息，以一定方式将处理的结果输送出去。

信息方法是一种研究复杂运动形态，把握事物的复杂性、系统性、整体性的科学方法，它为实现科学技术、生产、经营管理、社会管理现代化提供了强有力的工具。在现代社会，信息、能源、材料被称为当代科学技术的三大支柱。信息论思维方法的运用，直接关系到管理会计实施的科学化。没有大量准确的信息，或对信息不能进行快速准确地处理和使用，正确的规划、决策、控制和评价均不可能进行。

3. 控制论与管理会计

控制论是美国数学家 N. 维纳创立的。控制论是研究技术装置、生物机体和人类组织等系统中的控制和通信的一般规律，它从生物体和技术装置中控制的功能类比方面，研究对象和过程的各组成部分间信息的传送过程。信息的传输与交换过程形成了控制论的核心。控制论的思维方法是施控系统怎样实现对被控系统控制的方法，它要求在动态过程中，不断实现施控系统的目的，控制论的思维方法由反馈方法、择优方法等多种方法构成，其核心是反馈方法。

在管理会计实践中，要对管理会计对象的运动过程进行控制，就需要应用控制论的思维方法。要想有正确的控制，必须有正确、及时的反馈，才能及时纠正偏离战略目标的部分。如果管理主体作出的决策正确，但由于执行系统不能正确执行而发生偏离，若有完善、敏锐的信息反馈系统，反映给决策者，那么也可得到及时的修正。否则，将会造成不可挽回的重大损失，失去控制，根本不能实现战略目标。所以，企业在管理会计实践中，应注意运用控制论的思维方法，以适应运动变化着的经营管理客体。

三、管理会计的目的

作为管理科学重要组成部分的管理会计，在微观经济主体的企业生产经营活动中具有广泛的应用前景，其作用与影响贯穿于企业生产经营运行的全过程，是现代企业实施科学管理的有效工具。

管理会计的目的，即协助企业的管理者制订合理的经济目标，并为实现整个企业组织业绩最大化目标而进行合理决策；协助企业管理者，在其为了实现企业目标而作出合理决策的过程中，提供有用信息；保证企业有限资源得到最合理、最优化的配置和使用，以获得组织的最佳经济效益和社会效益。

从具体的角度看，管理会计是为了适应企业加强内部管理、提高企业竞争力的需要发展起来的，管理会计的目标是管理会计活动应达到的目的。

1972 年，美国会计学会管理会计委员会提出管理会计目标分为两个层次：基本目标和辅助目标。基本目标是向企业管理人员提供内部经营管理信息，帮助管理当局对资源的最优化使用作出决策，以实现组织目标。辅助目标是为企业经营管理提供各种有价值的信息，并参与企业经营管理过程，包括：协助履行计划管理职能、控制职能、组织职能以及协助下属业务部门履行经营管理职能。我国财政部发布的《管理会计基本指引》（2016）指出，管理会计的目标是通过运用管理会计工具方法，参与单位规划、决策、控制、评价活动并为之提供有用信息，推动单位实现战略规划。

因此，管理会计的目标是通过制定战略、战术及经营决策、帮助协调组织企业工作等方式参与管理，帮助管理层优化资源配置作出决策，为管理和决策提供信息及参与企业的经营管理，提高企业的经济效益，实现企业目标。

四、管理会计的职能

管理会计的职能是指管理会计在企业经营管理中的功能。管理会计是会计与管理两者的有机结合，显然，其职能不可避免地与会计职能和管理职能相关联。众所周知，会计的基本职能是核算与监督；现代企业管理的职能是计划、组织、协调、指挥与控制。但管理会计的职能并非会计职能和管理职能两者的简单相加，而是在此基础上有所发展与创新。管理会计主要是为企业内部经营管理服务的，因此，现代企业管理的每一项职能都要求管理会计采取相应的措施与之配合。同时，现代会计又要求管理会计以其价值形式对企业的生产经营活动进行预测、核算与评价。所以，现代管理会计应具备以下职能：预测经济前景、参与经济决策、规划经济活动、控制经济过程、分析经济效益、考核经济责任、反馈经济信息、参与协调组织等。可以总结为以下五项基本职能。

（一）预测职能

预测是根据过去和现在推断、估算未来，为企业经营管理提供所需要的信息资料。管理会计的预测职能是对财务会计及相关部门提供的历史资料进一步地加工与延伸，采用灵活多样的方法，对未来的经济活动进行科学的筹划，为企业管理当局提供有用的经济信息。因此，预测职能是管理会计工作的基础与前提。

（二）决策职能

决策是在充分考虑各种可能的前提下，依据客观规律和要求，对未来实践的方向、目标、原则和方法作出决定的过程。决策是建立在科学的预测基础上，利用预测所取得的财务信息及其他相关资料，对未来一定时期内的生产经营活动可能采取的各种备选方案，选取合理的数学模型进行定量分析，权衡利弊得失，从中选择最优方案。显然，决策职能是管理会计的核心。

（三） 规划职能

规划是指企业在经济管理过程中，根据决策的目标及围绕这一目标所应从事的财务活动作出的详细说明与计划。管理会计的规划职能是通过编制企业的各种计划和预算实现的，要求在最终决策方案选定的基础上，将预先确定的有关经济目标分解落实到各相关预算中去，形成以各责任中心为主体的责任预算，以便合理有效地组织运用企业的经济资源和人力资源，并将其作为控制企业经济活动过程的重要依据。

（四） 控制职能

控制是指能使企业的经济活动严格按照决策的预定轨道有序地进行。管理会计的控制职能要求企业根据规划所确定的目标以及相关规章制度，对预期可能发生的或实际已经发生的各种信息进行收集，并与企业的预算和相关标准进行对比，分析差异及其原因，及时采取切实可行的措施，对生产经营各个方面进行控制，纠正偏差，使之全面处于有效的监控之下。

（五） 评价职能

评价主要是根据各责任中心所编制的业绩报告，将其实际数与预算数进行对比、分析，用以评价考核各责任中心履行职责的情况，并将考核结果及时向有关部门反馈，以便明确成绩和不足，从而为实施奖惩制度和采取改进措施提供必要的依据。

五、管理会计的对象

国内学者关于管理会计对象的研究结论可以总结为：现金流动论、价值差量论、价值运动论、资金运动论、信息运动论、管理活动论、价值增值论、管理成本论等。

对于企业来说，充足的现金对于其生存发展十分重要，现金流动是企业内部管理的一项重要内容。但现金流动不能代表企业的全部经济活动，只关注现金流动不能完全满足企业内部管理的需要。在"现金流出—其他资源—现金流入"这一过程中，其他资源暂时脱离了现金，只有价值形式和实物形态的流动，比如在产品生产过程中，会计部门只是以观念上的货币量来记录价值的创造过程，同时也反映实物的数量；而对其他部门而言，只是物质形态的变化、地点的转移和数量的增减。这些环节是企业内部管理的重要环节，它们均不可能以现金流动来全面反映，但可以通过价值运动来描述。所以说，管理会计的对象以作为价值运动表现形式的资金运动来描述更为全面、科学。

在确定管理会计的对象时，首先可对企业生产经营活动进行分类，因为管理会计与企业的经济活动是密切相关的。

由于企业的生产经营活动实质上是价值和使用价值的创造和实现过程，而价值量是通过货币来表现的，因而在商品经济社会，必须同时运用实物的形式和商品的价值形式即货币形式来保证经济活动各个环节的顺利进行。资金在运动过程中可以采用不同的存在形式，如现金、原材料、产成品、固定资产等。它们虽然形式不一，但都代表了一种价值，可以用货币来统一表现。由于商品生产运动从价值形式看就是价值运动，而价值量用货币来表现，价值运动也就表现为货币的运动。在货币转化为资金的条件下，资金运动成为价值运动的表现形式。

对于现代企业来说，由于它面临的是以知识经济为背景的国际竞争社会，企业的价值运动相应扩展为一个价值系统的运动。企业的最终产品是每一项作业所产生的价值的集合体，作业链也就表现为价值链，企业的生产过程就是价值的创造过程。由于每一个企业都有其自身的特点，其价值链也就各不相同，同时企业作为社会经济活动的基本单元，又与其上游客户和下游客户、竞争者之间存在上、下游价值链。由此，以企业为中心构成了价值系统。正如前面所说，企业必须将各种资产及各个环节高效率地组织起来，这就使价值系统触及企业生产经营的方方面面。这个由商品生产和交换所形成的错综复杂的价值系统，同样是以资金为载体形成和进行运作的。由此可见，资金运动涵盖了企业生产经营活动的各个方面，完整地描述了价值系统静态和动态的变化，从而更全面地反映了企业价值运动。

会计和货币有着紧密的联系，"作为生产过程的控制和观念总结的簿记"，总结的是货币，即价值尺度。随着货币转化为资金，会计总结的就是资金的运动，其经济内容是价值运动，寻找的是价值形成和增值的运动规律。从这一点来说，会计直接面对的是企业的资金运动，也即会计的对象是资金运动，因为它贯穿于企业生产经营的生产过程，也是联结作为法人的企业和企业内部、外部的纽带。而管理会计作为现代会计的两大分支之一，和财务会计同属一个系统，因而两者的对象应是一致的，即管理会计的对象仍应是资金运动。

我国在20世纪80年代引进西方管理会计理论。事实上在这之前，我国已有不少企业在运用部分的管理会计方法，只不过没有明确提出类似的概念。虽然学术界也未对此作相应的理论研究，但关于"什么是会计的对象"却不乏研究者，"资金运动说"则是为大多数人所接受的观点。虽然它是我国20世纪50年代的产物，但在社会主义市场经济条件下，并不意味着已成为过时的提法。"资金运动说"较好地兼顾了抓住事物本质和考虑我国特殊社会环境这两方面的要求。因此，以资金运动作为管理会计的对象比现金流动更为全面和科学。

展开来说，管理会计主要研究配置资源、环境适应、提供决策有用信息、促使组织取得最佳经济、社会效益，即：如何根据组织目标的要求和社会需要，合理配置组织中的各种资源，最大限度地调动各方面的积极性，使组织内部环境与其外部环境相适应，给企业管理当局提供决策有用的信息，从而取得组织的最佳经济效益和社会效益。所以说，企业生产经营活动的各个方面都是管理会计的对象，具体是指企业生产经营活动中的资金运动或者价值运动。

第二节　管理会计的由来

回顾管理会计的发展历程，不是为了研究历史，而是深入现实。历史是一个不断地让现实更有深度和内涵的东西，也是一个不断地让现实更有内容的东西。若想更深入地了解现实，就必须了解历史。若想更深入地体会管理会计思想、转变管理会计思维、灵活应用管理会计理论、创新管理会计方法，应当借助于管理会计的起源和发展，只有根基稳固深远，方可枝繁叶茂。

新的管理理论的产生及其推广运用，总是源于企业实践的需要，并随着实践的发展而发展。管理会计融合了企业管理和财务会计，管理会计的理论产生于管理实践。管理理论的变迁导致适应原有管理理论需要的管理会计信息系统所产生的信息不能满足新的管理理论的需要，而新的管理理论会对管理会计提供的信息在深度和广度上有更高的要求，所以原有的管理会计理论、技术方法在新的管理理论的背景下失去了效用，需要有新的管理会计理论及技术方法作必要的补充才能满足新的管理理论实践的需要。因此，探索管理会计的发展历程，就是探索会计在适应社会经济发展中不断变革的历程，也是会计方法对管理理论进行具体实践的演进过程。作为管理科学重要组成部分的管理会计，在微观经济主体的企业生产经营活动中具有广泛的应用前景，其作用与影响贯穿于企业生产经营运行的全过程，是现代企业实施科学管理的有效工具。

管理会计自 20 世纪 20 ~ 30 年代萌芽、40 ~ 50 年代创立到现在，已经历了将近一个世纪。追溯管理会计的发展轨迹，可以看出，现代管理会计从传统的会计学科中分离出来，成为与财务会计并列的独立的学科并不断发展完善，这一过程是一个广泛引入和应用相邻学科的新的方法，从而不断丰富学科本身内容的过程，是一伴随着社会经济环境变化和经济管理理论等多学科的理论的发展而发展的过程。全球范围的经济竞争、先进的生产环境、顾客中心、全面质量、时间竞争因素和效率所带来的生产环境的变化对管理会计环境产生着重要影响。在许多生产企业中发生的变革将会改变很多传统的管理会计活动。各种经济理论和各种管理学派的出现，极大地推动了管理会计的发展，而这也使管理会计在以后的发展过程中呈现出纷繁复杂的现象，形成了一个个分支领域的管理会计学。因此，总结那些对管理会计的产生与发展产生重大影响的经济管理思想，可以清楚地看出管理会计的发展脉络。

谈到管理会计，一般是指依托于现代工业经济发展背景下的现代管理会计，从这个角度看，西方管理会计的起源比中国要早，因为中国的工业化进程晚于西方。现代管理会计的发展伴随着现代企业经营模式、现代管理思想的不断革新，从执行管理会计，到决策管理会计，再到战略管理会计，管理会计思想不断完善。但是当我们谈到管理会计和管理思想的起源和发展，难免回顾历史，这种历史不应局限于工业化社会之后的历史。工业化社会之前的管理思想也极具参考价值，尤其在具有悠久历史的中国更是如此。如果我们把眼光放长远，不再局限于现代管理会计，而是中国管理会计时，那对于我们中国管理会计起源和发展的认识可能会有新的发现。当前中国管理会计的教材都是源于国外，通过早期的翻译国外教材，到现在国内学者自己编著教材，目前仍是国际化的趋势，但与中国国情结合仍然是管理会计理论和实践发展的不二法则。现在存在的问题是，我们缺乏将理论与我国国情相结合，融入中国元素，体现中国的文化和历史，因此从这点看，从更长的时间跨度回顾中国管理会计的起源和发展是很有必要的。

在古代的中国，会计在管理方面的应用要集中在官府部门和官府开办的企业。直至明朝（1368~1644年），管理会计在私人商业及工企业的应用才可与在政府机构的应用相提并论。而外国对管理会计实务的影响在这一时期得到增强。

到了20世纪，从新中国成立到改革开放前，我国由多种经济成分并存的所有制结构迅速向单一公有制经济过渡。同期，我国实行高度集中的计划经济体制，并且这种单一制经济模式一直延续到1979年。以往的管理会计实务被彻底推翻，取而代之的是为支持计划经济和以公有制为主导的苏联会计模式，其他的管理思想和方法受到抵制和反对。然而，这一时期也出现了管理会计实务方面的一些创新，包括内部经济核算制度、车间会计、班组会计以及技术/经济活动分析。1978年，当党和国家把工作重点从阶级斗争转向发展经济时，西方的管理思想和方法（包括管理会计实务）重新被接受。1992年和1997年，中央政府分别颁布了肯定民营化和进一步开放市场的相关政策。这些举措进一步推动了现代管理会计技术在中国的应用。

从1978年到20世纪90年代末，尽管各个企业采用的范式不一致，但西方"现代"管理会计在中国的应用逐渐增加，尤其是，与经济改革相关的以及被政府法规推广的方法被广泛使用（例如责任会计和内部银行）。但是随着市场化进程的不断深入，企业及其管理者被赋予了更多的自主权，他们开始增加了对新的管理会计方法的摸索和应用。

从20世纪末到现在，管理会计实务取得了更大的进展。这一时期采用的多数技术方法都集中在以提高效率和效果为目标的内部管理控制过程中。

（一）1949年以前中国管理会计的发展

以管理为目的的会计应用在中国已有4000多年的历史。封建社会占据了这段历史时期9大部分。其间，管理会计的主要作用是支持政府履行职能和完善制度。从商朝（公元前1600年至公元1046年）的单式记账法开始，到西周时期（公元前1046年至公元前771年），政府会计已经包含了簿记、计算、报告和信息应用等元素。其间，会计的功能充分显示了其重要性，使其能够作为一个独立于财务和物资管理功能的部门而得以建立和发展。而在会计部门内部，掌管和记录现金交易、部门之间和部门内部业务的交叉核对、账目的每日核对、半月核对、整月核对以及年度报告都有明确分工。

到了春秋（公元前 770 年至公元前 476 年）和战国（公元前 475 年至公元前 221 年）时期，会计的功能得到了进一步的拓展。此间，颁布了与盗窃、挪用资金、拖欠债务、政府财产损失、虚假报告和计量等有关的法律。同时，存货管理系统也建立起来，并受到法律制约。在这一系统里，有专门储备的战略性物资，以备战争、灾难和其他不时之需。与这套存货管理系统有关的法律又进一步促进了会计在管理活动中的应用。

会计的管理作用在秦朝（公元前 221 年至公元前 206 年）的法律条文中得到进一步明确。例如，这一时期颁布的法律条文规定，账簿要仔细核对，账目要真实反映实际的经济业务和物资流动；账目的负责人员必须遵守法律和职业道德；会计记录和计算必须真实、准确。此外，如果遇到政府官员更替，接任者还要仔细核对前任留下的账目、盘点库存并向上一级主管官员汇报。同样，对于财、物的收发都有明确的法律规定；对于重要的支出项目，还有专门的费用标准。这一时期还出现了会计平衡公式"收入＝支出＋结余"。尤为重要的是，一套完整的生产标准被运用到政府开办的矿山中。

西汉时期（公元前 206 年至公元 25 年），人们已经开始用独立的账户来追踪特定支出和记录耗用材料的数量和金额。在接下来繁荣的唐朝（618～907 年），政府内部建立了独立的监督和审计部门，原有的三元会计等式"收入＝支出＋结余"被新的四元会计等式"期初结余＋本期增加－本期支出＝期末结余"取代。另外一个重要的变革是政府预算的出现。同时，不仅编制了以税收为核心的军队预算、省级预算和县级预算，还建立了一套特殊的预算金制度，以规范将特定的税收收入用于特定的用途，如支付政府官员的薪俸。到了宋朝（960～1279 年），支出分析受到极大重视。比较性统计方法被应用于不同类型的支出分析中，收入和支出标准及为了促进人们达到该标准的激励机制得到广泛应用。

明朝时期（1368～1644 年），出现了两套用于内部审核和控制的复式记账系统。第一套被称为"三脚账"，这是一套不完整的复式记账系统，说它"不完整"，是因为对于现金交易，采用单式记账，而对于赊销业务，才使用复式记账。另外一套更先进的复式记账系统叫"龙门账"，它对于所有的业务都采用复式记账方法。该系统将账户分为进（收入）、该（资本和负债）、存（资产）和缴（费用和税收）。

在以上各个时期，会计都被应用于私人企业的管理，但在明朝更为盛行。例如，尽管"账房"这一专门机构在元朝（1206～1368 年）早期就开始出现，但到明朝才开始广泛应用。明朝大型私人企业在总部和分支机构都设有专门的会计人员。总部会计人员使用总分类账控制分支机构的日记账。会计、出纳、交易、操作和存货管理方面都有明确的职责分工，并且单独记录重要的开支项目。贸易企业使用库存盘点法（期末存货减期初存货）或最高购买价格来计算销售成本。工厂和采矿企业使用的方法则更为复杂。例如，费用项目单独记录，并且采矿成本与熔炼成本分别记录。更值得注意的是，那时开始出现产量与利润关系的分析。

清朝（1616~1911年）是中国封建社会的最后一个王朝。在清朝皇帝的统治期间，中国逐渐受到国外尤其是欧洲的影响。与国外公司有业务往来的中国企业更受其贸易伙伴的影响。例如，中兴煤矿公司（成立于1878年）能够提供固定资产、原材料、辅助材料的成本以及其他生产成本使用的系统化信息（Guo，1988）。而一些富裕的大家庭也使用了账户，并形成了一套包括职责分工、现金控制以及计划预算在内的有效的计量和控制方法（Chan et al.，2001）。

1912年清政府统治瓦解之后，中华民国政府制定了一系列会计、审计与预算方面的法律。这一时期出现了注册会计师行业和会计公司。会计学成为大学及其他教育机构的一门主要课程。西方的借、贷复式记账方法及成本会计被引入中国，并为一些（尤其是大型）私有企业及银行所采用。一些大型工业企业引入了统驭账户和明细分类账来控制主要成本和费用项目，并将费用项目按生产、销售、管理、财务、经常开支等性质进行分类。还引入了"估计"（标准）成本，并且将成本费用在产品与产成品之间进行分配。

在中国漫长的历史上，管理会计的发展离不开诸多会计和财务理论的发展。西周时期，"收入要大于支出"的观点就被采纳。西汉时期，人们已经认识到利润、费用、成本以及资本的区别。宋朝出现了许多关于如何控制冗余费用的文章，其中一些文章还提出了对于会计改据的使用问题。在明朝，研究的范围不断扩大，并形成了开源节流理论。同时，明朝也见证了包括会计、内部稽核、审计以及经营管理等要素的仓储管理理论的发展，还出现了对政府预算及决算的讨论。近现代中国管理会计的发展：以上为中国古代漫长历史中管理会计的发展，可知中国五千年文明也对世界管理会计发展作出了重要贡献。然而，清代以后的近代史上，世界步入了现代管理会计阶段，由于中国尚未跟随世界工业化脚步，在向西方学习思想、文化、科技的过程中，管理会计的引进也十分匮乏，更别说中国本土的管理会计是否存在，是否有本土的管理会计应用历史，却是个待发现的问题。因此，本书对近代中国管理会计一笔带过，不再展开。

（二）1949年至今中国管理会计的发展

1. 新中国成立后的政治经济发展

1949年，中华人民共和国成立。新中国成立初期，计划经济被认为是社会主义建设的核心（于光远，1998）。中国的第一个五年发展计划涵盖1953~1957年，并且从中央政府到各级地方政府层层衔接。

拉迪（Lardy，1978）发现，这一计划为多数工业企业提供了一系列的目标，主要有：（1）工业产量总值；（2）商品产值；（3）总产量；（4）技术经济目标

（设备能力利用目标、原材料消耗目标、机械化水平目标）；（5）生产能力利用率。这一计划体制一直持续到 20 世纪 80 年代。当时，政府给工业企业下达如下目标：产量、生产质量、产品结构、原材料及能源消耗、生产成本、工资及薪金、利润以及被许可的营运资本量（Hare，1983）。

在中央计划经济体制下，原材料、资金以及产品销售都由政府部门控制。因此，主要经济目标是数量指标，而非财务指标。产量而不是投入产出比成为关注的焦点。在这一体制下，企业执行中央计划，具有很小的自主权，政府控制着官员的任用和罢免。而且，每个企业都在特定狭窄的工业部门范围内经营。主要激励方式是道德/政治等精神奖励，而非物质奖励。

在会计领域，西方管理理论和技术被认为是资本主义的东西，因此中国理论界和实务工作者谨慎地对待它们。同时，中国引进了苏联会计，在政治方面，无论从内部还是从外部来看，苏联会计都适合中国的意识形态。这一引进不仅包括财务会计（统一会计制度），还包括诸如内部经济分析和预算等内部会计管理和控制技术。一般而言，会计被看作中央计划的工具。为促进中央计划，政府强制企业实施统一的会计制度。统一会计制度一般包括会计科目表、会计报表格式和编制规范以及折旧、成本、费用的具体规定。

公有制最大的问题在于"社会主义铁饭碗"（工作终身制以及社会主义福利），或者是与资本主义企业所采用的硬预算约束相对应的软预算约束（Kornai，1980）。企业的业绩以其产量而非营利性来衡量，并且利润完全由国家分配。公有制还导致"三不分"（党与政府的职能不分，政府和企业的职能不分，政府作为所有者和管理者的职能不分），产权不清（于光远，1997）和责任不明也是公有制的弊端。

在"三不分"情况下，软预算约束以及政府基于计划的资源分配，对于具体的企业提高效率、增强管理技巧并没有起到激励作用（Kornai，1980）。企业无须担心过度开支以及产生损失，因为损失由国家承担，管理者并不会受太大影响，利润全部上交国家并由国家进行分配（项怀诚，1998）。这种形势可以用两句中国俗语来形容："肉烂在锅里"（个人的利益依靠国家福利）、"吃大锅饭"（人人分得同样的利益）。在这种大环境下，中国会计退化为簿记（杨时展，1997）。即使有一些成本或管理会计的成分，那也是为达到计划产量目标服务的。另外，成本控制也是源于国家控制，因为宏观经济利益凌驾于企业经济利益之上。

1978 年，党的十一届三中全会后，党和国家的工作重心转移到经济建设上。当时社会的主要矛盾已由阶级斗争转为人民日益增长的物质文化需要与落后的生产之间的矛盾。

随着对外开放经济政策的建立，混合所有制经济（国有和私营并存）和市场经济出现了。中国在 20 世纪 80 年代初建立了深圳、厦门、珠海以及汕头四个经济特区。随后，其他沿海及主要内陆城市对外国投资者开放，中外合资企业盛行，国际贸易大幅增加。1984 年，少数企业开始尝试股份制改革，允许国家、机构（国有或非国有）以及个人投资者持有企业股份。1988 年，私有制第一次受到宪法的保护，随后，上海、深圳两家证券交易所分别于 1990 年和 1991 年成立。1999 年末，中国有 128 万家私有企业，共雇用 1700 万人员；还有 3100 万人成为个体工商户（刘仲藜，1999）。中国经济的对外开放 2001 年 11 月加入世界贸易组织（WTO）起到了巨大的推动作用。1997 年，进出口额增长为国内生产总值的 36.21%，2004 年进一步增长到 69.36%；并且对国外资本的使用也大大增加，从 1985 年底的 44.6 亿美元增加到 2004 年的 606.3 亿美元。

伴随着市场开放及民营企业的出现，中国对国有经济进行了一系列的改革。1978 ~ 1983 年，国有企业被赋予了更广的自主权，并被允许保留一部分利润以及折旧基金。另外，资本的来源从国家注入转变为银行贷款，并针对固定资产征税。80% 以上的工业企业采用了"经济责任制"（王生升，2002）。在这一制度下，国有企业要保证一定的政府利润份额。1983 ~ 1986 年，国有企业在十个方面拥有了更为广泛的自主权：即计划、销售、定价、采购、资金使用、生产决策、组织安排、劳动人事管理、薪金以及协作。不能维持的国有企业则可宣布破产。

1987 ~ 1992 年，多数小型国有企业被出售或出租；同时，承包经营责任制被引入大型国有企业中。这一制度使国有企业的经济责任不仅涉及完成利润指标，同时要关注投入产出问题。这一制度存在多种形式，但是都具有如下特征：第一，在企业（以其最高管理者为代表）与其主管政府部门间建立一种合同关系；第二，企业管理者的利益与企业绩效相联系，因此他们面临着相当大的风险与回报；第三，公开选拔企业管理者；第四，为了防止管理者的短期行为，多数制度都设立了长期目标和激励机制。

因此，在 20 世纪 80 年代，私营企业和国有企业都渴望采用有助于提高效率和效益的管理方法。在国有企业内部，"经济责任制"与"经营承包责任制"发展为"内部经济责任制"。后者针对不同层次的管理者设定了不同的绩效目标，并将他们的薪金与这些绩效目标挂钩。在私营企业，以履行契约责任和支持利润增长为主要目的的会计工作范围也得到了扩展。这种变化使企业有必要更为合理地计算可分配利润。在 20 世纪 80 年代中期开始的股份制改革也提出了如何保全股东资本的问题。同时，从计划经济向市场经济的转变增加了企业面临的竞争和风险。这些企业中，外资企业率先采用了先进的管理会计技术，并起到了宣传和推广的重要作用（Firth，1996；O'Connor et al.，2004）。

在此背景下，我国进一步推动了经济更深层次的改革。1992 年，邓小平在南方谈话中指出，计划多一点还是市场多一点，不是社会主义与资本主义的本质区别。计划经济不等于社会主义，资本主义也有计划；市场经济不等于资本主义，社会主义也有市场。计划和市场都是经济手段。[1] 这一主张为进一步民营化

① 《中国共产党简史》编写组：《中国共产党简史》，人民出版社、中央党史出版社 2021 年版，第 300 页。

和开放市场打下了基础。从 1993 年开始，经济改革致力于"现代企业制度"的建立。这一制度在 1993 年《中共中央关于建立社会主义市场经济体制若干问题的决定》中正式提出。它具有四个特点：产权清晰、职责明确、政企分开以及科学管理。股份制成为现代企业制度的主要改革方向，大型国有企业纷纷在上海及深圳证券交易所上市。2004 年末，1377 家企业挂牌交易，资本总市值为 4486 亿美元，约占中国国内生产总值的 36%。

在市场和法制的推动下，中国更多的企业采用了更为复杂和更为有效的管理方法（包括管理会计）。例如，1994 年实施的《中华人民共和国公司法》（以下简称《公司法》）确立了包括股东大会、董事会以及监事会的新的公司内部治理结构。2001 年，中国证监会颁布了《上市公司独立董事监管机制》，规定国内上市公司必须设立独立董事。2002 年，中国证监会和国家经贸委联合颁布了《公司治理准则》来规范公司董事会、监事会及高级管理者的责任和义务。

斯宾塞和孟（Scapens and Meng，1993）指出中国采用西方管理会计理论及技术面临一系列障碍，包括国家对企业破产的保护，国有企业对政府部门的依赖，企业存在非经济目标，国外投资者不熟悉中国的会计制度，以及多数会计人员缺乏职业培训。正如前面的历史回顾所展示的，随后的许多障碍被消除，为中国应用西方和现代管理会计工具搭建了广阔的舞台。

2. 1949～1978 年中国管理会计的发展

1978 年，党的十一届三中全会正式确立了以经济建设为中心，这为中国采用西方和现代管理技术开了绿灯。

总体来说，1949～1978 年的管理会计实务以支持计划经济为目标导向，并且遵循的是苏联会计模式（杨时展，1999）。其实，这些方法中有许多是苏联在 20 世纪二三十年代从西方国家引入的。在这段时期，中国的企业都是国家所有并受国家控制，或者虽然是集体企业但也同样受国家控制。这些企业都要采用行业统一会计制度。这些制度不仅包括会计科目表，还包括折旧率、固定资产折旧年限及残值、开支标准以及薪金水平的具体规定。在集体化和国有化的过程中，20 世纪五六十年代，企业广泛使用群众核算制（或者班组核算、柜组核算）（Mashmeyer and Yang，1990；Skousen and Yang，1998）。在这种制度下，企业给工人小组下达计划的产量、成本及利润目标。与之相对比，由政府任命的企业高层领导缺乏决策的自主权，仅仅对于产量限额而并非财务目标负责。

具体说来，中国经济在中华人民共和国成立前几乎处于崩溃边缘：恶性通货膨胀、原材料及商品严重短缺、低下的生产能力以及普遍的经济、社会混乱。为了恢复经济，中央政府于 1950 年发布了《关于统一全国财政经济工作的决定》，要求统一财政收支管理、集中物资分配和控制现金流量。同时，颁布了一系列政府预算及工业部门的统一会计制度，其中涵盖会计报表、会计科目、账簿、会计档案、业务处理程序以及会计流程图（项怀诚，1998）。另外，着力建设"经济核算制度"，以完成以下两项目标：（1）适当界定国家与企业之间的关系，将重点放在厘清它们在会计与财务管理之间的关系上（例如，使企业在财务方面具有相对的独立性）；（2）规范会计制度和财务管理制度，并在企业内外确立良好的财务和会计秩序（项怀诚，1998）。这些政策要求已经有一定会计基础的企业关注生产成本控制、资金管理以及技术管理，并采用了计件工资制；同时要求那些没有会计基础的企业编制生产、财务及成本计划，计算并核实固定资产，并确立财务及成本管理标准。为此，国家制定了许多关于财务收支计划的编制、折旧的计算及分配、利润分配、资产和资金的确认、企业资金限额的确定、年报编制以及激励基金的提取和使用等方面的规章制度。

中华人民共和国铁道部下属的国有企业率先实施了内部经济核算制度。所有铁路部门的公司到1955年采用了这一制度，并于1958年将其扩展到车间、班组。贸易部下属的公司于1952年开始施行这一制度，实施者在预定的定额资金范围内具有相对的独立性，在国家计划的范围内具有一定的自主权，可以通过银行而非以前的内部转移来处理业务。其他部门下属的公司于1953年后陆续实施内部经济核算制度。例如，机械工业部要求其下属公司编制并实施月度支出计划，明确车间业绩情况。1956年，机械工业部进一步要求下属企业的总经理对企业业务和会计工作直接负责，以将内部经济核算落实到班组及其他职能部门，改进原始会计记录和基本核算、统计制度，确立技术经济及财务分析制度，并将技术经济与财务分析会议作为审计企业年终报表和加强企业日常资金及开支控制的方法。

采用内部经济核算制度，重新界定和明确了企业与国家之间的财务会计关系。企业必须编制生产及财务计划并报政府部门审批。这些计划将被用来评价企业的年度业绩。折旧基金和利润必须上交国家，额外的资金必须通过国家或者临时银行贷款方式获得。同时，国家对企业实行资金定额管理制度，这一制度分三类确定资金定额（固定资金、流动资金以及专项资金，如奖励基金及公司发展基金；项怀诚，1998）。随之，企业开始执行资金核算制（Zhou，1988）。资产负债表的平衡公式是总资金来源＝资金占用。前者包括固定资金、流动资金以及专项资金，分别与固定资产、流动资产和专用资产相对应。这三种资金一般情况下不可互换。也就是说，固定资金不可用来购置流动资产。因此，资产负债表包括三个相互独立的部分：固定资产和固定资金（来源于国家或留存收益）；流动资产和流动负债，以及专项资产和专项资金。

到1957年，全国完成了内部经济核算制度的实施。这一制度在1953～1957年的第一个五年计划中对于经济发展起到了重要的促进作用：工业总产值年增长率为18%，流动资产周转天数从123.9天优化为82.7天，资产回报率从21.2%增加到22.3%。在这种核算制度下，每一个工厂或者车间都是一个利润中心，即使没有定价和销售产品的权力，也要对公司的利润负责。企业还给职能部门下达一定的目标。为确定每个责任中心对企业利润的贡献，在企业内部交易过程中，使用了转移定价方法。许多企业采用了与成本中心相关的，包括定额成本、存货计划和控制的管理会计技术。另外，经济技术分析方法被引入企业，通过将技术分析与成本/经济分析方法的结合来分析耗费差异。

在整体考虑这一阶段中国管理会计的实务时，杨继良和徐佩玲（1997）认为，尽管计划经济和政府管制一直处于主导地位，但是管理会计技术仍在一定范围内有所发展及应用。他们指出，许多管理会计技术（例如，成本计划、财务计划、成本会计、全面预算、内部评价）仅仅是在名称上与西方发达国家不同。吉（Ji，2001）赞同这一看法并根据西方成本会计方法，将中国成本会计分为两大类。第一类，与西方的订单成本法相似，中国存在产品品种成本法、批次成本法和产品大类成本法，其核算对象分别为产品的品种、批次和产品类别。第二类，与西方的分步法相似，中国存在平行结转分步法和顺序结转分步法。在平行结转分布法下，计算每一步骤发生的成本占完工产品成本的百分比，并结转到完工产品成本中。而在顺序结转法下，半成品的成本要滚动计入下一个步骤中，进行加总核算。

欧阳清（1998）也指出，在这一时期中国企业已经广泛使用了管理会计技术。他总结了这些技术的五项特征：第一，成本计划方面，在实践中逐渐形成了一套比较完整的体系和编制方法。尤其是在编制成本计划阶段的项目测算法。这一方法将成本计划降低额分为递延降低额和计划年度节约额，从而能够清楚地区分成本计划降低额中，哪些是在上年年末已经实现，哪些是计划年度通过职工努力才能实现的。第二，成本控制方面（即成本日常管理），针对不同的成本项目采取了各种控制方法。材料控制实行限额发料制度，并通过分批核算法或定额核算法对原材料在生产使用中的数量差异进行控制；工资控制采用劳动定额、出勤率和非生产工时损失的控制，以及确定编制定员、落实工资基金指标的方法来进行；费用指标分解到责任单位，并通过费用限额手册和厂币等方法对各责任单位费用支出进行反映和控制。第三，成本计算方面，创造了定额比例法，简化了完工产品和在产品之间的成本分配问题；创造了平行结转分步法。第四，在成本分析方面，从开展一般的经济发展到联系企业生产特点的成本技术经济分析；从单纯的本期实际与计划、本期与上期相比，发展到同行业成本指标的对比分析；从以企业为对象的成本分析发展到深入企业内部各核算单位的成本分析，并进一步扩大到部门的成本分析。第五，成本管理民主化和群众化方面，成本指标归口分级管理，将成本目标逐级分解，落实到各部门、单位、班组和个人，开展了厂部、车间和班组三级成本核算活动。

无论这一时期管理会计在中国的发展状况如何，马什迈耶和杨（Maschmeyer and Yang，1990）指出了管理会计可能没有对当时中国企业绩效作出重要贡献的原因。利润不是主要的关注，因为几乎所有的定价都由政府而并非供需关系决定。在这种情况下，企业的管理者除了有限的生产管理职权，没有决策制定权。甚至在这一范围内，管理人员改进企业经营业绩的积极性也因缺少与业绩挂钩的有形回报而受到打击。

3. 1979～1997 年中国管理会计的发展

在 1979～1997 年，由于经济政策的变化，中国管理会计实务受到机构和法规变化的影响。提出以经济建设为中心为在中国引入西方/现代管理会计方法打开了大门。本量利分析和责任会计是这一时期使用最广泛的两项技术（使用率分别为 79% 和 54%）。其他使用较多的技术是标准成本（38%）、资本预算（30%）以及经营预算（3.7%）。聚焦于 20 世纪 80 年代，边际贡献和本量利分析技术得到了最为广泛的应用。

1993 年以前西方的一些短期和长期决策的制定和控制技术已被中国企业采用。这些技术包括本量利分析、责任会计、标准成本、差异分析、贡献分析、变动成本、转移定价以及投资评估技术。然而，这些技术和概念的传播和推广因中国一般会计人员知识水平的欠缺而受阻。

（三）1997 年至今中国管理会计的发展

到 20 世纪 90 年代后期，西方经验已被中国公司广泛采用。其中，一些是计划经济下的延续（如责任会计），使用率较高；另外一些使用程度不等，但多数偏低。一般来说，采用是一个有选择的而非偶然的过程，这在它们的应用因不同地域和公司规模而产生的系统差别中得到体现。90 年代末最常用的管理会计技术包括财务分析、本量利分析以及资本支出决策技术。此时，多数公司的会计信息系统都只是为财务会计而非管理会计服务的。

同时，政府部门发布了一系列规章制度，继续营造一个有利于采用现代管理会计技术的环境。例如，在公司治理方面，中国证监会于 2001 年发布了《关于在上市公司建立独立董事制度的指导意见》，2002 年 1 月发布了《上市公司治理准则》。以上两个文件在以下方面提出了详细的要求：在董事会中设立有能力的独立董事；严禁任命大股东及其相关方为独立董事；授予独立董事在监督关联方交易以及聘任、解聘监事、董事以及高级管理人员的更大权力；并要求上市公司设立由多数成员为独立董事的审计委员会、薪酬委员会和提名委员会。

2001 年中国加入 WTO，这就要求增加对外开放力度，并减少政府对公司管理方面的干预。此外，从 2000 年开始，基金在股票市场上扮演了日渐重要的角色，为公司不断改善经营业绩带来了压力。

国际会计师联合会确定了西方管理会计发展的四个阶段：（1）成本确定和财务控制（1950 年前）；（2）为管理计划和控制提供信息（20 世纪 60 年代中期）；（3）注重减少经营过程的浪费（20 世纪 80 年代中期到 90 年代中期）；（4）致力于创造企业价值（20 世纪 90 年代中期至今）。尽管第四阶段的一些要素已经出现，但中国当前管理会计实务最多也就达到了第三阶段。

第三节 管理会计创新

一、战略管理会计是管理会计创新的新领域

2016 年 6 月,财政部发布的《管理会计基本指引》指出,管理会计的目标是通过运用管理会计工具方法,参与单位规划、决策、控制、评价活动并为之提供有用信息,推动单位实现战略规划;单位在应用管理会计时,应遵循战略导向原则,就是要以战略规划为导向,以持续创造价值为核心,促进单位可持续发展。"规划"与"决策"活动帮助企业"做对的事情",对的事情就是与企业战略目标协同的事情;"控制"与"评价"活动则帮助企业"把事情做对",也就是把战略转化为行动,即战略实施。可见,无论管理会计的目标、原则还是活动,处处体现"战略思维"。当管理会计开始以协助企业管理层制定竞争战略、实施战略规划,从而促使企业良性循环并不断发展为目的,将内部和外部的有用信息转化为对其有利的战略资源,使企业持续不断地获得战略优势,为企业战略管理提供有效信息和决策支持的管理会计可称作战略管理会计。

现代企业不仅需要科学精细的日常管理,更需要有高瞻远瞩的战略眼光和战略思想,随着管理理念从"职能管理"向"战略管理"转变,管理者对于管理信息的需求由业务信息拓展到战略管理信息。战略管理会计是为适应战略管理的需要而逐渐形成的,战略管理会计分析和提供与企业战略相关的信息,并为企业的战略分析、战略选择和战略实施提供支持。

战略管理会计诞生于 20 世纪 80 年代,在其后的十多年中,许多学者对战略管理会计进行了定义及描述。直到 2000 年,吉尔丁克等(Guilding et al.)首次对战略管理会计方法进行了研究,并将产品属性成本计算等 12 种方法作为战略管理会计的方法。2002 年,吉尔丁克和麦克马努斯特(Guilding and McManustz)又对战略管理会计方法进行了补充,将客户盈利分析、顾客细分盈利能力分析、客户生命周期盈利能力分析以及客户价值评估添加到战略管理会计方法中。在此基础上,钦奎尼和埃努奇(Cinquini and Enucci)通过实证研究发现,在上述提到的战略管理会计方法中,只有 7 种是较为常见的,分别为:产品属性成本计算、客户会计、战略定价、竞争地位监督、基于公开财务报表的竞争对手评价、战略成本和质量成本。

(一)战略管理会计的特征

1. 战略管理会计强调整体性和长期性

战略管理会计参与企业的战略分析、战略规划、战略实施和战略业绩评价。

战略具有计划性、全局性和长期性的属性，战略管理会计的视角不可局限于关注某部分的突出发展，或者某一时期的短期获利，战略管理会计更加注重企业整体发展优势，注重企业取得持续不断的战略成功。用整体性和长期性思维分析和解决问题，有助于企业在参与社会生产过程中，追求整体价值最大化，规避短期行为，实现长期可持续发展。

2. 战略管理会计提供更广泛的信息

管理会计重在解决企业内部问题，信息需求主要集中于企业经营管理相关的内部财务和非财务信息上。战略的现代概念强调战略应具备应变性、竞争性和风险性，这便要求战略管理会计密切关注企业外部环境，包括分析企业所处的行业环境，考虑如何在同行业竞争中保持优势，如何与资源提供者以及客户保持互利共赢的关系问题等，所以说，战略管理会计为企业管理者的决策提供更广泛的内部和外部信息。

战略管理会计不仅提供财务信息，还提供非财务信息，并对非财务信息进行系统分析和研究。这些非财务信息包括竞争对手的优势和劣势、顾客的满意度和市场份额等，在分外激烈的市场竞争中，这些数据信息不仅是不可或缺的，还是企业在竞争中保持持续长久竞争力的基础。

3. 设置的绩效评价指标更有利于促进战略落地

传统的业绩评价模式注重基于"结果"的财务指标，属于滞后性指标，对于过程以及未来价值创造的指导和评价是不够的。正所谓"考核什么，就得到什么"，要想获得持续不断的战略竞争优势，就要将企业的业绩评价同企业战略发展联系起来，在传统财务指标的基础上，增加用于评估企业未来价值增值能力的具有前瞻性的先行指标。战略性绩效评价将评价指标与企业所实施的战略相结合，根据不同的战略采取不同的评价指标，将业绩评价贯穿于战略管理应用过程的每一步中，化战略为行动，实现战略目标。

（二）战略管理会计的内容

战略管理会计在国外是个新兴研究领域，其完整的理论与方法体系尚未建立，国内研究亦刚刚起步。从战略管理会计的发展过程和特点看，战略管理会计体系是围绕战略管理展开的，应包含四个方面的内容：

1. 企业外部环境分析

环境对于企业来说是一把"双刃剑"。一方面为企业发展提供机遇，另一方面又制约企业的经营活动，甚至可能会带来风险。企业必须充分适应环境变化。在高新技术迅速发展、市场竞争异常激烈的情况下，企业对环境变化的敏感程度和反应能力以及对环境变化的适应程度从某种意义上讲决定着企业的发展前景。与企业战略的制订和实施相关的会计信息，不仅包括企业内部信息，而且应该包括与外部环境相关的信息。战略管理会计对与企业外部环境因素相关的信息进行收集、整理的目的在于使企业能够根据环境的变化修改原有发展战略，制订新的发展战略，使企业战略能够建立在科学合理的基础之上。如战略管理会计通过分析、判断经济周期的变化情况来确定最近的投资，又如技术进步既可以创造新市场，产生大量新型的和改进型的产品，也使现有的产品与服务过时。不论属于哪一种情况，技术环境因素的变化都会改变企业在产业中的相对地位及其竞争优势。因此，战略管理会计必须根据企业特点及其所在的行业特点，关注宏观环境的变化，研究与判断宏观环境变化可能带来的机会与威胁，提供相关信息，并对可供采取的管理措施提出建议，使企业战略建立在多方位、多角度、多层次分析的基础之上。

2. 企业价值链分析

企业产品的生产过程是价值的形成过程，同时也是费用发生过程和产品成本形成过程。企业将产品移交给顾客时，也就是将产品的价值转移给顾客。价值是一次移交的，但产品的价值却是在企业内部逐步形成、逐渐累积的。"企业生产经营活动的有序进行构成了相互联系的生产活动链，生产经营活动链也就是企业的价值链"。企业的价值活动可以分为两大类：基本活动和辅助活动。基本活动涉及物质生产、销售和售后服务中的各种活动。基本活动可以划分为内部后勤、生产作业、外部后勤、市场销售、服务。内部后勤是与接受、存储和分配相关联的各种活动，生产作业是与将投入转化为最终产品相关的各种活动，外部后勤是与存储和将产品发送给买方有关的各种活动，市场销售是与提供一种顾客购买产品的方式和引导他们进行购买有关的各种活动，服务是与提供服务以增加或保持产品价值有关的各种活动。价值活动是构筑竞争优势的基石，对价值链的分析不仅要分析构成价值链的单个价值活动，而且，更重要的是，要从价值活动的相互关系中分析各项活动对企业竞争优势的影响。价值链分析的任务就是要确定企业的价值链，明确各价值活动之间的联系，提高企业创造价值的效率，增加企业降低成本的可能性，为企业取得成本优势和竞争优势提供条件。

3. 企业成本动因分析

成本动因即是引起成本发生变化的原因，多个成本动因结合起来决定一项既定活动的成本，一项价值活动的相对成本地位取决于其相对于重要成本动因的地位。对成本动因的细致划分难以穷尽，但从战略高度看，影响成本发生深刻变化的是那些具有普遍意义的、更具有战略意义的成本动因，如规模经济、生产能力利用模式、价值活动之间的联系及其相互关系、时机选择、企业政策、地理位置等，这些成本动因对企业的成本发生持久的影响。企业特点不同，具有战略意义的成本动因也会有所不同。这些成本动因或多或少能够置于企业的控制之下。识别每种价值活动的成本动因能够明确相对成本地位形成和变化的原因，为改善价值活动和强化成本控制提供有效的途径。由于企业的特点、条件不同，在进行成本动因分析时，除了要认识一般的成本动因外，还需要结合企业的实际情况，分析对企业影响重大的成本动因。

4. 企业业绩综合评价

从战略角度看，企业竞争能力受到外部环境、内部条件和竞争态势的强烈影响。竞争使企业经营的不稳定因素越来越多，市场增长、顾客需求、产品生命周期、技术更新等的变化速度大大提高，如何以最直接、最简便的方式满足顾客需求，如何构造企业组织体系以便能够对环境变化作出灵敏反应，如何在激烈竞争中获得优势是管理当局必须认真思考的问题。面对这些问题，传统的业绩财务计量方法受到挑战，需要在业绩的财务计量基础上，对业绩进行综合评价，以便从更高层次上对企业的业绩进行更为全面的评价。业绩的综合评价包括业绩的财务计量和非财务计量两个方面。"业绩的财务计量在传统上占主导地位。"然而，当竞争环境越来越需要经理们重视和进行经营决策时，像市场占有率、革新、顾客满意度、服务质量、业务流程、产品质量、市场战略、人力资源等非财务计量指标便被更多地用于衡量企业的业绩，在企业业绩计量方面起着更大的作用。业绩的非财务指标必须结合公司的行业特点、发展目标和发展战略加以确定。不同行业的企业和同一行业的不同企业，其目标、使命和战略各不相同，其业绩衡量指标也不尽相同。

（三）战略管理会计发展的新趋势

战略管理会计在新时代有了新的发展趋势，主要表现为以下两大方面：

1. 战略管理会计越来越强调信息系统的建设

战略管理会计与当代信息化建设密不可分，信息成为战略管理会计发展的支撑力量和促进因素，战略信息对于战略管理会计的应用有至关重要的影响，并有利于战略管理会计获取持续性的竞争优势。信息化环境下，信息技术的不断升级给战略管理会计的发展提供了技术上的支持。战略管理会计在对各种信息的筛选和整合中不断进行自我更新和发展，并使企业能够未雨绸缪，提前做好相应准备，实现所在行业和产业的领跑者地位，成为标杆和榜样，这样既能适应企业战略管理和决策的需要，也有利于增强企业的信息化系统建设。因此，战略管理会计实际上深得会计的精髓，即会计在本质上是一种信息系统，而战略管理会计则是信息系统中的信息系统。

2. 战略管理会计越来越富有人性化色彩

"人"具有无限的创造潜力，在新的信息化时代，战略管理会计将充分实践"得人心者得天下"所蕴含的哲理。战略管理会计的最大战略将是对"人心"的培养，使员工能够有激情地进行创造性工作，拥有强大的团队凝聚力，保持高度的忠诚，真正将自己与企业融为一体，保证企业战略的顺利贯彻和执行。人性化的战略管理会计将成为新时代企业的重要竞争法宝，并衍生出核心竞争力。因此，战略管理会计具有强大的发展潜力，在信息系统和人性化新趋势的引领下，战略管理会计将深入融合于新时代的企业实践，并与时代主题和人的才智相结合，为战略管理会计的发展开辟出崭新的道路，在知识和技术的支持下实现自身及企业的不断超越。

二、iABCD 促进管理会计创新发展

2015 年 7 月 4 日，国务院发布的《关于积极推进"互联网＋"行动的指导意见》，明确推进"互联网＋"的行动要求、重点行动和保障支持。从此开始，我国逐步加强了"互联网＋"的应用。"互联网＋"是互联网思维的实践成果，为发展、改革、创新提供了广阔的网络平台，并促进经济形态的不断发展。"互联网＋"旨在充分发挥互联网的优势，促进传统产业与互联网的深度融合以提高生产力。"互联网＋"及其承载的技术和思想，正在推动着生产方式和生产关系的深刻变革，也推动着会计行业的深刻变革与跨越式发展，为管理会计应用提供了难得的发展机会。"互联网＋"将会改变管理会计信息的获取和处理方式，提升管理会计参与企业经营管理活动的效率和效果，进而提高管理会计系统与企业经营的相关性。

党的十九大报告提出，要推进互联网、人工智能、大数据等信息技术与实体经济的高度融合。"互联网＋"背景下，大数据、人工智能、移动互联和云计算成为提升管理会计信息化水平的重要技术工具，在无形中构建了企业之间的数字通道，使管理会计在参与企业规划、决策、控制和评价活动及提供相关信息方面取得突破性进展，管理会计信息范围从企业内部顺利延伸到上下游产业链，实现包括服务模式、技术革新、数据挖掘、信息集成等全方位的优化升级。基于云服务和大数据的全员全过程的全面预算、价值创造型的财务共享服务模式、以流动性管理为核心的营运资金管理、支撑绩效评价的责任中心会计、面向现代服务业的人力资本会计、基于大数据的内部报告和决策分析等，构成了互联网管理会计的应用热点。

（一）大数据时代管理会计面临机遇与挑战

党的十九届四中全会提出将数据与资本、土地、知识、技术和管理并列作为可参与分配的生产要素，这体现出数据在国民经济运行中变得越来越重要，数据对经济发展、社会生活和国家治理正在产生着根本性、全局性、革命性的影响。全球大数据正进入加速发展时期，技术产业与应用创新不断迈向新高度。大数据通过数字化丰富要素供给，通过网络化扩大组织边界，通过智能化提升产出效能，不仅是推进网络强国建设的重要领域，更是新时代加快实体经济质量变革、效率变革、动力变革的战略依托。

管理会计是企业将大数据转化为商业价值的桥梁，管理会计借助互联网带来的信息资源，协助高层领导从战略的高度进行分析和思考，制订竞争战略、实施战略规划，为企业的发展腾飞插上翅膀。对于信息化程度飞速发展的大数据时代来说，对数据进行简单的整理与分析已经无法满足时代发展对于数据信息的需求，如何将复杂的数据进行更为深入的整理与汇总处理，继而用于指导下一步的

发展战略，是管理会计适应时代而创新变革的重要内容。对于企业的会计工作来说，其主要的工作内容不仅局限于过去对于财务状况的统计与整理，而是要将经营数据实时用于支持企业的管理活动，这就是管理会计的具体内涵。管理会计作为企业中专为决策、管理而服务的重要会计类别，在大数据的广泛应用下，逐渐从传统的管理会计职能转变成了具有时代属性的决策与管理的数据供应模式。

1. 大数据对企业管理的影响

基于大数据的数据仓库、数据挖掘、联机分析处理（OLAP）等技术，企业管理更加精细化，管理会计的各种工具——预算管理、成本管理、业绩评价、管理会计报告等，将在商业决策中发挥越来越重要的作用。大数据推动形成的科学决策和治理机制，将推进企业管理和治理模式创新，促进企业决策科学化、治理精准化、运营高效化。大数据是一种数据集，具有体量大、多样性、价值密度高、速度快的优势。通过大数据的技术，企业可以获取一般规律性数据，这些规律有助于优化与预测未来战略的方向。大数据是信息企业重要战略资源，有助于实现公司业务的实施监管，以高速传输和日益成熟的分析手段为纵向协调、横向配合、精准反应的智能监管方式提供基础条件。大数据分析有利于精准对接供需，有利于促进资本市场和产品市场上的要素流动。在大数据分析的基础上能够建立敏捷的企业风险预警系统，以实时产生的经营业务数据为基础，对企业的经营活动、财务活动等进行分析预测，以发现企业在经营管理活动中潜在的经营风险和财务风险。

大数据优化战略执行环境。企业决策者通过数据挖掘，全面了解和准确掌握经营活动信息，打破公司治理结构各主体之间的信息壁垒，有效遏制战略实施过程中出现的"中梗阻""低效率"等现象，实现生产经营管理中的战略协同。

大数据保障科学决策。大数据使决策基础从少量的"样本数据"转变为海量的"全体数据"，为决策提供更为系统、精确、科学的参考依据，为决策实施提供更为全面、可靠的实时跟踪，降低决策过程中仅凭个人经验或有限信息而作出不利决策的风险，推动企业决策向数据分析型转变，提高决策的效率和质量。

大数据推动精细化管理。大数据技术手段助力打破信息孤岛，整合数据资源，搭建快速、精准、高效的数字化办公流程，有利于优化管理层对经营活动的管理和控制，细化治理行为的每一个环节和流程，实现精细化管理。

数据爆炸的年代，企业会产生大量的非结构化、半结构化、结构化的数据，这些数据以几何级数增长。如何利用和分析这些数据，使商业决策建立在对数据的科学分析基础之上，而不是建立在经验和直觉之上，是大数据时代的管理与传统管理最大的区别之一。管理会计正是建立在数据收集、分析基础之上的量化管理。

2. 大数据时代管理会计工作的变革

（1）从服务属性转变为管理属性。

在大数据时代的环境中，企业管理会计的职能有了更具时代性质的特征，其属性也发生了质的变化。在传统的管理会计工作当中,其更多的是为企业提供信息数据方面的服务,其本质上具有服务性的属性,而在大数据时代的环境下,对于数据信息也提出了更高的要求。通过大数据平台的资源信息所传达出来的本企业、同行业其他企业的具体信息,我们就可以得到有利于自身企业发展的信息,继而对企业进行具有针对性地管理变革,这就是管理会计所展现出来的管理属性。

(2) 从工作后总结转变为全程管控。

我国企业的普遍经营模式都是在某一项工作结束之后再进行工作总结,从而获得工作中的各项数据信息,在这种模式下,无法发挥对于工作进行当中产生的实时数据的指导作用,这样可能导致的后果就是造成企业的经营状态与最初的计划并不相符,直接后果就是造成经济上的损失。而进入了大数据的时代,数据信息更加具有全面性和时效性,这就使管理会计可以通过大数据平台进行全程的财务监督与掌控,这就可以有效避免企业经营实际与计划的错位。

(3) 从传统统计转变为信息技术管理。

企业的传统统计就是将企业在经营过程中产生的数据信息进行汇总整理,其信息的真实性、准确性、时效性都无法得到保证。这对于企业管理者进行企业下一步发展计划的制订就有可能产生错误的引导作用,而在目前的大数据环境下,许多企业已经转变了数据处理模式,提高信息化技术管理水平,充分发挥大数据平台的作用,保证数据信息的及时有效。

(4) 从财务报告审计转变为跟踪审计。

在过去的企业的财务审计上,大部分企业采取的都是财务报告的形式,由部门的负责人提交相关的财务报告,会计部门依据财务报告的数据进行企业整体财务信息的审计工作,这就为某些不规范的资金流动行为制造了条件。这种报告式的财务审计方式,可能产生的就是某些想要牟取私利的部门负责人,以企业的经济活动为由,进行企业资金的不合理利用,而这种不合理行为在财务报告上是无法显示出来的。从这个方面来说,进行跟踪式的审计手段,就可以及时地对每一笔资金的使用进行更为严格的把控。

3. 大数据引发管理会计创新

随着信息化技术的深入发展和数据价值的深度挖掘及应用,大数据带动着经济转型、社会管理及工作学习诸多领域的创新。大数据作为一种远超传统数据功能范围的数据集合,数据价值的凸显和数据获取手段、数据处理方法的改进,不仅改变了传统数据收集、分析、处理、利用的方法和人们面对数据的思维观念与工作方式,而且引发了管理会计在思维、范围、方式及效果方面的创新。积极适应管理会计创新要求,推进数据由资源向价值转换,推动财务由核算型向价值提升型转变,这既是供给侧结构性改革的现实需要,也是管理会计发展的趋势与方向。大数据时代管理会计发生了质的变化,呈现出了新的创新趋势,相对于传统管理会计两者表现出以下差异。

（1）对管理会计思维的影响。

大数据深刻影响经济社会的各个方面，促使人们在面对和利用数据时需要转变思维，思维的转变则有助于运用新处理模式及量化方法进行数据收集、分析和利用，为预测、决策、控制和考核提供支持。大数据具有巨量、多样、高速及价值的特点。这些特点便于管理会计收集和利用全部数据，能够采用全体数据而不是依赖样本模式进行分析；海量数据的分析强调事物间的相关关系而非事物的因果关系，通过相关关系发现事物的真相，以数据的完整性、时效性和相关性保障管理会计效率水平的提升。传统管理会计仅仅依靠内部管理的有限数据，停留于追求局部数据的过分精确阶段，数据完整性的不足及缺失，缺乏全方位、纵深度的数据处理，由此得出的结果有待商榷，一旦有限数据失真掺假，管理会计结果就会给内部管理带来负面影响。

（2）对管理会计范围的影响。

大数据应用使管理会计价值创造和维护的作用日益凸显，其特征是能够实现跨地区、跨行业、跨部门数据的关联整合，能够将样本信息扩展为全部信息，可用货币计量信息和非货币计量信息，从系统的角度对管理会计对象进行分析，并贯穿于管理会计工作的事前、事中、事后以及形成报告的各个阶段，涵盖全范围的数据收集及专业化技术方法的应用，为提高管理会计全过程、全方位综合分析提供了条件。计算机集群和分布式存储技术的应用，使数据利用的范围大大增加，数据来源可从财务系统扩大至各个业务系统以及相关联的系统，有助于信息存储能力的扩展，增加了数据处理的时效性，得到全面的、大范围的数据支持，满足从每个环节获取数据信息的需要，有助于提高对未来发展的预测能力。传统管理会计局限于内部报告，分析报告仅采用涉及本单位的业务数据，缺少对相关联信息的深加工和再利用，业务数据存储处理能力依然处于 TB 阶段，PB 级的超大数据量以及有挖掘价值的音频、视频等非结构化的数据没有得到有效利用。

（3）对管理会计方式的影响。

大数据引发了管理会计工作方式的转变，特征是由反映过去向预测未来发展，由传统管理向信息技术管理发展，由事后分析向全过程管控发展。数据的收集、利用、存储呈现来源渠道多、类型多元化的趋势，基于过程、全体、实时数据的获取分析成为数据价值挖掘的核心需要。管理会计预测及决策的方式，也离不开对价值稀疏性特征数据的处理与获取，通过结果分析向过程挖掘转变，实现动态数据和关联数据的及时处理分析，会更加有利于数据价值的挖掘利用和预测决策水平的提升。传统管理会计数据获取仍处于数字化收集阶段，依赖财务终端获得数据的方式，不仅数据来源渠道少，而且单类型结构化数据居多，加之数据的联网及定期采集工作的分散状态，增加了数据信息获取的难度和成本。以历史数据做预测分析为例，传统的方法仅仅利用了经济过程某一方面的数据，缺乏考虑数据的完整性和时效性，局部的分析难以为内部管理提供正确的结论，这种单类型、局部的、高成本数据分析利用方式可能会给预测、决策带来潜在风险。

（4）对管理会计效果的影响。

发挥管理会计在价值创造中的作用与效果，已经成为提升核心竞争力的主要内容，大数据对管理会计规划、决策、控制和考核的影响及其作用的发挥至关重要。从实践效果来看，利用大数据提升管理会计工作效能，不仅有助于作业成本的有效控制，有助于价值链的科学管理，还有助于绩效考核的完善与创新，对获得管理会计实施的长期效果大有好处。预算报告作为管理会计报告的重要内容，以往由于数据处理时间长，信息传递不及时，不能满足对数据的时效性要求；而大数据提供数据信息具有周期短、速度快的特点，不仅能够大大提高读写数据信息的速度，而且能满足数据及时处理和准确高效利用的需求，便于实现预算的科学预期与合理控制。相对于传统的报告，大数据获取数据信息的完整性和时效性，有利于管理会计对数据收集、分析和利用以及关联数据的评价与预测。这样的管理会计报告一是能够准确地向高层管理者及时提供管理的决策建议，凸显管理会计服务于价值创造的效果；二是报告的方式、频率、内容也将随之调整，内容更加实时丰富，报告频率也会改变传统财务报告分年报、半年报、季报和月报的形式，报告周期将大为缩短。传统管理会计在以往也发挥了应有的作用，但面对大数据，由于受制于有限的数据分析能力，以及墨守成规的固定报告格式，数据信息量明显不足，内容显得单一，管理会计应有的效果未能得到充分发挥。

4. 大数据时代管理会计发展建议

（1）深入探究管理会计的实质。

深入探究管理会计的实质，这主要是对于企业的管理者而言的。管理会计的职能对于企业的经营发展来说具有重要的意义，这就要求企业的管理者要重视起管理会计的作用，大力支持管理会计职能的发挥。同时，企业的管理者应当适当给予管理会计相对应的权力，使其能够进一步对企业各部门的财务状况信息进行统计、收集、整理等各项监督管理工作。

（2）重视对于大数据的运用。

企业应注重对于大数据平台的建设，重视对于大数据的应用。在这种思想的指导下，企业应加大对于信息技术的发展投入，通过人力、物力等的投入实现企业的系统硬件和软件的全面更新与升级，将管理会计与大数据处理相联系，对企业信息进行及时的归纳整理，发现企业漏洞，进而调整企业的发展战略计划，为企业发展创造条件。

（3）创建高素质人才队伍。

任何技术的升级与发展都离不开高素质人才的力量，企业想要完善大数据时代管理会计工作，就要着力培养一批高水平的专业技术性人才。企业在进行人才选拔时，应注重对其实际的操作能力的考察，选取操作能力强的会计人才进行培养，对其进行定期的提升性的培训，着重加强对于管理会计知识的更新与填充。企业可以选派经验丰富的会计人员进行指导，也可以聘请会计专家进行实践指导，进一步提升管理会计的整体水平。

（4）建立大数据时代的信息共享系统。

大数据时代只靠本企业信息资源必然是远远不够的，这就要求企业尽快建立大数据时代的信息共享系统，实现信息的全面性、广泛性地收集与处理。企业应再次明确各部门人员的职权界限，将职权落实到个人，同时也要加强对于本企业数据信息的安全性的保护，安装防盗系统，为企业信息安全提供保障。

（二）云计算与管理会计

云计算为存储与处理海量、多样、高速的数据而生。

云计算的快速发展为管理会计工具方法带来了新机遇。

以预算为例，企业可建立在线预算沟通平台，使全面预算系统的应用更具目的性、时效性和实用性。

在云计算的环境下搭建企业的管理系统，是未来的大趋势。而基于云平台开发的管理会计信息系统也将是管理会计信息化发展的方向。

早在 2013 年，元年率先推出了基于"公有云"平台的"云快报"产品，定位为免费的企业级费用管理及企业消费平台。

（三）移动互联与管理会计

移动互联网时代，移动办公成为现实。

移动互联网和云应用是相互依存的"孪生姐妹"，任何一款管理会计方面的"云应用"都应该是面向移动互联网开发的。

例如，元年"云快报"正是基于云计算技术开发、支持移动终端、适合中小企业使用的费用管理和报销系统。

随着移动互联技术的发展，中小企业有可能将其信息化系统架构在公有云、私有云、混合云等云计算平台之上。显然，大数据、云计算、移动互联等信息技术，是支持管理会计理念与方法落地，支撑管理会计功能发挥和价值实现的重要手段和推动力量。

三、管理会计职业能力建设创新

随着我国经济的发展，改革的进一步深入，应用管理会计必将成为我国企业的内在需求。21 世纪的竞争是全球化的竞争，随着我国企业法人治理结构的完善，现代企业制度的建立以及国际化企业的不断涌现，企业组织结构及环境的变化，必须以竞争力为导向，构筑企业的核心竞争力。与此相适应，管理会计会呈现出专业化、职业化、国际化的发展趋势，企业的内外部环境正在倒逼企业寻找更为有效的财务模式，企业财务组织需要成为衔接公司战略、运营与绩效的桥梁、纽带，开展公司整体资源配置并进行准确衡量、全程控制和监督，以确保企业价值链的可持续发展，提升企业的综合竞争力。而这些要求正是管理会计服务的宗旨和致力追求的目标，管理会计是实施财务转型升级的重要工具。

《财政部关于全面推进管理会计体系建设的指导意见》（财会〔2014〕27号）提出：管理会计是会计的重要分支，主要服务于单位（包括企业和行政事业单位）内部管理需要，是通过利用相关信息，有机融合财务与业务活动，在单位规划、决策、控制和评价等方面发挥重要作用的管理活动。管理会计工作是会计工作的重要组成部分。改革开放以来，特别是市场经济体制建立以来，我国会计工作紧紧围绕服务经济财政工作大局，会计改革与发展取得显著成绩：会计准则、内控规范、会计信息化等会计标准体系基本建成，并得到持续平稳有效实施；会计人才队伍建设取得显著成效；注册会计师行业蓬勃发展；具有中国特色的财务会计理论体系初步形成。但是，我国管理会计发展相对滞后，迫切要求继续深化会计改革，切实加强管理会计工作，要求财政部门顺时应势，大力发展管理会计。因此，全面推进管理会计体系建设，是建立现代财政制度、推进国家治理体系和治理能力现代化的重要举措；是推动企业建立、完善现代企业制度，推动事业单位加强治理的重要制度安排；是激发管理活力，增强企业价值创造力，推进行政事业单位加强预算绩效管理、决算分析和评价的重要手段；是财政部门更好发挥政府作用，进一步深化会计改革，推动会计人才上水平、会计工作上层次、会计事业上台阶的重要方向。推进管理会计人才队伍建设，推动建立管理会计人才能力框架，完善现行会计人才评价体系。一是将管理会计知识纳入会计人员和注册会计师继续教育、大中型企事业单位总会计师素质提升工程和会计领军（后备）人才培养工程。二是推动改革会计专业技术资格考试和注册会计师考试内容，适当增加管理会计专业知识的比重。三是鼓励高等院校加强管理会计课程体系和师资队伍建设，加强管理会计专业方向建设和管理会计高端人才培养，与单位合作建立管理会计人才实践培训基地，不断优化管理会计人才培养模式。四是探索管理会计人才培养的其他途径。五是推动加强管理会计国际交流与合作。

财务转型最核心的是财务人员的转型。在当前，财务管理人员创造价值的战场已经转移，战略决策支持和运营过程管理与控制才是最产生价值的领域。对于面临转型或正在转型的企业来说，培养符合以上要求的高素质人员是一个主要瓶颈，管理会计人才队伍建设显得尤为迫切。

（一）大数据时代管理会计职业能力分析

职业能力通常是指人们从事某种职业的多种能力的综合。大数据时代管理会计职业能力主要是指从事管理会计的人员应当具备的专业知识及经验，能够运用大数据的思维、方法、专业知识及经验技能处理和解决具体问题的综合能力。通过归纳分析学术界对大数据时代人才能力框架的研究成果，结合管理会计人才职业能力必备要素的研究结论，本书从大数据时代管理会计思维能力、大数据挖掘分析处理能力、计算机及系统软件应用能力、管理会计业务综合处理能力四个方面进行探讨分析。

1. 大数据时代管理会计思维能力

大数据的发展，对传统管理会计的思维带来了冲击和促使其产生变革。首先，转变传统样本观念，树立全体数据的思维。大数据的收集、加工、处理、利用范围、方式、类型、关联关系、报告形式均发生了巨大变化，数据从有限到全部、静态到动态、单一类型到多种类型、因果关系到相关关系、月度报告到实时报告转变的现实，必将促使管理会计工作新思维的形成，相应地管理会计人员也必须适应大数据发展趋势，以大数据时代管理会计的新思维实现传统管理会计向大数据模式的转型。其次，转变传统精确度观念，树立整体收益的思维。在大数据分析中，对数据精确程度的思维也必须转变，因为某个数据的精确程度难以影响整体数据分析的结果，过分强调某个数据的精确度，就有可能影响大数据分析所追求的整体效果。最后，适应大数据思维变革的要求，做好管理会计实务，还需要学习掌握大数据管理会计的规律和特点，提高面对大数据的主观能动性，加快传统管理会计的改革，以思维理念的创新，发挥大数据时代管理会计在服务价值创造、资源合理配置中的作用。

2. 大数据的挖掘筛选、分析处理能力

大数据时代管理会计所利用的数据是全部数据，而不是有限的样本数据。一是在管理会计信息化系统尚不成熟的情况下，最大的困难就是具有价值的数据信息难以获取，如果没有足够的管理会计知识和数据处理的技能，面对海量数据，不能有针对性地进行挖掘筛选，就难以做好大数据管理会计工作。二是在管理会计项目确定的情况下，搜索到的数据可能多种多样，面对财务和非财务、结构化和非结构化、精确和非精确、历史和当前的数据，其中可能隐含着具有价值的信息，需要利用技能挖掘分析，实现"现存"数据到"有用"数据的转化，以此来提高管理会计的效率和效果。三是管理会计实务面对的所有数据并非都是有价值的数据，需要通过使用分类分析、决策树分析、回归分析、时间序列分析等工具方法分析处理，在收集到的全体、过程、实时数据中挖掘有价值的信息，据此来分析市场竞争中的优势、劣势、机会和威胁。具备大数据挖掘筛选及分析处理能力，这对提高预测、决策和管理创新十分重要。因此，管理会计人员除具备财务分析、成本分析和责任考核分析的专业能力以外，还需要具有大数据挖掘筛选、分析处理的职业素质与技术能力。

3. 计算机及系统软件的应用能力

履行管理会计岗位职责，管理会计人员熟练掌握计算机操作和系统软件的应用技能是一项必不可少的能力。大数据时代管理会计所应用的是整体数据模式，在管理会计项目既定的情况下，熟练运用计算机网络技术，将非结构化数据进行结构化处理，将云计算、互联网、物联网进行关联分析，搜索筛选重点数据，提高数据分析效率，能够为管理会计分析报告提供有效的数据支持。管理会计人员应用计算机和软件系统，一要掌握数据获取、重现技术，能够应用计算机技术及软件对大数据进行深入处理，使乏味的数据实现"增值"。二要掌握 Excel、

SQL、回归分析、趋势分析等大数据分析工具和方法，能够对系统数据进行量化分析和逻辑推理。通过计算机系统应用大数据技术对成本精确计算，有助于优化作业成本；应用数理分析方法对成本动因进行确认，有助于优化产业价值链；应用信息共享平台获取管理会计数据信息，有助于降低有价值数据获取的难度和成本，为提升核心竞争力奠定基础。三要能够应用计算机和系统软件开展数据申请、数据探索、数据调整、数据建模、数据评价业务工作，除掌握数据分析方法、数据库技术及加工手段以外，还应当具有一定的网络技术及网络安全等保护知识与技能，防范核心数据的篡改、丢失和泄露。

4. 管理会计业务的综合处理能力

胜任大数据时代的管理会计工作，不仅需要掌握会计学、财务管理方面的知识，而且要求对统计学、计算机科学、设计学、传播学等知识有一定的积累。承担管理会计理财、管理及决策职责，从事复杂数据、多类型数据的提取利用工作，管理会计人员急需集合各专业之长，在综合能力培养方面打牢基础。由于管理会计的报告将从单一性变为综合性成果，无疑对业务综合处理能力的要求会越来越高。除了具有一般专业知识和对应的职业能力以外，还需要具备管理会计相关的工商管理、市场营销、金融贸易等行业的综合知识，以及跨专业、复合型人才的职业能力，这就要求管理会计人员重视和加快综合业务能力和职业素质的培养，能够利用大数据优势，充分体现自身在信息分析、风险控制、决策支撑等综合业务方面的统筹协调能力和作用。

（二）大数据时代管理会计职业能力建设的路径与方法

1. 制订管理会计发展战略

随着网络技术和信息化的快速发展，大数据与管理会计的融合已成为趋势，大数据是技术进步的必然结果，管理会计只有合理利用大数据的优势，才能发挥其服务价值创造的作用，实现提高核心竞争力的目标。然而，大数据时代的管理会计发展是一个复杂的系统工程，从管理会计发展的现状来看，完善大数据条件下管理会计体系建设，还需要一个逐渐的、长期的推进过程。首先需要根据《财政部关于全面推进管理会计体系建设的指导意见》和大数据发展的实际需求，尽快研究制订管理会计发展战略，加快管理会计人员上能力、工作上台阶的步伐，在总结经验的基础上，将管理模式、标准规范、作业流程、工具方法进行统一规划，分步实施，增加管理会计长期发展的后劲儿。随后，应当以大数据条件下深化管理会计改革为契机，依靠战略引导，有序推进，锲而不舍地探索与实践，通过破解供给侧结构性改革和经济转型发展的难题，不断提升大数据时代管理会计工作的整体实力和水平。

2. 建立管理会计信息化平台

大数据的收集、分析、处理、利用是管理会计工作的基础，如果没有信息资源共享的信息化平台增强数据信息时效性、提高数据处理效率、提升预算和决策能力，就没有技术支撑的基础。一是建立信息资源共享平台，强化数据信息共享服务功能。管理会计离不开财务会计的协同作用，两者对成本数据都有所需求，实现相关数据在大数据平台的共享，既能满足信息系统对管理会计应用的需求，又能使管理会计所需数据的获取成本及难度降低。二是尽快开发使用新的管理会计软件，提升非结构化数据提取处理能力。大数据时代的管理会计必须要面对大量的、多种类型的数据，原有的信息系统无法满足这种要求，开发数据处理的管理会计软件，对非结构化数据的分析提炼显得十分重要。三是管理会计不受会计准则的约束，可以按需设置内部管理会计的流程与规则，充分满足内部控制和风险管理需求，促进管理会计向纵深发展，为管理会计创新积累更多的经验。

3. 完善管理会计人才培养措施

我国供给侧结构性改革和经济转型升级离不开大量的、具有较高职业能力水平的管理会计人才。目前管理会计人才的缺口很大，远不能满足经济社会发展的需求，造就精于理财、善于管理和决策的管理会计队伍，完善急需紧缺的管理会计人才培养模式，探索大数据时代管理会计人才培养的新路径、新方法，已经成为"十三五"期间亟待研究解决的重要课题。

（1）建立管理会计师资格制度，推进管理会计职业化。

从国际经验看，管理会计作为专业人员，以资格制度为引导，有利于造就专业化、规范化的管理会计队伍；从国内经验看，我国注册会计师资格认定制度的实施，对壮大注册会计师队伍、规范和提高整体执业水平起到了推进作用。加快造就高素质的优秀管理会计人才队伍，应当借鉴注册会计师资格认定的经验，适时出台注册管理会计师资格制度，对推进管理会计职业化、提升职业能力与素质具有积极的促进作用。

（2）完善继续教育方式，突出管理会计培训实效。

目前在职会计人员继续教育存在重视通识知识教育，忽视专业知识教育的现象，缺乏大数据处理技术、工具、方法及技巧的培训师资和教材，管理会计业务培训的针对性不强、效果不明显。职业能力的培养是一个长期、持续的过程，管理会计的工作能力提高也是一个不断实践积累的过程，提高管理会计专业胜任能力，需要改革继续教育模式和教师队伍结构，需要探索管理会计继续教育的新模式和新方法，除了做好常规继续教育科目以外，还应当注重应用信息化在线教育、互动教育、大数据实验基地模拟教育等方式，提供管理会计个性化服务，提升受教育者学习体验，提高继续教育质量效果，在解决实际问题、突出培养实效方面下大力气。

（3）根据成人教育的特点，利用多种渠道培养能力素质。

一是采用导师制，以管理会计专家为导师，传授管理会计技能，由具有实践经验的专家、骨干对新人进行传、帮、带，通过职业能力素质的实地培养，将理论内化于管理会计业务实践，以此逐步壮大管理会计人才队伍。二是采用项目制，以项目带动培训，通过岗位实践锻炼以及管理会计的项目参与、问题研究和经验积累，促进管理会计人才的孵化与成熟。三是采用案例制，通过典型案例的分析和解剖，采用讨论、模拟、交流等形式，促进在"学中做，做中学"的过程中增长能力才干。通过实操、实践的形式，培养管理会计人才价值数据挖掘能力、重要信息捕捉能力、复杂问题剖析能力、重点项目解决能力，提高管理会计通过利用大数据提供准确性高、预见性强的决策依据水平。

第二章　管理会计之"器"

——工具方法

第一节　管理会计在战略管理领域的应用

一、战略与战略管理

（一）企业战略概述

1. 战略的概念

"战略（strategy）"一词源于希腊语"strategos"，指"将军"，后演变为将领指挥军队作战的谋略。随着社会实践内涵的丰富，"战略"逐渐被引入社会、经济、政治等各个领域，从而给"战略"赋予了更多的含义。1962 年，美国学者钱德勒出版的著作《战略与结构：美国工商企业成长的若干篇章》，将战略引入企业经营管理领域，形成了企业战略的概念，战略管理理论随之诞生。

企业战略的含义存在多种理解和表述，大致可分为传统概念和现代概念两类。传统概念以美国哈佛大学教授波特（Porter M.）的定义为代表，他认为，战略是公司为之奋斗的终点和公司为达到它们而寻求的途径。传统概念强调了公司战略一方面的属性，即计划性、全局性和长期性。20 世纪 80 年代以来，企业内外部环境更加易于变化和难以预测，战略则体现为管理者不断规划和再规划的动态结果，以计划为基点的传统概念受到质疑。1989 年，加拿大学者明茨伯格（Mintzberg H.）提出，将企业战略视为理性计划的产物是不正确的，企业许多成功战略是在事先无计划的情况下产生的。他给战略赋予了新的定义，即战略是一系列或整套的决策或行动方式，包括刻意安排（或计划性）的战略和任何临时出现（或非计划性）的战略。这便是战略的现代概念。区别于传统概念，现代概念认为战略只包括为达到企业的终点而寻求的途径，不包括企业终点本身；现代概念更强调战略的应变性、竞争性和风险性。

可以说，战略是企业从全局考虑作出的长远性的谋划。公司大部分战略是事先计划和突发应变的组合。美国学者汤普森（Tomson S.）于 1998 年提出，战略既是预先性的（预谋战略），又是反应性的（适应性战略）。战略是企业从全局考虑做出的长远性的谋划，它描述了企业如何为股东、客户和国民创造价值，战略在企业经营管理过程中不断被调整和表达，以使企业获得并持续强化竞争优势，实现企业基业长青。

2. 战略的层次

对应不同的管理层次，企业战略一般分为三个层次，包括选择可竞争的经营领域的总体战略、某经营领域具体竞争策略的业务单位战略（也称竞争战略）和涉及各职能部门的职能战略。三个层次的战略都是企业战略管理的重要组成部分，但侧重点和影响的范围有所不同。

（1）总体战略。

总体战略又称公司层战略，在大型企业中，特别是多元化经营的企业，总体战略是企业最高层次的战略。它需要根据企业的目标，选择企业可以竞争的经营领域，合理配置企业经营所必需的资源，使各项经营业务相互支持、相互协调。

总体战略常常涉及整个企业的财务结构和组织结构方面的问题。

（2）经营单位战略。

经营单位战略是某个经营领域具体竞争策略的业务单位战略，属于公司的二级战略，又被称作竞争战略。业务单位战略涉及各业务单位的主管及辅助人员。这些经理人员的主要任务是将公司战略所包括的企业目标、发展方向和措施具体化，形成业务单位具体的竞争与经营战略。业务单位战略要针对不断变化的外部环境，在各自的经营领域中有效竞争。为了保证企业的竞争优势，各经营单位要有效地控制资源的分配和使用。

对于一家单业务公司来说，总体战略和业务单位战略只有一个；只有对业务多元化的公司来说，总体战略和业务单位战略的区分才有意义。

（3）职能战略。

职能战略主要涉及企业内各职能部门，如营销、财务、生产、研发、人力资源、信息技术等，如何更好地配置企业内部资源，为各级战略服务，提高组织效率。

各职能部门的主要任务不同，关键变量也不同，即使在同一职能部门，关键变量的重要性也因经营条件不同而有所变化。在职能战略中，协同作用具有非常重要的意义。职能战略的协同作用体现在两方面：一方面，职能部门内部各种活动要具有协调性与一致性；另一方面，各个不同职能战略和业务流程或活动之间要具有协调性与一致性。

经营单位战略、职能战略必须服从整体战略。

（二）战略管理概述

1. 战略管理的内涵

安索夫于 1976 年出版的《从战略规划到战略管理》，首次提出"企业战略管理"概念，企业的战略管理是指将企业的日常业务决策同长期计划决策相结合而形成的一系列经营管理业务。1982 年，斯坦纳在《企业政策与战略》中则认为：企业战略管理是确定企业使命，根据企业外部环境和内部经营要素确定企业目标，保证目标的正确落实并使企业使命最终得以实现的一个动态过程。随着企业战略管理实务的发展，战略管理的内涵发展得更为丰富，有人提出，战略管理是决定企业长期表现的一系列重大管理决策和行动，包括企业战略的制定、实施、评价和控制。

战略管理是区别于传统职能管理的管理方式。企业战略指导企业活动，战略管理的重点是制订和实施企业战略，通过对企业的外部环境和内部条件进行分析，在此基础上确定企业的使命和战略目标，使它们之间形成并保持动态平衡。战略管理，是指对企业全局的、长远的发展方向、目标、任务和政策，以及资源配置作出决策和管理的过程。战略管理是一种过程管理，依据企业的战略规划，对企业的战略实施加以监督、分析与控制，特别是对企业的资源配置与事业方向加以约束，最终促使企业顺利达成企业目标。

2. 战略管理的原则

企业进行战略管理，一般应遵循目标可行原则、资源匹配原则、责任落实原则和协同管理原则。

（1）目标可行原则。

战略目标的设定，应具有一定的前瞻性和适当的挑战性，使战略目标通过一定的努力可以实现，并能使长期目标与短期目标有效衔接。如果设定的目标无论从企业的外部环境还是从内部条件及其他方面来说都是不可能实现的，那么这样的目标显然是不可行的，没有实践价值，目标则失去了意义。

（2）资源匹配原则。

企业应根据各业务部门与战略目标的匹配程度进行资源配置。企业应根据不同部门承担的战略目标，合理配置相应资源，保障战略实施。

（3）责任落实原则。

企业应将战略目标落实到具体的责任中心和责任人，构成不同层级彼此相连的战略目标责任圈。通过将战略目标分解落实到各个责任中心及负责人，使各单位在其规定的责任范围内有责有权，保证战略目标的实现。

（4）协同管理原则。

企业应以实现战略目标为核心，考虑不同责任中心业务目标之间的有效协同，加强各部门之间的协同管理，有效提高资源使用的效率和效果。确保局部战略与整体战略的协调一致，发挥协同效应。

3. 战略管理的应用环境

（1）外部环境。

企业进行战略管理，应关注宏观环境（包括政治、经济、社会、文化、法律及技术等因素）、产业环境、竞争环境等对其影响长远的外部环境因素，尤其是可能发生重大变化的外部环境因素，确认企业所面临的机遇和挑战。

1）宏观环境。

①政治和法律环境。政治和法律环境，是指那些制约和影响企业的政治要素和法律系统，以及其运行状态。政治环境包括国家的政治制度、权力机构、颁布的方针政策、政治团体和政治形势等因素。法律环境包括国家制定的法律、法规、法令以及国家的执法机构等因素。政治和法律因素是保障企业生产经营活动的基本条件，在一个稳定的法治环境中，企业能够真正通过公平竞争，获取自己正当的权益，并得以长期稳定地发展。国家的政策法规对企业的生产经营活动具有控制、调节作用，同一个政策或法规，可能会给不同的企业带来不同的机会或制约。

②经济环境。经济环境指构成企业生存和发展的社会经济状况及国家的经济政策，包括社会经济结构、经济发展水平、经济体制、宏观经济政策、当前经济状况和其他一般经济条件等要素。与政治法律环境相比，经济环境对企业生产经营的影响更直接、更具体。

③社会和文化环境。社会和文化环境是指企业所处的社会结构、社会风俗和习惯、信仰和价值观念、行为规范、生活方式、文化传统、人口规模与地理分布等因素的形成和变动。社会和文化环境对企业生产经营的影响也是不言而喻的。例如，人口规模、社会人口年龄结构、家庭人口结构、社会风俗对消费者消费偏好的影响是企业在确定投资方向、产品改进与革新等重大经营决策问题时必须考虑的因素。

社会和文化环境因素的范围甚广，主要包括人口因素、社会流动性、消费心理、生活方式变化、文化传统和价值观念等。

④技术环境。技术环境是指企业所处的环境中的科技要素及与该要素直接相关的各种社会现象的集合，包括国家科技体制、科技政策、科技水平和科技发展趋势等。在科学技术迅速发展变化的今天，技术环境对企业的影响可能是创造性的，也可能是破坏性的，企业必须要预见这些新技术带来的变化，在战略管理上作出相应的战略决策，以获得新的竞争优势。

市场或行业内部和外部的技术趋势与事件会对企业的战略产生重大影响。某个特定行业内的技术水平在很大程度上决定了应生产哪种产品或提供那种服务、应使用哪些设备以及应如何进行经营管理。

2）产业环境。

产业环境是指对处于同一产业内的组织都会发生影响的环境因素。与一般环境不同的是，产业环境只对处于某一特定产业内的企业以及与该产业存在业务关系的企业产生影响。

影响企业产业环境的主要因素，包括：潜在进入者、替代品、购买者、供应者与现有竞争者。企业产业环境调查应重点考察所处行业或想进入的行业的生产经营规模、产业状况、竞争状况、生产状况、产业布局、市场供求情况、产业政策、行业壁垒和进入障碍、行业发展前景等。

3）竞争环境。

竞争环境的变化不断产生威胁，也不断产生机会。对企业来说，如何检测竞争环境的变化，规避威胁，抓住机会就成为休戚相关的重大问题。作为产业环境分析的补充，竞争环境分析的重点集中在与企业直接竞争的每一个企业。

在任何市场上销售产品，企业都面临着竞争。市场上从事同类商品生产经营的企业，其竞争者包括现实的竞争者和潜在的竞争者；同一市场，同类企业数量的多少，构成了竞争强度的不同。总的来说，竞争环境的影响因素可分为两个主要方面：一是从个别企业视角去观察分析竞争对手的实力；二是从产业竞争结构视角观察分析企业所面对的竞争格局。

（2）内部环境。

企业进行战略管理，还应关注本身的历史及现行战略、资源、能力、核心竞争力等内部环境因素，确认企业具有的优势和劣势。

①设置专门机构和部门。企业一般应设置专门机构或部门，牵头负责战略管理工作，并与其他业务部门、职能部门协同制定战略目标，做好战略实施的部门协调，保障战略目标得以实现。

②建立健全相关制度。企业应建立健全战略管理有关制度及配套的绩效激励制度等，形成科学有效的制度体系，切实调动员工的积极性，提升员工的执行力，推动企业战略的实施。

4. 战略管理的应用程序

企业应用战略管理工具方法，一般按照战略分析、战略制定、战略实施、战略评价和控制、战略调整等程序进行。

（1）战略分析。

战略分析的主要目的是评价影响企业目前和今后发展的关键因素，并确定在战略选择步骤中的具体影响因素。战略分析需要考虑许多方面的问题，主要包括外部环境分析和内部环境分析。

①外部环境分析。外部环境分析可以从企业所面对的宏观环境、产业环境、竞争环境和市场需求状况方面展开。外部环境分析要了解企业所处的环境正在发生哪些变化，这些变化给企业将带来更多的机会还是威胁。

②内部环境分析。内部环境分析可以从企业的资源和能力、企业的核心竞争力等几个方面展开。内部环境分析要了解企业自身所处的相对地位，具有哪些资源以及战略能力。

企业进行战略分析时，可应用态势分析法（strength，weakness，opportunity，threat，SWOT）、波特五力分析法和波士顿矩阵分析法等方法，分析企业的发展机会和竞争力，以及各业务流程在价值创造中的优势和劣势，并对每一业务流程按照其优势强弱划分等级，为制定战略目标奠定基础。

（2）战略制订。

战略制订是指企业根据确定的愿景、使命和环境分析情况，选择和设定战略目标的过程。战略分析阶段明确了"企业目前处于什么位置"，战略制订阶段所要回答的问题是"企业向何处发展"。

企业可根据对整体目标的保障、对员工积极性的发挥以及企业各部门战略方案的协调等实际需要，选择自上而下、自下而上或上下结合的方法，制订战略目标。企业设定战略目标后，各部门需要结合企业战略目标设定本部门战略目标，并将其具体化为一套关键财务及非财务指标的预测值。为各关键指标设定的目标（预测）值，应与本企业的可利用资源相匹配，并有利于执行人积极有效地实现既定目标。

（3）战略实施。

战略实施是指将企业的战略目标变成现实的管理过程。战略实施要注意以下几个问题：①确定和建立一个有效的组织结构。②保证人员和制度的有效管理。③正确处理和协调企业政治关系。④选择适当的组织协调和控制系统。⑤协调好企业战略、结构、文化和控制诸方面的关系。

企业战略管理的实践表明，战略制订固然重要，战略实施也同样重要。制订一个好的战略仅仅是战略成功的一部分，只有有效实施这一战略，企业的战略目标才能顺利地实现。如果对一个良好的战略贯彻实施很差，则只会事与愿违。相反，如果企业没能制订合适的战略，但是在战略实施中，能克服原有战略的不足之处，那么有可能最终促使该战略的完善与成功。

可见，战略实施是企业实现战略成功的关键环节，企业应加强战略管控，结合使用战略地图、价值链管理等多种管理会计工具方法，将战略实施的关键业务流程化，并落实到企业现有的业务流程中，确保企业高效率和高效益地实现战略目标。

（4）战略评价和控制。

战略评价和控制是指企业在战略实施过程中，通过检测战略实施进展情况，评价战略执行效果，审视战略的科学性和有效性，不断调整战略举措，以达到预期目标。

战略管理是一个循环过程，而不是一次性的工作。要不断监控和评价战略的实施过程，修正原来的分析、选择与实施工作，这是一个循环往复的过程。企业可以从以下几个方面进行战略评价：①战略是否适应企业的内外部环境；②战略是否达到有效的资源配置；③战略涉及的风险程度是否可以接受；④战略实施的时间和进度是否恰当。

（5）战略调整。

战略调整是指根据企业的发展变化和战略评价结果，对所制定的战略及时进行调整，以保证战略有效指导企业经营管理活动。

战略调整一般包括调整企业的愿景、长期发展方向、战略目标及其战略举措等。

5. 战略管理领域应用的管理会计工具方法

战略管理领域应用的管理会计工具方法通常包括战略地图和价值链管理。管理会计工具方法具有开放性，随着实践发展不断丰富完善。单位应用管理会计，应结合自身实际情况，根据管理特点和实践需要选择适用的管理会计工具方法，并加强管理会计工具方法的系统化、集成化应用。

二、战略地图

战略地图的核心就是企业如何创造价值，并为管理制订的战略找到一个标准化的战略要素检查清单，帮助管理者检查战略规划中有无漏项和缺项。卡普兰和诺顿在《战略地图——化无形资产为有形成果》中，提出了绘制战略地图的五项原则：战略要平衡企业的长短期财务目标之间的矛盾、战略要以差异化的客户价值主张为基础、价值通过内部流程来创造、战略包括一系列相辅相成的关键流程、战略的协调一致决定无形资产的价值。同时，卡普兰和诺顿根据平衡计分卡理论体系的三本著作总结出了战略执行的新等式：

突破性成果 = 战略地图 + 平衡计分卡 + 战略中心型组织

两位大师用两句话精辟地总结了三个战略执行要素之间的关系：如果你不能衡量，那么你就不能管理；如果你不能描述，那么你就不能衡量。

（一）战略地图的定义

战略地图是指通过明晰平衡计分卡的四个层面目标之间的因果关系和层层递进关系，描述出企业的战略。

战略地图描绘出如何改进某些新技术工作岗位上员工的能力和技能，从而使关键业务流程得到改善；在此基础上，描绘出改善后的流程将增加传递给目标客户的价值，从而带来客户满意度、客户保持率和业务增长；最后描绘出改善后的客户成果指标将带来收入的增加，以及股东价值的提高。在高新技术企业中，大量资产都是无形资产，而无形资产无法直接创造有形成果。创造企业未来价值的无形资产必须与企业战略协调一致，才能发挥作用。否则，企业在无形资产上的投资将会造成极大的浪费。因此，企业绘制战略地图，关键是要找到将无形资产转化为有形成果的路径。

（二）战略地图的四个视角

与平衡计分卡一样，战略地图同样拥有以下四个视角：

（1）财务。

企业拥有大量的可供处理的财务数据，由于企业数据库的普遍应用，数据处理日益中心化、自动化。但是，对财务数据的过度重视，导致了企业绩效衡量指标的失衡。相反，与财务数据同样重要的相关因素，在企业绩效衡量过程中并没有被考虑进去。战略地图的财务视角要求我们关注长期的股东价值创造，采用生产力战略来改善成本结构和提高资产利用率，采用成长战略来寻找新的市场机会和提升顾客价值。

（2）顾客。

越来越多的企业已经意识到消费者导向和顾客满意度的重要性，如果顾客对产品或者服务感到不满意，就会去寻找替代供应商来满足他们的需求。顾客满意度不合格，就是企业走下坡路的先兆，即便当前的财务形势看似一片大好。在提高顾客满意度的过程中，企业应根据消费者的不同分类以及产品或服务抵达消费者的不同流程，对消费者进行研究分析。战略地图的顾客视角要求我们以价格、质量、可获得性、可选择性、功能、服务、伙伴关系以及品牌等为切入点，不断提高企业对客户需求的满足。

（3）内部流程。

在企业的内部流程中，管理人员要关注企业业务运转得如何以及企业产品或服务是否与市场需求相一致。业务运营尺度必须由非常熟悉企业流程的人员来设计。战略地图的内部流程视角要求我们关注运营流程和顾客管理流程的作用，就是不断制造、提供、提升企业产品和服务的属性，进一步帮助企业处理各项关系，树立企业的社会形象。

（4）学习与成长。

这一尺度衡量的是员工培训，以及企业对待自身发展与员工成长的态度。在知识型组织内，人是最主要的资源，终身学习已经成为知识工作者的必要条件。现实中，企业经常发现难以雇到掌握新技术的员工，同时对现有人员的培训又呈下降趋势。战略地图强调"学习"不仅仅是"培训"，而是要求组织内部要有人员担任辅导员、顾问这样的角色，员工之间要有顺畅的沟通交流渠道，当员工在工作中遇到问题时能及时得到帮助。当然，还需要技术支持，如局域网（intranet）等。

（三）战略地图与平衡计分卡的区别

战略地图是在平衡计分卡的基础上发展起来的，其发展历程与平衡计分卡基本相同，且都拥有四个视角。但是与平衡计分卡相比，它增加了两个层面的分析，一是颗粒层；二是动态层。也就是说战略地图是动态的，可以结合战略规划过程来绘制。

（1）战略地图的颗粒层。

战略地图的颗粒层是指战略地图在每一个层面下都分解出很多要素，颗粒层就是每一层面的具体衡量指标，这些衡量指标决定着战略地图的有效性。一个科学合理的战略地图要符合的两个基本要素：一是 KPI 的数量及分布比例；二是 KPI 的性质比例。

在 KPI 的数量及分布比例方面。根据 Best Practices 公司的研究：在成功应用了战略地图的公司中，战略地图的指标数都在 20 个左右，同时所有四个视角的典型为：财务占 20% 左右、客户占 20% 左右、内部流程占 40% 左右、学习与成长占 20% 左右。

在 KPI 的性质比例方面。从财务性的角度可以将 KPI 分为财务性指标和非财务性指标，Best Practices 公司的研究显示，在那些优秀公司的 KPI 里，80% 的指标都为非财务性的指标，只有不到 20% 的指标是财务性的指标。从定性和定量的角度来看，可以将 KPI 分为定性指标和定量指标，Best Practices 公司的研究显示，所有公司的定量指标比例都明显高于定性指标的比例。从时间跨度的角度来看，可以将 KPI 分为短期指标和长期指标，Best Practices 公司的研究显示，所有公司的长期指标比例都明显高于短期指标的比例。从对战略支持性的角度来看，可以将 KPI 分为成长性指标和维持性指标，Best Practices 公司的研究显示，所有公司的成长性指标比例都明显高于维持性指标的比例。

（2）战略地图的动态层。

所谓战略地图的动态层可以结合战略规划过程来绘制。绘制战略地图的六个步骤分别是确定股东价值差距（财务层面）、调整客户价值主张（客户层面）、确定价值提升时间表、确定战略主题（内部流程层面）、提升战略准备度（学习和成长层面）、形成行动方案。战略地图将平衡计分卡具体地描述了出来，同时可以结合战略规划过程来绘制，使战略地图将平衡计分卡在战略管理中的地位又向上提升了一大步。

三、价值链管理

（一）价值链分析的含义

作为识别和分析组织竞争优势的基本路径，波特在《竞争优势》中第一次明确提出了价值链的概念。价值链是指将客户的使用价值添加入产品的一系列业务职能。一般而言，企业的价值链包含六大职能：研究和开发、产品和生产流程的设计、生产、市场营销、分销和客户服务。上述六大业务职能必须建立在企业整体的管理职能上，换句话说企业的管理职能必须作为支持价值链上六大职能正常运行的基础。企业管理者除了要确保价值链上所有职能都能为终端消费者创造价值外，还需要关注价值链上所有业务活动的成本。客户价值创造的过程必然伴随着资源的消耗，而有些业务活动会比另外一些活动产生更多的价值。因此，管理者需要对价值链进行分析，以此来识别和确认增值活动和非增值活动，进一步来降低成本和提升效率。

（二）价值链分析的步骤

价值链分析是指通过在价值链上找出那些能够提升客户价值或者降低成本的

业务活动，以此来最佳地配置企业的资源，提升企业的竞争力。关键就是通过对经营活动中每一业务活动的细致分析，来确认每项活动对企业营利能力和竞争优势的贡献度及其资源消耗的数量和原因。一般包括两个步骤：

（1）识别价值链上的作业。

我们可以将每一项具体的业务活动称为作业，这些作业完成了价值链上每一项业务职能的既定目标。例如，为了完成生产，制造部门需要进行采购、加工、装配、检验等细分作业。上述作业中，并非所有都会对终端消费者产生价值，消费者可以为加工和装配作业所消耗的资源买单，但不会为检验和仓储的作业成本买单。

（2）识别增值和降低成本的机会。

在识别了价值链上的所有作业后，管理者要根据企业的战略意图，有效地识别增值机会，进而确保价值链上所有作业都尽可能地满足消费者的诉求。例如，在差异化战略的指引下，研发、设计、营销和客服等作业提供的增值机会就会更高，因为此类业务活动能更好地满足消费者的价值诉求。

（三）价值链分析的特点

（1）以实现企业价值最大化为目标。

企业价值就其实质而言，是企业经济价值和社会价值的综合，而不仅仅局限于企业的经济价值。这是由企业多目标价值追求决定的。企业经济价值简而言之就是企业获得的利润与支出费用之比，是企业经营者价值、股东价值和员工价值的体现。企业的社会价值指企业在价值创造过程，要承担企业的社会责任，讲求社会效益，维护社会发展。价值链管理就是通过价值创造过程实现企业的价值最大化，即在一定的技术和管理水平条件下，兼顾企业社会价值的同时，以尽可能少的资源支出，获得尽可能多的经济价值。

（2）以实现顾客价值最大化为原则。

按照价值分析，顾客价值＝产品或服务效用/产品或服务成本。顾客追求价值高的产品或服务，就会以尽可能少的成本，获得尽可能多的效用（需求和满足）。顾客价值与企业价值在本质上是一致的，因为只有提高顾客价值，才能赢得顾客的信赖和认可，从而实现企业经济价值；只有获得更多的经济价值，才能增强企业实力，从而谋求更高的顾客价值。价值链管理强调顾客价值不仅存在于企业外部，而且存在于企业内部，每一次价值转移过程中都存在顾客和顾客需求，因而要求企业兼顾内外顾客价值的最大化。

（3）以系统论的观点为指导思想。

价值链管理用系统论的整体性观点将企业内部和外部各因素以及与企业相关的内部和外部各利益主体的价值活动纳入企业管理的范畴，提出实现与企业相关的各方面价值最大化的管理模式，包括股东价值、员工价值、顾客价值和社会价值。同时，价值链管理认为企业的生产系统是由生产过程与管理过程有机结合的体系。生产过程提供将资源转换成产品或服务的功能；管理过程为生产过程提供目标与计划，并对计划的实施进行有效的组织、领导与控制，使之能适应动态变化的市场环境及社会环境。价值链管理按企业资源的流动过程将企业生产系统分为物流、信息流、资金流和技术流等一系列业务流程，强调管理者必须用系统的思想和综合的方法使各个流程的"同期化"，以实现价值创造最大化、价值评价精确化和价值分配合理化。

（四）理论的延伸发展

随着企业竞争环境的不断变化，学者们认识到企业价值链不是孤立的，而是处于更广泛的价值系统中。例如，很多产品通过渠道价值链到达顾客手中，企业的产品则是顾客价值链的一部分。事实上，大多数企业很少能够独自承担从产品设计到销售给顾客的全部价值活动，通常要进行分工合作。因此，任何一个企业都是生产产品或提供服务的价值系统中的一部分。因此，波特·海因斯（Peter Hines，1993）把波特的价值链重新定义为"集成物料价值的运输线"，这是另一种有关价值链的定义。随后，产业价值链（Kaplinsky，2000）、虚拟价值链（Jefferey F. Rayport，1995）、价值星系（Richard Normann，1993）和价值网（Slymotzky A. J.，2000）等概念被陆续提出，这些概念对波特的传统价值链的范围进行了拓展，使价值系统的内容不断丰富。价值系统不仅包括供应商价值链、企业价值链、渠道价值链和顾客价值链，而且包括竞争对手价值链等。

第二节　管理会计在预算管理领域的应用

一、预算管理概述

（一）预算管理的内涵

1. 预算管理的定义

预算管理，是指企业以战略目标为导向，通过对未来一定期间内的经营活动和相应的财务结果进行全面预测和筹划，科学、合理地配置企业各项财务和非财务资源，并对执行过程进行监督和分析，对执行结果进行评价和反馈，指导经营活动的改善和调整，进而推动实现企业战略目标的管理活动。

2. 预算管理的内容

预算管理的内容主要包括经营预算、专门决策预算和财务预算。

经营预算（也称业务预算），是指与企业日常业务直接相关的一系列预算，包括销售预算、生产预算、采购预算、费用预算、人力资源预算等。

专门决策预算，是指企业重大的或不经常发生的、需要根据特定决策编制的预算，包括投融资决策预算等。

财务预算，是指与企业资金收支、财务状况或经营成果等有关的预算，包括资金预算、预计资产负债表、预计利润表等。

（二）预算管理的原则

1. 战略导向原则

预算管理应围绕企业的战略目标和业务计划有序开展，引导各预算责任主体聚焦战略、专注执行、达成绩效。

2. 过程控制原则

预算管理应通过及时监控、分析等方法把握预算目标的实现进度并实施有效评价，对企业经营决策提供有效支撑。

3. 融合性原则

预算管理应以业务为先导、以财务为协同，将预算管理嵌入企业经营管理活动的各个领域、层次、环节。

4. 平衡管理原则

预算管理应平衡长期目标与短期目标、整体利益与局部利益、收入与支出、结果与动因等关系，促进企业可持续发展。

5. 权变性原则

预算管理应刚性与柔性相结合，强调预算对经营管理的刚性约束，又可根据内外环境的重大变化调整预算，并针对例外事项进行特殊处理。

（三）预算管理的应用环境

企业实施预算管理的基础环境包括战略目标、业务计划、组织架构、内部管理制度、信息系统等。

1. 立足战略目标

企业应按照战略目标，确立预算管理的方向、重点和目标。

2. 具体化业务计划

业务计划，是指按照战略目标对业务活动的具体描述和制订的详细计划。企业应将战略目标和业务计划具体化、数量化作为预算目标，促进战略目标落地。

3. 设置专门机构

企业可设置预算管理委员会等专门机构组织监督预算管理工作。专门机构的主要职责包括：审批公司预算管理制度、政策，审议年度预算草案或预算调整草案并报董事会等机构审批，监控、考核本单位的预算执行情况并向董事会报告，协调预算编制、预算调整及预算执行中的有关问题等。

预算管理的机构设置、职责权限和工作程序应与企业的组织架构和管理体制互相协调，保障预算管理各环节职能衔接，流程顺畅。

4. 健全内部管理制度

企业应建立健全预算管理制度、会计核算制度、定额标准制度、内部控制制度、内部审计制度、绩效考核和激励制度等内部管理制度，夯实预算管理的制度基础。

5. 建立预算信息系统

企业应充分利用现代信息技术，规范预算管理流程，提高预算管理效率。

（四）预算管理领域的管理会计工具及应用

预算管理领域应用的管理会计工具方法，一般包括滚动预算、零基预算、弹性预算、作业预算等。

企业可根据其战略目标、业务特点和管理需要，结合不同工具方法的特征及适用范围，选择恰当的工具方法综合运用。第一，企业可整合预算与战略管理领域的管理会计工具方法，强化预算对战略目标的承接分解；第二，整合预算与成本管理、风险管理领域的管理会计工具方法，强化预算对战略执行的过程控制；第三，整合预算与营运管理领域的管理会计工具方法，强化预算对生产经营的过程监控；第四，整合预算与绩效管理领域的管理会计工具方法，强化预算对战略目标的标杆引导。

（五）预算管理的应用程序

企业应用预算管理工具方法，一般按照预算编制、预算控制、预算调整、预算考核等程序进行。

1. 预算编制

企业应建立和完善预算编制的工作制度，明确预算编制依据、编制内容、编制程序和编制方法，确保预算编制依据合理、内容全面、程序规范、方法科学，确保形成各层级广泛接受的、符合业务假设的、可实现的预算控制目标。

企业一般按照分级编制、逐级汇总的方式，采用自上而下、自下而上、上下结合或多维度相协调的流程编制预算。预算编制流程与编制方法的选择应与企业现有管理模式相适应。

预算编制完成后，应按照相关法律法规及企业章程的规定报经企业预算管理决策机构审议批准，以正式文件形式下达执行。预算审批包括预算内审批、超预算审批、预算外审批等。预算内审批事项，应简化流程，提高效率；超预算审批事项，应执行额外的审批流程；预算外审批事项，应严格控制，防范风险。

2. 预算执行

预算执行一般按照预算控制、预算调整等程序进行。

预算控制，是指企业以预算为标准，通过预算分解、过程监督、差异分析等促使日常经营不偏离预算标准的管理活动。企业应建立预算授权控制制度，强化预算责任，严格预算控制。

企业应建立预算执行的监督、分析制度，提高预算管理对业务的控制能力。企业应将预算目标层层分解至各预算责任中心。预算分解应按各责任中心权、责、利相匹配的原则进行，既公平合理，又有利于企业实现预算目标。通过信息系统展示、会议、报告、调研等多种途径及形式，及时监督、分析预算执行情况，分析预算执行差异的原因，提出对策建议。

年度预算经批准后，原则上不做调整。企业应在制度中严格明确预算调整的条件、主体、权限和程序等事宜，当内外战略环境发生重大变化或突发重大事件等，导致预算编制的基本假设发生重大变化时，可进行预算调整。

3. 预算考核

预算考核主要针对定量指标进行考核，是企业绩效考核的重要组成部分。企业应按照公开、公平、公正的原则实施预算考核。建立健全预算考核制度，并将预算考核结果纳入绩效考核体系，切实做到有奖有惩、奖惩分明。

预算考核主体和考核对象的界定应坚持上级考核下级、逐级考核、预算执行与预算考核职务相分离的原则。预算考核以预算完成情况为考核核心，通过预算执行情况与预算目标的比较，确定差异并查明产生差异的原因，进而据以评价各责任中心的工作业绩，并通过与相应的激励制度挂钩，促进其与预算目标相一致。

二、全面预算管理

现代企业为了达到并完成预定的目标和任务，通常采用预算制度来规划和控制企业未来的经济活动。实施全面预算管理有利于企业从其战略的角度，统筹安排各种资源，进而保证企业最优决策方案的贯彻与实施，对于企业整体目标的实现具有重要意义，已成为现代企业管理的大势所趋。

1. 全面预算的定义

预算是用货币金额和计量单位反映企业未来某一特定时期的现金收支、资金需求、资金融通、营业收入、成本以及经营成果和财务状况的一整套财务计划。全面预算是企业对预算期内的经营决策所定目标的全面综合的财务描述，又称为总预算，完整的全面预算包括经营预算、专门决策预算和财务预算三个组成部分。它以销售预测为起点，按照企业既定的经营目标，对企业未来特定期间的销售、生产、成本、现金收支等各方面的活动进行预测，并在此基础上，编制出一套预测的利润表、预测的资产负债表等预计的财务报表及其附表，以反映企业在此特定期间的经营成果和财务状况。

2. 全面预算的内容

全面预算是由一系列预算按其经济内容及相互关系有序排列组成的有机体。预算的编制方法随企业的性质和规模的不同而不尽相同，但一个完整的全面预算组成内容在各个不同的企业基本上是一致的。通常完整的全面预算包括经营预算、专门决策预算和财务预算三个组成部分。

（1）经营预算。

经营预算是指与企业日常经营业务直接相关的、具有实质性的基本活动的一系列预算的统称，有时也称之为业务预算，一般为短期预算。它主要包括销售预算，生产预算，直接材料预算，应交增值税、销售税金及附加预算，直接人工预算，制造费用预算，产品成本预算，期末存货成本预算，销售费用及管理费用预算。

（2）专门决策预算。

专门决策预算是指企业为那些在预算期内不经常发生的、一次性经济活动所编制的预算。与在日常经营业务基础上编制的经营预算和财务预算不同，专门决策预算所涉及的不是经常预测和决策事项，因为是一般长期或不定期编制的预算，其针对性较强。专门决策预算又可以分为经营决策预算和投资决策预算。

（3）财务预算。

财务预算是指反映预算期内现金收支、经营成果和财务状况的预算。财务预算主要包括现金预算、财务费用预算、预计利润表、预计资产负债表。

在以上三种预算类别中，财务预算的综合性最强，各种经营预算和专门决策预算最终反映在财务预算中，它是全面预算体系的最后环节，能够从价值方面总括地反映经营预算和专门决策预算的结果。显然，财务预算在全面预算体系中占有举足轻重的地位；但是，财务预算中的各项指标又有赖于经营预算和专门决策预算。由此可见，经营预算和专门决策预算是财务预算的基础。

3. 全面预算的编制

（1）全面预算的编制期。

现实中，编制经营预算与财务预算的期间，通常都以 1 年为期限。预算期间与会计年度统一起来，有利于预算执行情况的分析、评价和考核。为了明确执行各自的特定职责以达到预定目标，每个部门或车间的经理可以制订每天或每周的任务预算。但是，资本支出的预算期应当根据长期投资决策的要求具体制定。

（2）全面预算的编制程序。

全面预算的编制涉及企业内部的各个职能部门，只有预算执行人参与预算的编制，才能使预算成为他们自愿努力完成的目标。因此，预算的编制工作，一般应从企业的基层职能部门开始，由各基层部门自行编制本身的预算，然后由下而上逐级审查综合，最后交由最高管理当局审批，并以书面形式向各个基层职能部门传达，作为正式的预算落实到各个部门付诸实施。全面预算的编制程序可概括为以下几步：

①预算委员会在预测与决策的基础上，拟定预算期内的经营方针以及利润、成本和销售等方面的总体目标和分项目标，并以书面的形式下发到各有关职能部门。

②组织各个职能部门按具体目标编制本部门的预算分项。分项预算既是各个

职能部门在未来一定期间内从事生产经营应该达到的预期水平的最初反映，也是进一步汇总编制企业全面预算的基础。

③各职能部门将草拟的分项预算上报给预算委员会，由预算委员会分析、汇总、审查和调整各部门的分项预算，并在此基础上编制反映企业在预算期内所应达到的总体经营目标的全面预算。

④第三步中，预算委员会编制的全面预算仍然属于草案性质，还需上报企业最高管理当局审核批准。已获批准的全面预算由预算委员会向各个职能部门传达。

4. 全面预算的作用

全面预算作为企业管理当局对未来生产经营活动的总体规划，其作用主要表现在以下四个方面。

（1）明确各职能部门的具体工作目标。

企业通过各种决策活动，制订自身的总体经营目标。企业的总体目标需要各职能部门共同努力才能够实现，这就需要制订一系列能够指导企业内部各职能部门正常展开生产经营活动的具体工作目标。全面预算的过程就是将企业的总体经营目标分解、落实到各个职能部门的过程，从而使各个职能部门有各自具体的工作目标和任务，促使各部门努力从各自的角度设法完成企业的总体经营目标，最终保证企业未来一定期间的生产经营活动不至于脱离决策、计划所确立的正常轨道。

（2）协调各职能部门的经济活动。

现代化企业本身就是一个整体，但其中各个职能部门都是相对独立的，这势必存在着整体和局部的矛盾。从系统论的观点来看，企业必须从总体优化的角度来考虑，进而组织工作。全面预算把企业各方面的工作纳入统一计划之中，促使企业内部各个职能部门的经济活动密切配合，相互协调，环环相扣，统筹兼顾，最终达到平衡。这样就在保证企业总体目标最优的前提下，各部门合理地组织自己的生产经营活动。除此之外，全面预算还有助于发现生产经营过程中的薄弱环节，划分各职能部门的经济责任，从而为实现总体目标，取得尽可能大的经济效益奠定良好的基础。

（3）控制各职能部门的经济活动。

全面预算编制完毕，应当及时传达给企业各职能部门付诸实施，使各部门了解应当完成的目标，明确其行为动机。同时，在预算的执行过程中，各部门应当对实际指标和预算指标进行比较分析，及时提供实际偏离预算的差异数额。并且应当找出产生差异的具体原因，及时采取有效的措施，确保自身预定目标的实现。实践证明，企业认真编制切实可行的预算，并用其控制经济活动，可以避免不必要的支出，降低成本费用，从而增加企业的利润。

（4）考核各职能部门的工作业绩。

在执行全面预算的过程中，实际指标偏离预算指标的差异，不仅是控制企业日常经济活动的主要依据，也是考核各职能部门工作业绩的重要标准。在考核各部门的工作业绩时，要根据预算的完成情况，分析实际偏离预算的程度和原因，划清责任，赏罚分明，促使各部门为完成预算规定的目标而努力工作。这里需要注意一点，对于个别部门而言，不能完成预算会影响企业总体目标的实现；同样，超额完成预算指定的任务，也可能造成总体的不协调，如积压、浪费，从而影响企业的整体利益。

5. 预算管理中的行为问题

预算控制能否成功，一个重要因素是管理人员如何认识和把握预算管理中的行为问题。归根结底，预算是人编制的预算，所以在编制过程中必须充分考虑人的因素。

（1）参与预算。

预算可以分为自上而下式和自下而上式。自上而下式预算又被称作权威式预算，是由企业最高管理当局制订，然后传达给企业基层部门管理者执行的预算，这种方式的预算属于非员工参与预算。自下而上式预算又被称作参与式预算，是由基层部门管理者提出预算建议，然后与高层管理者协商，制订出总预算，而该预算可用于评价该基层部门业绩，这种预算编制方式为员工参与预算。

参与式预算的理论依据源自现代管理理论，即人不仅仅是追逐利益的经济人，同时会追求"自我实现"。与权威式预算相比，参与式预算有其明显优势：首先，参与式预算的过程意味着有关部门及其人员在预算编制中可以充分地表达自己的意见，这样可以调动企业内部所有员工，使他们在实现预算目标时会表现出更高的积极性和自觉性；其次，参与的过程必然增加企业内部沟通和讨论的机会，从而可以集思广益，改进经营。

（2）预算松弛。

提倡自下而上参与式预算会产生预算松弛的问题。所谓的预算松弛，是指基层部门管理者利用参与预算的机会将自己负责的那部分预算目标制订"低于"自己实际可以达到的目标。比如，销售经理会将预算销售量定得低于其估计的最优值，而生产部门经理为预算提供该部门预算成本信息时，会高估成本。研究表明，当管理者面对的预算目标的困难程度中等却又能够达到时，管理者的工作表现最好。影响部门业绩的因素并非都在部门管理者的控制之下，比如宏观经济趋势等外部因素，由于这些外部因素，即使部门管理者经营良好，部门业绩也可能无法实现，因此，在预算编制过程中应当考虑这些外部因素，适度的预算松弛可以减少由于外部因素导致部门经理无法完成预算目标的风险。但是，如果这些预算过度松弛，会导致基层部门预算业绩很容易完成，降低企业经营效率。

（3）目标一致。

众人同心，其利断金。如果企业、部门、员工的利益诉求能够保持一致，那么这三者就会形成一股合力去完成预算的目标，进而实现企业的愿景和使命。在现实中，目标一致受到多种因素的影响。员工参与预算编制的程度越高，目标一致性的程度也越高；经过一定的努力才可以完成的目标不仅能保持企业的利益最大化，还能确保目标的一致；与预算绩效挂钩和合理的薪酬制度同样也是实现目标一致原则的重要前提；一名优秀的管理者可以让下属顺利地完成任务，同时他的领导艺术对目标一致的实现也会起到明显的作用。

三、滚动预算管理

（一）滚动预算的定义

所谓滚动预算是指企业在面对外界瞬息万变的经营环境中，在原有预算的基础上结合经营环境的具体变动情况做出及时的调整，并且进行连续性编制过程逐期往后滚动展开，保证预算周期一直维持在一个固定的时间期间内的一种预算编制方法。同其他预算类型一样，滚动预算也可以作为实体的总预算。不同之处在于，其他预算制度下，所编制的预算在预算期末即告过期；但滚动预算中的时间跨度总保持不变，例如，如果所采用的时间跨度为一年，则无论在某年的 1 月还是 7 月，滚动预算中均会包含对未来 12 个月的预算信息。

依据预算周期的不同进行划分，滚动预算可以分为年度滚动预算、月度滚动预算和周度滚动预算。其中年度滚动预算是按照年度标准往后滚动 12 个月，目的在于预算下一个年度同期的变化情况；月度滚动预算实施以月为周期的预算，滚动至本年年末为止，目的在于预测本年度内未来月份的经营变动状况；周度滚动预算更为精细的预算管理既可以很好地补充月度预算，又可以很好地彰显企业财会人员对基本会计信息的组织统筹能力，还可以反映各经营管理机构对其实际运营情况的把控能力。

（二）编制滚动预算遵循的基本原则

1. 稳定增长原则

企业经营所面对的外界宏观经济形势的变动幅度基本具有稳定性和可预见性，企业预算编制收支需要与经济增长保持良好的对应关系，保持在合理的增长幅度范围内，可以保障企业稳固的外界增长环境。

2. 谨慎性原则

滚动预算的编制需要充分考虑以后年度的状况，给其预算编制留存一定的周旋变化的空间，特别是针对经营环境的变化可以按照乐观和谨慎两种方案进行详细的分析预测。同时，需要考虑经营过程中所面临的各种风险，有效控制风险发生所产生的负面影响，最大限度地降低经济风险的损害程度，最后还需要关注预算编制所产生的后续影响作用情况。

3. 科学透明原则

滚动预算编制过程需要有预测、有需要、有计划，需要按照科学的方法进行相关数据的收集处理以提高预算结果的信度。另外，滚动预算的编制需要各经营管理机构的全面参与，在透明化的制度标准下开展对实际经营环境的预测分析，能够很好地管控每一个经营部门的实际情况，可以保障预算方案的可行性和有效性。因此，滚动预算编制过程中需要保证编制、审批、执行和评估全过程的透明性。

（三）实施滚动预算产生的作用和意义

1. 滚动预算可有效补充长期战略目标的可行性

企业战略目标的准确定位是编制预算前的首要环节，需要管理人员全面考察预算管理的全过程，将其具体工作环节和战略目标相结合，以便于预算的可针对性。实施滚动预算就是要形成持续计划的工作思路和方法，使管理者不仅仅关注本年的经营情况，把视线放得更远，开始考虑未来。滚动预算在实施过程中有效结合长中短期的经营计划，相互之间有效链接，遵循"近细远粗"的原则进行适当的调整和安排，较长期限的预算需要根据长期发展战略目标进行适时调整，防患于未然。

2. 滚动预算有助于实现绩效考核目标

不同于年度预算一般会作为业绩考核指标的一个方面，滚动预算的目标是企业在年度运营中不断滚动调整的短期目标，本身是不作为考核目标的，但其同样是业绩指标的载体，也构成执行考核的依据，原则上应该与年度预算目标相符。而滚动预算目标与年度预算目标的差距就是年度预算指标预期完成的程度。实施滚动预算的过程，即是对全年预算进行比较分析和趋势分析。同时，滚动预算强化预算的控制职能，强调项目的重要性，即对于重要项目的变化进行全面关注，帮助进行更好地决策，从而推动实现年度业绩考核目标。

3. 滚动预算有利于资源的有效合理配置

滚动预算作为年度预算的一个补充和延伸，可以在一定程度上弥补年度预算时滞性的不足，紧密结合内外部环境的变动及时做出调整以更好地吻合环境的变动，通过更加频繁地预测，确定新的环境因素和驱动因素指标，及时将各种变化体现在新的业务规划中，实现资源的前瞻配置，进而使业务决策更贴近市场。滚动预算具有一定的弹性，在动态化发展过程中能很好地将有效的资源进行合理的分配，保障关键性经营业务的可执行性，另外，滚动预算通过实施化整为零又化零为整的预算管理方法，分系统支撑组织管理控制企业的长期大型项目和相关经济业务，可以大幅度促进预算管理单位的有效性和整体业务的协调性。

4. 滚动预算有利于提升风险控制能力

滚动预算是按照经营环境的变化对经济业务进行及时地调整，以实现最大限度地与未来发展事实的有效吻合。通过寻找经营活动实际结果与预算的差距，可以迅速地发现问题并及时采取相应的解决措施，实现事前、事中与事后风险监控的作用。根据预测的风险点，可以预先采取某些风险控制的防范措施，从而达到规避与化解风险的目的。

5. 滚动预算可以强化预算的可控性

与年度预算相比，滚动预算可以根据外界环境的变化做出较为准确的评估和判断，在短暂的预算时期内可以及时发现实施过程中发生的各种状况并及时调整目标，针对可能发生的风险进行风险防范的有效控制，在整体保障预算的准确性和可操作性。此外，滚动预算的实施可以提高企业应对由于外部市场环境和技术更新等原因所产生的变化，协助管理层及时调整预算目标，保证预算目标的严肃性和指导性。

（四）滚动预算的优点和缺点

与年度预算相比，滚动预算具有更强的相关性。滚动预算可以反映当前发生的事项和变化，并据以调整对未来的预测。滚动预算的优点是将一个复杂的过程分解为易于管理的步骤。采用滚动预算，管理者永远拥有一个完整的预算期数据，因此能从一种更长远的视角而不是年度预算视角来审视决策，因为随着时间的推移，年度预算所涵盖的时间段会越来越短。

滚动预算的潜在缺陷包括：需要设立预算协调人员，以及管理者每月都需要为下个月的预算分散精力，管理者的投入具有机会成本。滚动预算适用于那些不能投入大量时间编制年度预算的公司。如果公司希望其管理者有更长远的视角，这种情况下采用连续性预算也比较合适。

四、作业基础预算管理

（一）作业基础预算的定义

作业基础预算（activity-based budgeting，ABB），是以作业成本计算（ABC）为基础的一种预算管理方法。20 世纪 80 年代，库珀和莱布兰德·德勒（Cooper and Lybrand Deloitte）针对传统预算方法预算松弛、与规划脱节等缺陷，融入全面管理和作业成本管理思想，设计出作业预算法。1991 年，国际高级制造商协会设立了一个将组织战略、资源、能力与预测经营业绩和财务业绩联系起来，通过预测产品和劳务的需求量来预测作业需求量，进而预测作业资源的需求量，并将作业预算运用到实践之中形成作业预算模型。

作业基础预算与传统预算方式的重要差别在于它是以作业和成本动因为预算编制的起点。编织者需要将资源成本分解成不同层级，然后对这些不同层级的成本进行分析，找出相应的成本动因，接着根据成本动因计算出这些不同层级资源成本的分配率，最后根据预算的动因或作业数量来计算出预算的资源成本。因此，作业基础预算可以精确地对间接制造费用进行预算。

（二）作业基础预算的四个要素

作业基础预算法包含四个要素：产品、作业、资源与成本动因。

（1）产品。

产品指的是产出，既包括企业生产的对外出售的产品和半成品，也包括企业对外提供的各项劳务等。产出指标，作业预算下的产品生产需要消耗作业。

（2）作业。

作业是企业为提供一定量的产品或劳务所消耗的人力、技术、原材料、管理环境和方法等的结合体，是联系资源和成本对象的桥梁，也是作业管理体的基本核心。依据作业的同质性，作业可以被分为作业中心与相关子作业。

（3）资源。

资源是指作业发生过程中消耗的成本或费用来源。一个企业的资源包括直接材料、直接人工、间接费用等。

（4）成本动因。

成本动因是由库珀和卡普兰（Copper and Kaplan）于1987年提出的概念，又称为成本驱动因素，是造成成本发生的因素和方式，可以是一个事件、一项活动或作业。成本动因率是指生产某一单位产品所消耗的作业或资源的比率。在作业预算中，它决定着预算数据的准确程度，因此本书将成本动因以数量进行表示时称为成本动因率。

（三）作业基础预算的编制与调整

预算的编制过程总是与费用的分配归集过程相逆的。作业基础预算是以作业成本法为基础的，只有清楚企业的各项资源费用在作业成本法下的分配归集过程，才便于理解作业基础预算的编制流程。这里为了清楚地说明作业基础预算的编制与调整，先简要介绍一下作业成本法下费用分配的原理。

（1）作业成本法的费用分配原理。

作业成本法在分配成本的过程中涉及的概念有资源（resources）、作业（activity）、作业中心（activity centre）、作业动因（activity driver）、作业成本库（activity cost pool）。在作业成本法下，成本分配的基本路径是：企业资源按照资源动因分配到各个作业，各作业中心费用再按照作业动因最终分配计入产品/服务/顾客；当然，企业中通常会有一些资源是专属于某一特定作业的（比如，专门从事质量检验工作的质检人员的人工费用就是专属于质量检验工作的），那么这部分资源费用就可以直接归集到该项作业，而不需要根据资源动因进行分配。

（2）作业基础预算的编制与调整。

ABB的基础是作业成本法，而作业基础预算的编制路径正好与作业成本计算的路径相逆。也即：先确定预算年度预计产品/服务销售量，据此确定生产过程中所涉及各作业的预计作业需求量；根据资源动因率和其他相关条件确定单位作业费用率，或者说是单位作业标准成本；再根据前两项资料计算汇总预算年度资源需求量。将该需求量与企业实际资源量比较，并进行适当调整以实现平衡，完成费用的作业基础预算。

由于在 ABC 法下，费用是基于作业的划分进行分配的，而不再仅仅依据单一标准进行分配。所以在 ABB 中，费用部分的预算可基于不同销售情况下作业量的预测进行弹性预算，而不是在上年数据的基础进行增量预算。而且在 ABB 法下，由于作业动因和资源动因的引入，在知道了企业产品或服务的销售预测后，可以根据相应的单位产品消耗的作业动因量形成各作业动因量的预算数据，然后再根据各作业的资源动因率来确定提供计划销售产品和服务所需要的资源，当资源需求量与企业拥有的资源量相符时，企业就可以实现经营循环的平衡。因此在 ABB 法下，在产生财务预算之前可以先实现经营预算的平衡。这是 ABB 法与传统预算方法的区别之一。

在 ABB 法下，由于资源动因和作业动因的引入，营业循环可作为一个相对独立的部分，对于企业的每一种可能的销售预测，可在计算其相应财务结果前先调整实现营业循环的平衡。也即，在营业循环阶段，ABB 法可以实现企业为了完成预计销售额所需各项资源与企业实有资源的平衡。在营业循环阶段的平衡实现后再计算相应的财务结果，看其是否满足企业的财务目标，而不用对每一种销售预测均计算其财务结果。而且在 ABB 法下，当营业循环不能达到平衡时，可以通过调整预算年度产品/服务供应量、企业现有资源能量、资源动因率、作业动因率等变量来实现。而在传统预算方法下，预算平衡只能通过调整产品/服务供应量或企业资源能量来实现。

在财务循环阶段，可以基于已经实现平衡的营业预算产生相应的财务预算。当财务预算结果达到了事先确定的财务目标时，便实现了财务循环的预算平衡。一旦企业知道了其产品/服务需求、作业和资源，就可以确定其资源成本，并将其分配到作业，然后归集到产品/服务。所以在 ABB 法下，目标财务结果可以看作是资源、作业、作业动因率等信息的汇总，或者说，财务目标可以分解为这些信息。

如果最初的财务目标没有实现，ABB 法允许企业调整以下五个要素来实现设定的财务目标：①作业动因率和资源动因率；②企业资源能量；③资源价格；④产品/服务的供应量；⑤产品/服务的价格。而传统预算方法并不收集作业动因率和资源动因率数据，实现计划财务目标可供调整的变量相对较少。

（四）作业基础预算的优越性

①在 ABB 法下，经营循环预算的平衡和财务循环预算的平衡可以分别实现，所以企业在编制预算时，可以先实现经营循环预算的平衡，然后再据此结果进行财务预算，而无须计算不能平衡的经营循环预算的财务结果。更为重要的是，ABB 法强调根据作业、资源来直接产生预算，它与传统的预算方法相比多了很多

诸如检验次数、调试时间等非财务成本动因，而这些在差异分析时有利于更清楚地分析出企业运作中无效率、不平衡的原因以及生产过程中的瓶颈因素。这就有利于企业优化资源配置，降低成本费用以及进行相应的定价决策；同时也为企业价值链的优化提供了必要的信息。

②ABB 法与传统预算法相比，提供了更多的调整预算平衡的工具。除了可以调整产品/服务供应量和资源量外，ABB 法还可以调整资源动因率和作业动因率。而且在 ABB 法下，资源的分解过程很清晰，每项作业消耗的资源项目和数量都有清晰的反映，而在传统预算法下，成本费用的预算只是简单地区分为直接材料、直接人工、制造费用和期间费用，并不能反映出各项资源的消耗情况。所以 ABB 法有利于企业更早地调整资源供应量。

③对于企业员工以及基层管理人员而言，由于 ABB 提供了关于作业量的预算数据，这使基层员工对于预算年度内每个月份他们分别需要完成的作业量有很清楚的认识。从而使预算更易于被基层员工所接受和理解，有利于充分提高基层员工参与预算制定的积极性和改进工作的热情；可以克服传统预算中员工的抵制情绪，使预算得以更有利地执行，并使基于预算的业绩考评更加合理；同时，也使企业的战略可以在日常的运营活动中得以理解和体现。

④与传统预算方法定位于垂直的组织结构相比，ABB 法更强调和适应平行的组织结构，基于作业划分和作业中心的预算打破了企业部门之间的分隔。

五、零基预算管理

（一）零基预算的发展历程及特点

零基预算（zero base budget，ZBB），顾名思义，就是基数为零的预算，是指不考虑过去的预算项目和收支水平，以零为基点编制的预算。零基预算的基本特征是不受以往预算安排和预算执行情况的影响，一切预算收支都建立在成本—效益分析的基础上，根据需要和可能来编制预算，它是市场经济及经济管理技术水平发展到一定阶段的产物。

零基预算起源于美国，其理论上最早可追溯到 1952 年，在实践中首先应用于政府的财政预算。1977 年美国卡特总统上任后，发布行政命令，要求政府各行政部门均采取零基预算方式来编制 1979 年财政预算。到 1982 年，美国已经大约有 18 个州采用了零基预算编制法。与此同时，零基预算编制法也传到了紧邻美国的加拿大，该国公共部门纷纷采用零基预算。目前世界上其他国家实行零基预算的基础工作已经完成，并从理论上制定出一系列科学的预算定编、定额、定标准等的方法。

（二）零基预算的基本内容

（1）确定预算单位。

确定预算单位是零基预算的起点。预算单位可以是一个工程项目，也可以是一个部门或一个机构的下属组织。

（2）拟定预算方案。

预算单位根据各预算项目的轻重缓急程度对其进行排序汇总，提出预算方案。

（3）对预算方案进行排队和评估。

企业预算管理部门根据企业战略目标和成本—效益原则，对各预算单位提交的预算方案进行总体排序和评估，选出最佳方案。

（4）分配预算资金。

企业预算管理部门对于选出的最佳方案，按照优先顺序分配资金，落实预算。

（三）零基预算的编制程序

（1）建立预算目标体系。

预算是企业战略的细化和具体表现形式，在编制企业零基预算时，企业预算管理部门必须明确企业战略目标，并在企业内部进行层层分解，形成一套完整、明确的目标体系。

（2）审查部门预算。

企业预算管理部门对于各预算部门提交的部门预算，根据企业战略进行审查、排序，以一切从零开始的思想为指导并进行成本—效益分析，对各部门提交的预算方案进行取舍，以确定每项活动是否继续进行、修改或终止。

（3）编制预算。

企业预算管理部门根据经过审查、排序、取舍后的各预算单位最终预算结果进行预算资金的分配，形成最终的预算方案。分配的原则就是首先满足排在前面的活动或项目，直至全部资源分配完毕。

（4）执行预算的"二上二下"程序。

企业预算管理部门将编制的预算方案上报企业的最高决策机构，根据最高决策机构的意见修改经批准后下达给各预算单位执行。

（四）零基预算的优缺点

零基预算之所以能在较短时间里风靡全球，是因为它克服了传统的基数预算编制方法不科学、预算分配不公平、不利于提高资金的使用效益、预算编制不够细化、预算约束软化等弊端，具有基数预算法所不可比拟的优越性，如下：

①零基预算是真正针对企业未来的预算形式，它不考虑企业过去的预算基

数，将上期计划和本期计划一视同仁，根据企业战略进行重新排序。

②零基预算依据成本—效益原则来确定每项费用数额的大小，能提高资金的使用效益。

③和传统的预算编制方式相比，零基预算制度要求企业各级管理人员的广泛参与，针对企业、企业某个部门或某项活动提出多个方案组合，并进行最优选择，能充分调动各级管理人员的积极性，有利于发挥他们的主观能动性和创造性。

既然是"忽略过去，推倒重来"，那么零基预算的编制过程一定伴随着大量的资源投入。因此，百分之百的零基预算是不现实的，为了符合成本—收益原则，零基预算很可能退化成了增量预算，此外，零基预算本意是为了降低对资源的浪费，但预算执行者为了降低自己在预算执行过程中的不确定性，反而会植入更多的预算松弛。例如，在当期的预算费用没有全部用完时，会鼓励预算执行者突击花钱，否则那些未被使用的费用就会在下一期零基预算中消失。

六、弹性预算管理

（一）弹性预算的定义

弹性预算是在成本按性态划分的基础上，根据业务量与收入、成本费用之间的数量关系，按预算期内可能达到的业务量范围编制的预算。其实质就是根据实际销售量，将总预算调整为标准数以反映实际结果水平。弹性预算只调整变动成本，固定成本保持不变。弹性预算最常见的应用是为准确地匹配组织的销售预测。在决定如何调整下期预算的时候，前期的弹性预算会很有用。采用实际产出数据的弹性预算不能作为一种总预算，因为实际产出水平在预算期结束前都是未知的。因此，弹性预算更多的是作为一种分析工具以确定实际结果与预算间的差异，而不是用于制订原始预算。

（二）弹性预算的编制步骤

弹性预算的编制涉及以下四个步骤：

（1）编制静态总预算。

本步骤中需要确立预算销售单价、预算单位变动成本、预算固定成本等数据，这些数据在弹性预算中都会用到。此外，还需确立估计的产出水平。

（2）明确实际产出量。

产量是变动成本的成本动因；

（3）计算弹性预算中的总销售收入。在计算弹性预算中的总销售收入时需要用到以下公式：

$$总销售收入 = 销售量 × 预算销售单价$$

例如：体育用品公司弹性预算中的销售收入可计算如下：

弹性预算中的销售收入 = 120 × 24000 = 2880000 （元）

（4）计算弹性预算中的成本。

在计算弹性预算中的总成本时需要用到以下公式：

$$总成本 = 总变动成本 + 总固定成本$$

（三）弹性预算差异与销售量差异

弹性预算可用于分析营运效率。实际成果与静态预算之间的差异称为静态预算差异。完成了弹性预算的编制之后，静态预算差异可进一步分解成两种不同类型的差异：

（1）弹性预算差异。

弹性预算差异的计算是用实际结果减去弹性预算结果（弹性预算结果已按实际产出加以调整）。弹性预算差异确认了在预算变为弹性预算后或按实际销售量对预算加以调整后营业利润间的差异。

弹性预算差异 = 实际结果 − 弹性预算结果（已按实际产出水平予以调整）

（2）销售量差异。

销售量差异的计算是用弹性预算结果减去静态预算结果，其中弹性预算结果已按实际产出水平加以调整。销售量差异揭示了预算销售量与实际销售量间的差异对营业利润的影响：

销售量差异 = 弹性预算结果（已按实际产出水平予以调整）− 静态预算结果

一方面，销售量差异揭示了实际产出数量与预算产出数量之间的差别所造成的影响。另一方面，弹性预算差异揭示了因实际销售价格、变动成本和固定成本等的差别所造成的影响。不利销售量差异表明公司的市场份额低于假设的份额，或市场比预期的要小；有利销售量差异表明产品的需求大于预期。不太显著的销售量差异意味着预算中给出了准确的销售量预测。不利弹性预算差异表明投入的成本高于预算；有利弹性预算差异表明投入的成本低于预算。将这两种差异放在一起分析，有助于评估营运是否有效率。

（四）弹性预算的编制应关注的问题

（1）业务量的计量单位和业务量范围的选择要适当。

业务量的计量单位和业务量范围的选择要适当，就应选择一个最能代表本部门生产经营活动水平的业务量计量单位。比如，以手工操作为主的生产车间就应该选择直接人工工时作为业务量计量单位；生产制造多种产品的部门，可以选择直接人工工时或机器工时作为业务量计量单位；修理部门可以选择直接修理工时作为业务量计量单位等。相关业务量范围是指预算期间内业务活动的变动范围。通常以正常生产能力的 70% ~110% 比较适宜。业务活动水平间距越小，预算就越容易起到约束和控制的良好效果。

（2）准确确定各项成本和业务量之间的数量依存关系。

根据成本和产量的依存关系，可以将企业的全部成本分为变动成本、固定成本、混合成本及其具体费用项目在不同经营活动水平范围内的控制数额。固定成本是指其总额在一定相关范围内不随业务量的变动而变动的成本，变动成本是指在其总额在一定相关范围内随业务量成正比例变动的成本，混合成本可以按照高低点法等方法分解成固定成本和变动成本。

（3）考虑资金的价值。

考虑资金的价值，是在不考虑通货膨胀和风险的情况下的社会平均资金利润率，即丧失的潜在投资收益，是现代企业财务管理的基本理念之一，当然也要在编制预算时予以充分地体现。在现行的弹性预算中，随着业务量不断地发生变化，固定成本始终保持不变（在相关业务量范围内）。而在变动成本中，仅考虑了直接材料、直接人工等单位变动费用，没有考虑资金的价值。在实际业务活动中，70%的业务量所占用的资金与110%的业务量所占用的资金是不同的。后者一定大于前者，而现行的弹性预算中对这点差别没有充分反映。因此，应根据企业以往的业务量占用资金情况，在变动成本中添加资金利息一栏单独予以反映其机会成本。

第三节　管理会计在营运管理领域的应用

一、营运管理概述

（一）营运管理的内涵

营运管理，是指为了实现企业战略和营运目标，各级管理者通过计划、组织、指挥、协调、控制、激励等活动，实现对企业生产经营过程中的物料供应、产品生产和销售等环节的价值增值管理。

企业进行营运管理，应区分计划（plan）、实施（do）、检查（check）、处理（act）四个阶段（以下简称"PDCA 管理原则"），形成闭环管理，使营运管理工作更加条理化、系统化、科学化。

（二）营运管理领域应用的管理会计工具方法

营运管理领域应用的管理会计工具方法一般包括本量利分析、敏感性分析、边际分析和标杆管理等。

企业应根据自身业务特点和管理需要等，选择单独或综合运用营运管理工具方法，以更好地实现营运管理目标。

企业应用营运管理工具方法，一般按照营运计划的制订、营运计划的执行、营运计划的调整、营运监控分析与报告、营运绩效管理等程序进行。

（三）营运管理的应用环境

企业营运管理的应用环境包括组织架构、管理制度和流程、信息系统以及相关外部环境等。

1. 建立健全营运管理组织架构

为确保营运管理的有序开展，企业应建立健全营运管理组织架构，明确各管理层级或管理部门在营运管理中的职责，有效组织开展营运计划的制订审批、分解下达、执行监控、分析报告、绩效管理等日常营运管理工作。

2. 建立健全营运管理的制度体系

企业应建立健全营运管理的制度体系，明确营运管理各环节的工作目标、职责分工、工作程序、工具方法、信息报告等内容。

3. 建立完整的业务信息系统

企业应建立完整的业务信息系统，规范信息的收集、整理、传递和使用等，有效支持管理者决策。

（四）营运管理的程序

1. 制订营运计划

营运计划，是指企业根据战略决策和营运目标的要求，从时间和空间上对营运过程中各种资源所做出的统筹安排，主要作用是分解营运目标，分配企业资源，安排营运过程中的各项活动。

营运计划按计划的时间可分为长期营运计划、中期营运计划和短期营运计划；按计划的内容可分为销售、生产、供应、财务、人力资源、产品开发、技术改造和设备投资等营运计划。

制订营运计划的原则：

（1）系统性原则。

企业在制订计划时不仅应考虑营运的各个环节，还要从整个系统的角度出发，既要考虑大系统的利益，也要兼顾各个环节的利益。

（2）平衡性原则。

企业应考虑内外部环境之间的矛盾，有效平衡可能对营运过程中的研发、生产、供应、销售等存在影响的各个方面，使其保持合理的比例关系。

（3）灵活性原则。

企业应当充分考虑未来的不确定性，在制订计划时保持一定的灵活性和弹性。

企业在制订营运计划时，应以战略目标和年度营运目标为指引，充分分析宏观经济形势、行业发展规律以及竞争对手情况等内外部环境变化，同时还应评估企业自身研发、生产、供应、销售等环节的营运能力，客观评估自身的优势和劣势以及面临的风险和机会等。

企业在制订营运计划时，应开展营运预测，将其作为营运计划制订的基础和依据。营运预测，是指通过收集整理历史信息和实时信息，恰当运用科学预测方法，对未来经济活动可能产生的经济效益和发展趋势做出科学合理的预计和推测的过程。

企业应用多种工具方法制订营运计划的，应根据自身实际情况，选择单独或综合应用预算管理领域、平衡计分卡、标杆管理等管理会计工具方法；同时，应充分应用本量利分析、敏感性分析、边际分析等管理会计工具方法，为营运计划的制订提供具体量化的数据分析，有效支持决策。

企业应当科学合理地制订营运计划，充分考虑各层次营运目标、业务计划、管理指标等方面的内在逻辑联系，形成涵盖各价值链的、不同层次和不同领域的、业务与财务相结合的、短期与长期相结合的目标体系和行动计划。

企业应采取自上而下、自下而上或上下结合的方式制订营运计划，充分调动全员积极性，通过沟通、讨论达成共识。根据营运管理流程，对营运计划进行逐级审批。企业各部门应在已经审批通过的营运计划基础上，进一步制订各自的业务计划，并按流程履行审批程序。

企业应对未来的不确定性进行充分的预估，在科学营运预测的基础上，制订多方案的备选营运计划，以应对未来不确定性带来的风险与挑战。

2. 执行营运计划

经审批的营运计划应以正式文件的形式下达执行。企业应逐级分解营运计划，按照横向到边、纵向到底的要求分解落实到各所属企业、部门、岗位或员工，确保营运计划得到充分落实。

经审批的营运计划应分解到季度、月度，形成月度的营运计划，逐月下达、执行。各企业应根据月度的营运计划组织开展各项营运活动。

企业应建立配套的监督控制机制，及时记录营运计划执行情况，进行差异分析与纠偏，持续优化业务流程，确保营运计划有效执行。

企业应在月度营运计划的基础上，开展月度、季度滚动预测，及时反映滚动营运计划所对应的实际营运状况，为企业资源配置的决策提供有效支持。

3. 营运计划的调整

营运计划一旦批准下达，一般不予调整。宏观经济形势、市场竞争形势等发生重大变化，导致企业营运状况与预期出现较大偏差的，企业可以适时对营运计划做出调整，使营运目标更加切合实际。

企业在营运计划执行过程中，应关注和识别存在的各种不确定因素，分析和评估其对企业营运的影响，适时启动调整原计划的有关工作，确保企业营运目标更加切合实际，更合理地进行资源配置。

企业在做出营运计划调整决策时，应分析和评估营运计划调整方案对企业营运的影响，包括对短期的资源配置、营运成本、营运效益等的影响以及对长期战略的影响。

企业应建立营运计划调整的流程和机制，规范营运计划的调整。营运计划的调整应由具体执行的所属企业或部门提出调整申请，经批准后下达正式文件。

4. 营运监控分析与报告

为了强化营运监控，确保企业营运目标的顺利完成，企业应结合自身实际情况，按照日、周、月、季、年等频率建立营运监控体系；并按照 PDCA 管理原则，不断优化营运监控体系的各项机制，做好营运监控分析工作。

企业的营运监控分析，是指以本期财务和管理指标为起点，通过指标分析查找异常，并进一步揭示差异所反映的营运缺陷，追踪缺陷成因，提出并落实改进措施，不断提高企业营运管理水平。

营运管理监控的基本任务是发现偏差、分析偏差和纠正偏差。

（1）发现偏差。

企业通过各类手段和方法，分析营运计划的执行情况，发现计划执行中的问题。

（2）分析偏差。

企业对营运计划执行过程中出现的问题和偏差原因进行研究，采取针对性的措施。

（3）纠正偏差。

企业根据偏差产生的原因采取针对性的纠偏对策，使企业营运过程中的活动按既定的营运计划进行。

企业营运监控分析应至少包括发展能力、营利能力、偿债能力等方面的财务指标，以及生产能力、管理能力等方面的非财务内容，并根据所处行业的营运特点，通过趋势分析、对标分析等工具方法，建立完善营运监控分析指标体系。

企业营运分析的一般步骤包括：①明确营运目的，确定有关营运活动的范围；②全面收集有关营运活动的资料，进行分类整理；③分析营运计划与执行的差异，追溯原因；④根据差异分析采取恰当的措施，并进行分析和报告。

企业应将营运监控分析的对象、目的、程序、评价及改进建议形成书面分析报告。分析报告按照分析的范围及内容可以分为综合分析报告、专题分析报告和简要分析报告；按照分析的时间分为定期分析报告和不定期分析报告。

企业应建立预警、督办、跟踪等营运监控机制，及时对营运监控过程中发现的异常情况进行通报、预警，按照 PDCA 管理原则督促相关责任人将工作举措落实到位。

企业可以建立信息报送、收集、整理、分析、报告等日常管理机制，保证信息传递的及时性和可靠性；建立营运监控管理信息系统、营运监控信息报告体系等，保证营运监控分析工作的顺利开展。

5. 营运绩效管理

企业可以开展营运绩效管理，激励员工为实现营运管理目标作出贡献。企业可以建立营运绩效管理委员会、营运绩效管理办公室等不同层级的绩效管理组织，明确绩效管理流程和审批权限，制订绩效管理制度。

企业可以以营运计划为基础，制订绩效管理指标体系，明确绩效指标的定义、计算口径、统计范围、绩效目标、评价标准、评价周期、评价流程等内容，确保绩效指标具体、可衡量、可实现、相关以及具有明确期限。绩效管理指标应以企业营运管理指标为基础，做到无缝衔接、层层分解，确保企业营运目标的落实。

二、本量利分析

本量利分析是一种重要的管理会计工具。它集中考虑企业的成本、销售量和收益之间的综合关系，为企业的经营管理者提供多种经营决策支持。通过对本量利分析的进一步拓展，企业可以更好地了解企业的成本结构、经营风险，以及不同的销售策略等对企业经营业绩的影响，为企业提供有力的决策支持。本量利分析主要涉及五种内在因素：产品的售价；单位变动成本；销售数量和销售水平；总的固定成本；产品销售结构。

（一）本量利分析的基本前提假设

①在相关范围内，可将成本按性态划分为变动成本和固定成本两大类。由于变动成本的产生只与相应的业务量的变化有关，在本量利分析模型中，为了方便起见，先简单假设变动成本只与企业生产水平成正相关。对于那些存在复杂的成本结构的企业，也假定有多种不同种类业务量而产生的变动成本都能转化成同生产水平相关。而由于固定成本不随企业业务量的变化而变化，企业必须要弥补这部分成本才有可能获得利润。

②固定成本、单位变动成本、产品售价保持不变，并且与利润具有线性函数关系。这个假设是为了保持本量利分析模型的稳定性。只有在这些条件保持不变的情况下，才能保证所进行的本量利分析是有效的。当然在实际情况中，这些条件未必能充分保证。

③产品产销数量保持一致，即存货保持不变。在实际情况下，企业存货水平的变化，会导致会计计算的存货成本发生变动。这里在假设2的基础上给出存货水平不变的假设，就是为了更好地理解本量利分析模型，而不陷入与实际联系时导致应用脱节的情况中。这里还要说明，其实只要保证了假设2的条件就可以，因为本量利分析的基本模型中集中考虑了销售环节对企业利润的影响；但是随着讨论的进一步深入，由生产引发的成本结构的变化成为本量利分析模型的一项重要的内容。

④对于多产品情形，产品生产组合和销售结构不变。在企业存在多种产品的情况下，产品的生产组合和销售结构都是经常变动的，这使企业综合变动成本经

常变动。因此，这个假设是十分必要的，为本量利分析在多产品的企业中展开讨论提供了可靠的保证。

⑤假定不存在企业所得税，不考虑企业的融资成本。这里假定不存在企业所得税，一是为了讨论方便，二是企业所得税也仅仅影响企业的净利润，通过简单的数学变化，就可以消除其对本量利分析产生的影响。而融资成本是由企业财务活动和财务政策产生，同生产经营的关系不直接。同时，融资成本由于具体的融资方式的不同，可以简单地分为债务融资成本和权益融资成本，前者可以作为一种固定成本来考虑，后者则是净利润形成之后的问题。因此，为了简化讨论过程，这里也就不考虑企业的融资成本了。

（二）盈亏临界点分析

盈亏临界点也是建立在本—量—利分析所遵循的假定之上的。盈亏临界点也称为盈亏分歧点、保本点、两平点等，即指利润为零时的销售量或销售额；盈亏临界点分析是本量利分析的基础，企业在规划目标利润、控制利润完成情况、估计经营风险时都要利用盈亏临界点。盈亏临界点分析是在研究成本、销售收入与利润三者之间相互联系的基础上进行的。

1. 盈亏临界点的基本计算模型

盈亏临界点分析是以成本形态分析和变动成本方法为基础的，在变动成本法下。利润 = 销售收入 – 变动成本 – 固定成本。盈亏临界点就是使利润等于零的销售量。

销售收入 = 变动成本 + 固定成本（盈亏临界点的基本计算模型）

公式可演变为：盈亏临界销售量 = 固定成本 ÷（单价 – 单位变动成本）

盈亏临界点状态意味着企业当期销售量下的贡献毛益刚好全部为固定成本所抵销。只有当销售量超过盈亏临界点销售量，其超出部分所提供的贡献毛益才能形成企业的利润。显然，超出部分越大，企业实现的利润也就越多，经营也就越安全。

2. 相关因素变动对盈亏临界点的影响

盈亏临界点主要受销售价格的影响，销售价格提高，使盈亏临界点降低或盈利增加；销售价格降低，使盈亏临界点上升或利润减少，详细因素分析如下：

（1）销售价格变动的影响。

产品的销售价格是影响企业盈亏临界点最敏感的因素。价格提高意味着企业用较少产品销售提供的贡献毛益就可以弥补固定成本。如果销售量不变，企业会取得更多的利润。同理，降低销售价格则意味会导致盈亏临界点提高。

（2）单位变动成本变动的影响。

单位变动成本的变化对盈亏临界点的影响仅次于产品销售价格。在其他条件保持不变的情况下，单位变动成本降低。单位贡献毛益或产品贡献毛益率就会提高，盈亏临界点就会下降；反之单位变动成本增加，单位贡献毛益或产品的贡献毛益率就会降低，盈亏临界点就会上升。

（3）固定成本变动的影响。

固定成本的高低与企业经营规模直接相关，企业的经营规模越大，固定成本就越高。固定成本总额的升高或降低，对企业盈亏的影响同样也很重要。在确定有关产品的盈亏临界销售量时，如果其他因素保持不变，固定成本总额上升会使盈亏临界点上升。如果销售量不变，利润减少；反之，盈亏临界点就会相应降低，利润增加。

（三）本量利分析的基本结论

①销售总成本已定的情况下，盈亏临界点的高低取决于单位售价的高低。单位售价越高，盈亏临界点越低；单位售价越低，盈亏临界越高。

②在销售收入已定的情况下，盈亏临界点的高低取决于固定传统式本量利关系图成本和单位变动成本的高低。固定成本越高，或单位变动成本越高，则盈亏临界点越高；反之，盈亏临界点越低。

③在盈亏临界点不变的前提下，销售量越大，企业实现的利润便越多（或亏损越少）；销售量越小，企业实现的利润便越少（或亏损越多）。

④在销售量不变的前提下，盈亏临界点越低，企业能实现的利润便越多（或亏损越少）；盈亏临界点越高，企业能实现的利润便越少（或亏损越多）。

三、敏感性分析

（一）敏感性分析的定义

敏感性分析是指从定量分析的角度研究有关因素发生某种变化对某一个或一组关键指标影响程度的一种不确定分析技术。其实质是通过逐一改变相关变量数值的方法来解释关键指标受这些因素变动影响大小的规律。在本量利分析中的敏感性分析涉及就数量的变化和各种参数（价格、单位变动成本和固定成本）的变化提出一系列问题。敏感性因素一般可选择主要参数（如销售收入、经营成本、生产能力、初始投资、寿命期、建设期、达产期等）进行分析。若某参数的小幅度变化能导致经济效果指标的较大变化，则称此参数为敏感性因素，反之则称其为非敏感性因素。

（二）敏感性分析的主要步骤

1. 确定敏感性分析指标

敏感性分析的对象是具体的技术方案及其反映的经济效益。因此，技术方案的某些经济效益评价指标，例如息税前利润、投资回收期、投资收益率、净现值、内部收益率等，都可以作为敏感性分析指标。

2. 计算该技术方案的目标值

一般将在正常状态下的经济效益评价指标数值，作为目标值。

3. 选取不确定因素

在进行敏感性分析时，并不需要对所有的不确定因素都考虑和计算，而应视方案的具体情况选取几个变化可能性较大，并对经济效益目标值影响作用较大的因素。例如，产品售价变动、产量规模变动、投资额变化等；或是建设期缩短，达产期延长等，这些都会对方案的经济效益大小产生影响。

4. 计算不确定因素变动时对分析指标的影响程度

若进行单因素敏感性分析时，则要在固定其他因素的条件下，变动其中一个不确定因素；然后，再变动另一个因素（仍然保持其他因素不变），以此求出某个不确定因素本身对方案效益指标目标值的影响程度。

5. 找出敏感因素

找出敏感因素，进行分析和采取措施，以提高技术方案的抗风险的能力。

（三）敏感性分析的作用

①确定影响项目经济效益的敏感因素。寻找出影响最大、最敏感的主要变量因素，进一步分析、预测或估算其影响程度，找出产生不确定性的根源，采取相应的有效措施。

②计算主要变量因素的变化引起项目经济效益评价指标变动的范围，使决策者全面了解建设项目投资方案可能出现的经济效益变动情况，以减少和避免不利因素的影响，改善和提高项目的投资效果。

③通过各种方案敏感度大小的对比，区别敏感度大或敏感度小的方案，选择敏感度小的，即风险小的项目做投资方案。

④通过对可能出现的最有利与最不利的经济效益变动范围的分析，为投资决策者预测可能出现的风险程度，并对原方案采取某些控制措施或寻找可替代方案，为最后确定可行的投资方案提供可靠的决策依据。

（四）敏感性分析的应用

①确定具体经济效益评价指标作为敏感性分析的对象评价一个项目的经济效益指标有多个，如净现值、净年值、内部收益率、投资回收期，等等。但对于某个具体的项目而言，没有必要对所有的指标都作敏感性分析，因为不同的项目有不同的特点和要求。选择的原则有两点：一是敏感性分析的指标应与确定性分析的指标相一致；二是确定性经济分析中所用指标比较多时，应选择最能够反映该项目经济效益、最能够反映该项目经济合理与否的一个或几个最重要的指标作为敏感性分析的对象。一般最常用的敏感性分析的指标是内部收益率和净现值等动态指标。本书采用净现值作为敏感性分析的指标。

②选择需要分析的不确定因素。影响电网规划方案经济性的不确定因素很

多，严格说来，几乎所有影响规划项目决策的因素都带有某种程度的不确定性，但事实上并不需要对所有的不确定因素都进行敏感性分析。因为，有些因素虽然具有不确定性，但对经济效益的影响很小。一般来说，可以遵循以下原则：找出那些在成本、收益构成中所占比重较大以及其他预计可能会对规划项目经济效果评价指标有较大影响的，同时又是在整个规划项目寿命周期内有可能发生较大变动或者在确定性分析中采用的该因素的数据准确性较差的因素，作为敏感性因素。经过分析可知，一般对电网规划方案经济性影响较大的因素有：电价、固定资产投资以及电网运行成本，等等。

③确定经济效果评价指标对各种敏感性因素的敏感程度。电网规划方案经济性对不确定因素的敏感程度可以表示为：某种因素或多种因素同时变化时，导致经济效果评价指标的变化程度。常用的计算方法是，假定除敏感性因素外，其他因素是固定不变的，然后根据敏感性因素的变动，重新计算有关的经济效果评价指标，与原指标值进行对比，得出变化的程度，这样即可得出该指标对该不确定因素的敏感程度。

④通过分析比较找出项目的最敏感因素。根据上一步的计算分析结果，对每种敏感性因素在同一变化幅度下引起的同一经济效果评价指标的不同变化幅度进行比较，选择其中导致变化幅度最大的因素为最敏感因素；导致变化幅度最小的因素为不敏感因素。

四、边际贡献分析

（一）边际贡献分析的定义

边际分析法是考察事物运动变化规律的一种方法。它从数字分析角度研究事物发展变化过程中自变量发生微量小的变化而引起的因变量的变化幅度。边际贡献表示销售收入减去变动费用后剩余的金额，它通过将收入减去所有随产量变化的产出成本而计算得出。

①采用边际贡献法计算的营业利润 $OI = (USP \times Q) - (UVC \times Q) - FC$

其中：USP = 单位售价；

Q = 销售数量；

UVC = 单位变动成本；

FC = 固定成本；

OI = 营业利润；

UCM = 单位边际贡献（USP – UVC）。

②设营业利润为零，在边际贡献法中代入数字，本例中盈亏平衡点的计算如下：

$$盈亏平衡点（单位）= FC/UCM$$

③边际贡献可以通过百分比而不是单位产品贡献的金额来表示。边际贡献百分比（也称为边际贡献率或 CMR）可以通过两种方式来计算。边际贡献百分比通常用单位边际贡献除以售价来计算。

$$边际贡献百分比＝单位边际贡献（UCM）／销售价格$$
$$边际贡献百分比＝边际贡献／总收入$$

（二）边际分析与短期经营决策分析

管理会计的短期经营决策是假定企业在不增加新的生产能力的情况下，对那些能以当年的营业收入补偿当年的营业支出的有关经济活动进行的决策。短期经营决策分析所采用的方法主要是差量分析法。差量分析是由差量收入和差量成本两个因素构成的。企业如因增加产量而引起的收入和成本增加，既是边际收入和边际成本，又是差量收入和差量成本，此时它们是一致的。差量成本是两个备选方案的成本差额，也是边际成本的一种特殊表现形式。在管理会计中任何用于经营决策分析的信息或资料都必须是相关的，也就是说，用于经营决策分析的资料必须反映和影响决策活动，能表现出决策的特征，能指出各备选方案之间的差别，具有导致备选方案产生差别的能力。如果不是这样，每个方案都是相同的，那又何以决策呢？边际值对经营决策分析具有密切的相关性，边际值分析法用于经营决策具有重要的意义。长期以来，我们惯用的不是边际值分析法而是平均值分析法。例如，某企业过去一年内生产甲产品 10 万件，耗去包括材料、人工、折旧等在内的全部成本为 100 万元，于是得出每件甲产品的成本为 10 元，这是一种平均值分析法。这种简单的计算方法被广泛应用于我国的经济建设中。而边际值的含义是，一年内甲产品成本每件 10 元，请问刚刚过去的那几个小时生产的甲产品成本是多少？此时对成本的计算不再是拿过去几个小时和过去一年加在一起总平均计算，而是仅仅指过去一小段时间内发生的成本。由于折旧等固定成本并非发生于刚才的过去，而是早已发生过的，所以它与过去几小时生产的产品成本并无直接联系，边际成本中只包括了直接与产品产量有关的成本，如材料、燃料等。我们用刚刚过去的一小段时间内发生的成本作为决策的依据要比以过去一年内发生的成本作为决策依据要可靠得多。边际分析法可以提供平均分析法所不能提供的最新信息。管理会计短期经营决策中，能否接受追加订货的决策，零部件是自制还是外购的决策，半成品、联产品是否进一步加工的决策，亏损产品应否停产的决策等都体现了边际值用于决策的思想。

在市场经济条件下，边际分析法还可以以企业最终产量和最优价格来确定。企业可以根据边际成本等于价格这一原则来确定最佳产出、最优价格和最大利润，当某项产品的边际成本处于上升阶段时，再多生产一件产品，其成本比市场价格高时，企业将因此蒙受损失。当边际成本低于市场价格时，企业还应增加产量，以获取最大的利润，直到边际成本等于价格时为止。我们的企业领导人和会计师如果能重视学习和应用这种方法，进行预测和决策分析，对企业的边际成本曲线进行研究，对企业扭转亏损，增加盈利必将大有好处。

（三）边际分析与长期投资决策分析

长期投资决策是指那些产生报酬的期间超过一年，而且需要投入大量资金的决策，也称为资本支出决策。这种决策适应于企业生产经营的长远需要，它不能以当年的收入补偿当年的支出，表现了企业生产能力的扩大。长期投资决策与西方经济学中的规模经济问题相联系。规模经济是指规模增大使企业得到的好处，与之相对应的是规模不经济，即规模增大使企业受到的损失。根据西方经济学的理论，企业规模的扩大，生产能力的增加，使企业生产能力的成本也随着增加，在开始的阶段，企业规模的增加与生产能力的成本增加基本上是同比例的，但是与企业规模达到某个限度后，再扩大规模，单位生产能力的成本将有可能降低，也就是说，企业规模再扩大，而生产能力的成本增加就不会那么多了。这就是规模经济。规模经济表现了生产要素不可分性。在批量生产中总有一个固定成本，生产量越大，每件产品分担的固定成本越低，规模经济最终体现了社会分工发展和技术进步引起劳动生产率的提高。企业规模扩大可以带来规模收益的增加，也可以带来规模收益的不变或减少。它并非必然带来收益的增加。要达到在扩大生产规模时提高规模收益的目的，从企业内部看，必须更加注意内部的合理分工，更加节约生产要素的使用，减少管理人员在职工总数中的比例，节约各项管理费用的开支，等等。只有这样才能体现规模经济，使规模收益获得递增。如果企业规模扩大后，管理效率降低，各项管理费用增加等，这些都是规模不经济的表现。规模不经济使企业规模收益递减。管理会计的长期投资决策分析，对投资效果评价的种种方法体现了规模经济这一基本思想。将投资项目取舍的标准建立在投资必须产生一个更大的报酬基础上。净现值法、现值指数法和内含报酬率法等考虑货币时间价值的决策方法都是为了使投资的未来收益计算更准确一些。

在现实的经济生活中，许多企业热衷于外延的强力扩张，在扩大企业规模时，根本不考虑有关成本和收益的变动情况，不重视企业内部的管理工作。有的过分相信国外资本的力量，以为只要搞了中外合资就会带来管理的自动加强，经济效益的自动增长。事实上这些盲目地扩大规模而不重视内部管理的企业，在运行中暴露的问题会越来越多。因此，企业在进行长期投资决策中，应结合实际，考虑到规模扩大生产能力增加时，单位生产能力成本的变动和规模收益的变动情况。

五、标杆管理

（一）标杆管理的概念

标杆管理（bench marking management），也被称为基准管理或对标管理，它最早出现是在 20 世纪 70 年代末，标杆管理一词的本义及引申义都来自土地测量员的术语，其中，标杆（bench mark）就是指在岩石、墙壁或建筑物上所做的特殊记号。标杆的功能就是选取一个参照点，以便确定观测者在地形观察和潮汐观测中的位置或高度。广义而言，标杆是指进行测量的基准点或可供参照的标准。20 世纪 70 年代，标杆的含义已经超出了测量参照点这个技术范畴。它进入了商业词典，开始指通过相互对比进行业绩衡量的过程。80 年代初，施乐公司成为商业标杆管理流程的领导者，把标杆管理狭义地界定为一家公司与其主要竞争者之间进行的比较。施乐公司前首席执行官戴维·卡恩斯曾说："标杆管理是指以最强大的竞争者或者公认的行业领导者为基准，持续不断地度量自身的产品、服务和做法。"80 年代，对标杆管理的定义在范围和侧重点上都有所发展。人们的主要兴趣不再集中于寻找业绩度量的尺度或标准，而是开始通过将自身和其他公司进行比较来实现超越。不同的标杆管理从业者对此给出了不同的定义。

杆管理又称"基准管理"，其本质是不断寻找最佳实践，以此为基准不断地"测量分析与持续改进"，通俗地说，标杆管理就是一个确立具体先进榜样，解剖其各个指标，不断向其学习，发现并解决企业自身的问题，最终赶上和超过它的一个持续渐进的学习、变革和创新的过程。标杆管理法是美国施乐公司于 1979 年创造，标杆管理就是要寻找能够带来超常业绩的行业最佳做法。标杆管理理论的创始人罗伯特·C. 坎普（施乐公司经理人员、施乐公司顶尖的标杆管理专家）在其著作《标杆管理：寻找行业最佳做法》中给出了定义，其在《标杆瞄准——寻找产生卓越业绩的行业最佳管理实践》一书中也提出了对标管理的五阶段划分法，即"计划—分析—整合—行动—完成"。并且通过一个大型制造企业物流改善的实例，说明了如何应用标杆管理确定最佳的经营活动，整合资源、采取有效的行动以及完成实施，从而提高企业经营业绩或改善效率。目前，标杆管理已经形成了一套比较科学的工作程序和方法，标杆管理主要依据 PDCA 管理原则，实现计划、实施、检查、行动循环开展，不对深化对标工作，实现管理流程、方法和标准的持续改进。

（二）标杆管理的分类

标杆管理可以分为内部标杆管理、外部标杆管理、职能标杆管理和流程标杆管理。

（1）按照对标的对象的不同，标杆管理可以分为内部标杆管理、竞争标杆管理、职能标杆管理、流程标杆管理。

①内部标杆管理，是指在企业内部选定"标杆"，通常是内部的部门或者是业务相近的各单元之间进行对标分析。它是目前最简单且容易操作的标杆管理方式之一。通过内部标杆的选定过程，可以辨识优秀绩效的标准，从而做到企业内信息分享及共享。内部标杆管理展示企业内部发展的不均衡状况，是实现落后赶超先进的有效手段。主要适用于大型的企业集团或者跨国公司，但其缺点也比较

明显，主要是会被企业自身的能力和资源所限制，无法以更广阔的视角来进行业务突破，在实现创新性拓展方面具有一定的局限性。

②竞争标杆管理，也称外部标杆管理，是在行业内或竞争对手之间开展标杆管理。竞争标杆管理是明确企业在行业中的位置及目标的重要抓手。该种标杆管理虽然能够及时地发现一些大型企业和集团内部存在的共性问题，但其最大的缺点是数据的获取比较困难，而且成本相对昂贵。

③职能标杆管理，一般选取行业中的优秀公司的优良智能进行对标，既可以是同行业内的，也可以是跨行业的。如沃尔玛的物流职能曾一度成为全球所有公司对标和借鉴的典范。

④流程标杆管理，它一般要求企业对整个工作流程和操作有十分详细的了解和把握，能够甄别出造成流程差异的根本原因。

（2）根据标杆管理的具体形式和其作用范围的不同，将标杆管理划分为战略标杆管理与业务能力标杆管理。战略性标杆管理主要是在企业主要经营领域中进行的标杆管理，通过寻找同一领域中的成功公司作为典范，学习其成功的战略与商务模式来改善自身；业务能力标杆管理是指在企业既有的经营发展战略蓝图下，开展某项或多项业务能力的对标活动，通过对比人员、流程、工艺技术等，寻找到最佳操作的方法。战略标杆管理的结果能够直接指导一个企业的经营策略的拟订或者调整；而业务能力标杆的管理则能帮助企业将经营策略更有效地执行与落实。

在具体的标杆管理实践活动中，通常不会只是其中的一种标杆管理，往往是上述几种标杆管理活动的组合。

（三）标杆管理的流程及步骤

1. 标杆管理的流程

（1）第一阶段：计划。

第一步是要明确标杆内容，该步骤主要是明确此次标杆管理活动的内容，提出关键问题。

第二步是进行标杆选择，寻找的范围应该包括竞争对手以及其他有潜力的公司，既可以是统一行业内也可以是跨行业企业中相近的一个部门，选择过程中要关注可比性及可学习性。

第三步是收集资料和数据，这一步骤的前提是设计一套合理科学的指标体系，以使得收集的资料可以系统性、定量地反映所要标杆的内容。

（2）第二阶段：分析。

第四步是分析差距，即通过收集和整理的资料及数据，进行比较分析，确定企业目前所采取的管理方法或者资源与标杆企业之间存在的差距。

第五步是拟定绩效目标，即在差距分析的基础上，拟定未来要实现的目标，明确要向标杆企业学习和改善的内容和目标，以提升自身。

（3）第三阶段：整合。

第六步，将上述活动中获得的结论和进展与全体员工进行交流和意见征询，以获得员工的一致认同，为后续行动做好宣传和动员。

第七步，根据上一步收集的意见和信息，修正和改进方案。

（4）第四阶段：行动。

第八步，制订具体的行动方案，包括明确具体的计划、详尽的安排、科学合理的实施步骤以及技术支持等，明确后续"干什么"和"怎么干"。

第九步，按照行动方案进行具体执行和落地。

（5）第五阶段：完成。

第十步，通过一系列的学习和变革，企业在标杆内容的所属领域内获得了与标杆企业相同甚至超越对方的竞争实力，此项标杆管理活动宣布完成。

2. 标杆管理的实施要点

组织内需要对比分析的内容，是进行一项标杆管理活动的起点，同时也决定着后续工作的内容和效果，在整个标杆管理活动中具有举足轻重的地位，是每个不同组织的通用程序。从当前国际知名企业或组织的对标应用来看，国际对标往往结合实践要求以及平衡计分卡等理论，依据 PDCA 管理原则循环模式，实现计划、实施、检查、行动循环滚动开展，不断深化对标工作，实现管理流程、方法和标准的持续改进。

所谓 PDCA 管理原则，即是计划（plan）、实施（do）、检查（check）、行动（action）的英文首字母组合。无论哪一项工作都离不开 PDCA 管理原则的循环，每一项工作都需要经过计划、执行、检查、对计划进行调整并不断行动这四个过程，这是一个有效控制管理过程和工作质量的工具。采用 PDCA 管理原则可以使企业的管理向良性循环的方向发展，通过实施并运用，可以更加有效地驾驭工作。

①P（计划）：从问题的定文到行动计划；

②D（实施）：实施行动计划；

③C（检查）：评估结果；

④A（处理）：标准化和进一步推广。

PDCA 管理原则可以促进形成更加条理化、系统化、图像化和标准化的工作方法和实施进程。它具有以下特点：环环相扣，环环相促，不断推动大循环；同时 PDCA 管理原则是楼梯式的上升循环，该环每转动一周，质量就提高一点；PDCA 管理原则是综合性循环，四个过程是相对的，它们之间不是泾渭分明的。

结合标杆管理的理论及 PDCA 管理原则的原理和步骤，总结标杆管理的特征如下：

第一，标杆管理是一个持续改进的过程。标杆管理作为一种寻求并引进最佳实践以提高企业绩效的流程，要求企业在模仿和模拟的基础上，根据自身实际情况，因地制宜，重新思考和设计经营实践，从而在现有基础上获得突破。因此，它不是一种简单的模仿，而是要通过模仿进行不断学习，从而达到创新的最终目的。其本身是一个动态、连续、递进的过程。标杆分析必须是一种连续起作用的管理过程，只有不断循环改正，才会达到螺旋上升的效果。

第二，标杆管理是比较分析和衡量的过程。比较分析包含定性分析、定量分析，以及两者相结合的分析方法，即将企业自身的经营管理活动或绩效情况与行业最佳者进行对比，从而发现双方的明显差异。衡量则是将经营活动转化为具体、可量化的指标，从而真实客观地反映企业绩效，并将其作为标杆使用的基准数据指标体系。标杆管理通过学习来解决创新问题，通过比较来解决效率问题。标杆管理在西方管理学中被称为标杆基准，用中国式的语言可描述为"比学赶帮超"。

第三，标杆管理表现为企业经营管理的一系列实践活动。标杆分析应用的范围很广，可以涉及企业的各个方面。其从外部分析入手，以内部改进为目的。这样从外部到内部的分析路径、思维方式，可使企业完成过去认为难以实现的改进目标，具有转变管理者思维模式和视角的作用。

根据以上标杆管理理论及内涵，结合 PDCA 管理原则，可以将标杆管理的实施归纳为以下几个步骤：

①计划和准备。该阶段需要确定进行标杆管理的目标，以及选择标杆对象的标准，并开始进行初步的资料收集及数据整理。在确定标杆管理的目标时，需要找出标杆主体的需求，并结合该需求来确定企业需要进行何种对标。

②对比和分析。该阶段主要是对处理后的定性等数据及资料进行相互对比，并分析造成差异背后的原因。

③实施改善方案。针对分析后找到的根源，结合企业实际情况，制定改善、优化的方案，并实际执行。

④评估和改进。主要是对实施方案后的效果进行定期评估和跟进，如效果偏离预期情况，适时进行改进和提高。

第四节　管理会计在投融资管理领域的应用

一、投融资管理概述

（一）投融资管理的内涵

投融资管理包括投资管理和融资管理。投资管理，是指企业根据自身战略发展规划，以企业价值最大化为目标，对将资金投入营运进行的管理活动。融资管理，是指企业为实现既定的战略目标，在风险匹配的原则下，对通过一定的融资方式和渠道筹集资金进行的管理活动。企业融资的规模、期限、结构等应与经营活动、投资活动等的需要相匹配。

（二）投融资管理的原则

企业进行投融资管理，一般应遵循以下原则：

1. 价值创造原则

投融资管理应以持续创造企业价值为核心。

2. 战略导向原则

投融资管理应符合企业发展战略与规划，与企业战略布局和结构调整方向相一致。

3. 风险匹配原则

投融资管理应确保投融资对象的风险状况与企业的风险综合承受能力相匹配。

（三）投融资管理领域的管理会计工具及应用

投融资管理领域应用的管理会计工具方法，一般包括贴现现金流法、项目管理、情景分析、约束资源优化等。

（四）投资管理程序

企业应建立健全投资管理的制度体系，根据组织架构特点，设置能够满足投资管理活动所需的，由业务、财务、法律及审计等相关人员组成的投资委员会或类似决策机构，对重大投资事项和投资制度建设等进行审核，有条件的企业可以设置投资管理机构，组织开展投资管理工作。

企业应用投资管理工具方法，一般按照制订投资计划、进行投资可行性分析、投资实施过程控制和投资后评价等程序进行。

1. 投资计划

企业投资管理机构应根据战略需要，定期编制中长期投资规划，并据此编制年度投资计划。

中长期投资规划一般应明确指导思想、战略目标、投资规模、投资结构等。年度投资计划一般包括编制依据、年度投资任务、年度投资任务执行计划、投资项目的类别及名称、各项目投资额的估算及资金来源构成等，并纳入企业预算管理。

2. 投资可行性分析

投资可行性分析的内容一般包括该投资在技术和经济上的可行性、可能产生的经济效益和社会效益、可以预测的投资风险、投资落实的各项保障条件等。

3. 投资实施过程控制

企业进行投资管理，应当将投资控制贯穿于投资的实施全过程。投资控制的主要内容一般包括进度控制、财务控制、变更控制等。进度控制，是指对投资实际执行进度方面的规范与控制，主要由投资执行部门负责。财务控制，是指对投资过程中资金使用、成本控制等方面的规范与控制，主要由财务部门负责。变更控制，是指对投资变更方面的规范与控制，主要由投资管理部门负责。

4. 投资后评价

投资项目实施完成后，企业应对照项目可行性分析和投资计划组织开展投资后评价。投资后评价的主要内容一般包括投资过程回顾、投资绩效和影响评价、投资目标实现程度和持续能力评价、经验教训和对策建议等。

5. 编制投资报告

投资报告应根据投资管理的情况和执行结果编制，反映企业投资管理的实施情况。投资报告主要包括两部分内容：一是投资管理的情况说明，一般包括投资对象、投资额度、投资结构、投资风险、投资进度、投资效益及需要说明的其他重大事项等。二是投资管理建议，可以根据需要以附件形式提供支持性文档。

投资报告是重要的管理会计报告，应确保内容真实、数据可靠、分析客观、结论清楚，为报告使用者提供满足决策需要的信息。企业可定期编制投资报告，反映一定期间内投资管理的总体情况，一般至少应于每个会计年度编制一份；也可根据需要编制不定期投资报告，主要用于反映重要项目节点、特殊事项和特定项目的投资管理情况。企业应及时进行回顾和分析，检查和评估投资管理的实施效果，不断优化投资管理流程，改进投资管理工作。

（五）融资管理程序

企业应建立健全融资管理的制度体系，融资管理一般采取审批制。企业应设置满足融资管理所需的，由业务、财务、法律及审计等相关人员组成的融资委员会或类似决策机构，对重大融资事项和融资管理制度等进行审批，并设置专门归口管理部门牵头负责融资管理工作。

企业应用融资管理工具方法，一般按照融资计划制订、融资决策分析、融资方案的实施与调整、融资管理分析等程序进行。

1. 制订融资计划

企业对融资安排应实行年度统筹、季度平衡、月度执行的管理方式，根据战略需要、业务计划和经营状况，预测现金流量，统筹各项收支，编制年度融资计划，并据此分解至季度和月度融资计划。必要时根据特定项目的需要，编制专项融资计划。

年度融资计划的内容一般包括编制依据、融资规模、融资方式、资本成本等；季度和月度融资计划的内容一般包括年度经营计划、企业经营情况和项目进展水平、资金周转水平、融资方式、资本成本等。企业融资计划可作为预算管理的一部分，纳入企业预算管理。

2. 融资决策分析

融资决策分析的内容一般包括资本结构、资本成本、融资用途、融资规模、融资方式、融资机构的选择依据、偿付能力、融资潜在风险和应对措施、还款计划等。

3. 融资方案的实施与调整

企业应根据融资决策分析的结果编制融资方案，融资方案经审批通过后，进入实施阶段，一般由归口管理部门具体负责落实。如果融资活动受阻或者融资量无法达到融资需求目标，归口管理部门应及时对融资方案进行调整，数额较大时应按照融资管理程序重新报请融资委员会或类似决策机构审批。

4. 融资管理分析

企业融资完成后，应对融资进行统一管理，必要时应建立融资管理台账。企业应定期进行融资管理分析，内容一般包括还款计划、还款期限、资本成本、偿付能力、融资潜在风险和应对措施等。还款计划应纳入预算管理，以确保按期偿还融资。

5. 编制融资报告

融资报告应根据融资管理的执行结果编制，反映企业融资管理的情况和执行结果。融资报告主要包括融资管理的情况说明和融资管理建议两个部分。融资管理情况说明通常包括融资需求测算、融资渠道、融资方式、融资成本、融资程序、融资风险及应对措施、需要说明的重大事项等。融资管理建议则可以根据需要以附件形式提供支持性文档。

融资报告是重要的管理会计报告，应确保内容真实、数据可靠、分析客观、结论清楚，为报告使用者提供满足决策需要的信息。企业可定期编制融资报告，反映一定期间内融资管理的总体情况，一般至少应于每个会计年度出具一份；也可根据需要编制不定期报告，主要用于反映特殊事项和特定项目的融资管理情况。

企业应及时进行融资管理回顾和分析，检查和评估融资管理的实施效果，不断优化融资管理流程，改进融资管理工作。

二、贴现现金流法

（一）贴现现金流法的定义

贴现现金流法（DCF）也被称为贴现现金流量估价法，这一方法的技术基础是货币时间价值。按照贴现现金流量法，企业价值是未来期望现金流量的现值。现金流量是企业价值的最终源泉。按照经济学的分析，投资者进行投资的时候，意味着其推迟了现在的即时消费而着眼于未来的消费。一项资产（或者是企业）之所以有价值，就是因为它具备提供未来现金流量的能力。目前，在西方国家，贴现现金流法是企业价值评估中使用最为广泛的方法，它从企业整体营利能力出发，通过将企业未来现金流量折现的方式，来确定企业的现时价值。

（二）几种常见的 DCF 方法

1. 净现值法（NPV）

使用特定贴现率将所有初始投资后的净现金流折算为初始投资时的现值。NPV 强调投资时的金额。在评估资本预算项目时，应优先采用 NPV 法。NPV 法与最大化股东财富的目标相一致。股东财富是以加权平均资本成本贴现的公司作为未来现金流的净现值（NPV）。

确定资本项目 NPV 的步骤：第一步确定每年的净现金流；第二步确认必要报酬率；第三步根据第二步中的必要报酬率确定每年的贴现系数（使用恰当的现值表）；第四步确定净现金流的现值，将第一步与第三步中的数值相乘；第五步将第四步中该项投资各年净现金流的现值加总；第六步减去初始投资金额。

NPV 为正的项目可以接受，因其增加了企业价值。NPV 为负的项目意味着，从现值意义上讲，企业赚得的回报率低于必要报酬率。然而，NPV 为正并非意味着该项目是企业最好的可能投资方案。NPV 为正只意味着该投资所赚得的回报率高于企业的必要报酬率。但其他投资机会也许能提供更好的回报。

2. 内含报酬率法（IRR）

在使用 IRR 时，通常会估计一个贴现率，在该贴现率下，所有初始投资后的净现金流的现值等于投资的初始现金支出。IRR 使用该贴现率即内含报酬率与必要报酬率进行比较。

内含报酬率法包含两个基本步骤：第一步确定使净现金流的现值等于初始投资额的回报率；第二步比较该估计回报率和企业的必要报酬率（取舍分界标准）以评价投资的可行性。

需要注意的是，IRR 法具有两点局限性：一是 IRR 法假设公司会将资本预算项目中赚得的现金流进行再投资，再投资利率等于 IRR，这一假设不可能永远正确。二是如果初始投资之外的某一笔现金流为负，该资本预算项目将具有多个IRR。

3. NPV 法和 IRR 法的比较

（1）相同点。

NPV 法和 IRR 法对项目的风险或不确定性具有相同的基本假设前提；并且这些假设前提都建立在估计的基础上，其中一些很难事先作出估计。所作出的估计越精确，NPV 法和 IRR 法就越准确。NPV 法和 IRR 法都考虑到了货币时间价值、初始现金投资、初始投资后的所有现金流。

（2）不同点。

一是 NPV 的最终结果是数量，而 IRR 的最终结果是百分比。就这一点而言，净现值法占优势，因为单个项目的 NPV 值可以相加，从而能评价接受某种可能的项目组合所产生的效果。而 IRR 法得到的是百分比，多个项目的 IRR 不能相加或求平均值，从而无法评价由多个资本投资项目构成的组合。这种情况下，优先选择由内含报酬率最高的项目构成的组合。

二是如果被评估的项目在项目期限内的必要报酬率不断变化，则 NPV 法很有用。为评价项目的吸引力，可以确定现金流入的总现值并与总初始投资相比较。同样，这里无法使用 IRR 法来推断项目是否具有吸引力。各年的必要报酬率不同，意味着没有单一回报率或单一 IRR 值供参考。这导致在对可行的资本预算项目排序时会出现不同的结果。当净现金流入和净现金流出交替发生时，NPV 法比 IRR 法更可靠，因为 NPV 法能使股东财富最大化。

三是 NPV 法和 IRR 法具有不同的再投资回报率假设。NPV 法隐含的假设前提是，企业能以必要报酬率对所有现金流入进行再投资。与此相反，IRR 法隐含的假设前提是，企业能以 IRR 对所有现金流入进行再投资。一般认为，NPV 法的再投资回报率假设更为合理。

三、项目管理

（一）项目管理的定义

项目管理，就是项目的管理者，在有限的资源约束下，运用系统的观点、方法和理论，对项目涉及的全部工作进行有效地管理。即从项目的投资决策开始到项目结束的全过程进行计划、组织、指挥、协调、控制和评价，以实现项目的目标。

（二）项目管理的主要内容

1. 项目范围管理

项目范围管理是指为了实现项目的目标，对项目的工作内容进行控制的管理过程，包括范围的界定、范围的规划、范围的调整等。

2. 项目时间管理

项目时间管理是指为了确保项目最终的按时完成的一系列管理过程，包括具体活动界定、活动排序、时间估计、进度安排及时间控制等各项工作。很多人把 GTD（getting things done）时间管理引入其中，大幅度提高工作效率。

3. 项目成本管理

项目成本管理是指为了保证完成项目的实际成本、费用不超过预算成本、费用的管理过程。它包括资源的配置，成本、费用的预算以及费用的控制等项工作。

4. 项目质量管理

项目质量管理是指为了确保项目达到客户所规定的质量要求所实施的一系列管理过程，包括质量规划、质量控制和质量保证等。

5. 项目人力资源管理

项目人力资源管理是指为了保证所有项目关系人的能力和积极性都得到最有

效地发挥和利用所做的一系列管理措施，包括组织的规划、团队的建设、人员的选聘和项目的班子建设等一系列工作。

6. 项目沟通管理

项目沟通管理是指为了确保项目信息的合理收集和传输所需要实施的一系列措施，包括沟通规划、信息传输和进度报告等。

7. 项目风险管理

项目风险管理是指涉及项目可能遇到各种不确定因素，包括风险识别、风险量化、制订对策和风险控制等。

8. 项目采购管理

项目采购管理是指为了从项目实施组织之外获得所需资源或服务所采取的一系列管理措施，包括采购计划、采购与征购、资源的选择以及合同的管理等项目工作。

9. 项目集成管理

项目集成管理是指为确保项目各项工作能够有机地协调和配合所展开的综合性和全局性的项目管理工作和过程，包括项目集成计划的制订、项目集成计划的实施、项目变动的总体控制等。

10. 项目干系人管理

项目干系人管理是指对项目干系人需要、希望和期望的识别，并通过沟通上的管理来满足其需要、解决其问题的过程。项目干系人管理将会赢得更多人的支持，从而能够确保项目取得成功。

（三）项目管理的特性

1. 普遍性

项目作为一种一次性和独特性的社会活动而普遍存在于我们人类社会的各项活动之中，甚至可以说是人类现有的各种物质文化成果最初都是通过项目的方式实现的，因为现有各种运营所依靠的设施与条件最初都是靠项目活动建设或开发的。

2. 目的性

项目管理的目的性要通过开展项目管理活动去保证满足或超越项目有关各方面明确提出的项目目标或指标和满足项目有关各方未明确规定的潜在需求和追求。

3. 独特性

项目管理的独特性是项目管理不同于一般的企业生产运营管理，也不同于常规的政府和独特的管理内容，是一种完全不同的管理活动。

4. 集成性

项目管理的集成性是项目的管理中必须根据具体项目各要素或各专业之间的配置关系做好集成性的管理，而不能孤立地开展项目各个专业或专业的独立管理。

5. 创新性

项目管理的创新性包括两层含义：其一是指项目管理是对于创新（项目所包含的创新之处）的管理，其二是指任何一个项目的管理都没有一成不变的模式和方法，都需要通过管理创新去实现对于具体项目的有效管理。

6. 临时性

项目是一种临时性的任务，它要在有限的期限内完成，当项目的基本目标达到时就意味着项目已经寿终正寝，尽管项目所建成的目标也许刚刚开始发挥作用。

四、资本成本分析

企业的资本结构是长期债务与权益的组合。其中，长期债务需偿还利息与本金，权益包括普通股与优先股，权益用于给公司的营运提供资金。资本结构对公司的风险与回报均有影响，并与公司的杠杆率直接相关。

（一）债权资本成本

债权资本成本是指公司利用举债进行融资而导致的成本，一般包括向银行贷款所产生的贷款费用及相关的利息以及由于发行债券所产生的发行费用和支付给债券投资者的利息等。一般情况下，我们在考虑公司的债权资本成本时，没有过多思考短期债务的问题，但是当公司的短期债务维持在一个特定水平时，也应当把短期债务作为公司资本结构的重要组成部分，这意味着应该从长期债务成本中分离出短期债务的估计成本，因为短期债务的利息率和长期债务的利息率是不同的。

（二）股权资本成本

股权资本，顾名思义，是指公司股票所代表的资本，在公司中代表所有者权益。在数量上等于公司的资产与负债之间的差额。而且，股票所代表的权利没有到期日，也就是说对发行者来说是永久性权利。公司股票有两种基本形式：优先股票和普通股票。股票持有者无论是普通股票持有者还是优先股票持有者，对发行公司所拥有的优先权都低于其他任何债权人，因此股权资本成本一般要高于债权资本成本。针对公司股票的两种不同形式，股权资本成本的估算也分为对优先股股权成本的估算和对普通股股权成本的估算。

（三）加权平均资本成本

从资本的来源可以看出，资本成本包括债权资本成本和股权资本成本。公司的加权平均资本成本（weighte daverage cost of capital）是指公司以各种资本在公司全部资本中所占的比重为权数对各种资本的成本加权平均计算出来的资本总成本，其计算公式为：

$$WACC = Kd \times Wd + Ke \times We$$

其中，WACC 代表加权平均总成本，Kd 代表债务成本，Ke 代表权益成本，Wd 和 We 分别代表公司债权成本和股权成本的权重。

（四）资本结构与企业风险

债务的增加使用于固定成本利息和债务本金的支付随之增大。考虑到资本结构比率，债务的增加将导致债务权益比率增大，并因此使公司偿付长期债务的能力下降。如果股票的赎回或营运损失造成权益下降，也将导致债务权益比率增大，公司的长期债务偿付能力也会面临更大的风险。如果利润使权益增加，而债务没有相应地增加，这将使债务权益比率下降，并提高公司偿付长期债务的能力。

公司的资本结构与公司的"风险"相关，尤其是破产风险。债务金额的增加会导致公司的资本结构发生恶化，增大公司的破产可能性。这是因为，更多的债务意味着更高的利息支付和本金支付，因此需要有更多的现金流来满足这些偿债要求。对债务较高的公司而言，现金流吃紧意味着更多的风险，因为这些公司仍不得不满足其偿债需要。未能及时偿付债务将导致公司面临破产风险。

公司面临的破产风险越大，债权人要求公司支付的债务利率就越高。这种债务利率被称作公司的"资本成本"。管理层会努力降低资本成本以提高公司的财务杠杆。因此，管理层在管理资本结构及对资本结构的披露方面会尤为小心，因为资本结构会直接影响资本成本，从而会对公司的获利能力产生影响。

（五）资本成本在公司融资决策中的作用

公司在进行融资决策时，会比较不同融资方式所带来的资本成本的不同，同时也会考虑不同融资方式对资本结构的影响，以及融资的便利程度等。综合比较以后，最终决定选择股权融资还是债权融资，还要依据各个具体融资方式所具有的优缺点的不同，权衡利弊，最终确定一种或者几种融资方式。比如说当公司确定选择债务融资后还要在银行借款、租赁、发行债券之间进行比较，这都涉及融资成本的比较和选择。

第五节　管理会计在成本管理领域的应用

一、成本管理概述

（一）成本管理的内涵

成本管理是指企业在营运过程中实施成本预测、成本决策、成本计划、成本控制、成本核算、成本分析和成本考核等一系列管理活动的总称。

（二）成本管理的原则

企业进行成本管理，一般应遵循以下原则：

1. 融合性原则

成本管理应以企业业务模式为基础，将成本管理嵌入业务的各领域、各层次、各环节，实现成本管理责任到人、控制到位、考核严格、目标落实。

2. 适应性原则

成本管理应与企业生产经营特点和目标相适应，尤其要与企业发展战略或竞争战略相适应。

3. 成本效益原则

成本管理应用相关工具方法时，应权衡其为企业带来的收益和付出的成本，避免获得的收益小于其投入的成本。

4. 重要性原则

成本管理应重点关注对成本具有重大影响的项目，对于不具有重要性的项目可以适当简化处理。

（三）成本管理领域的管理会计工具及应用

成本管理领域应用的管理会计工具方法，一般包括目标成本法、标准成本法、变动成本法、作业成本法等。

企业应结合自身的成本管理目标和实际情况，在保证产品的功能和质量的前提下，选择应用适合企业的成本管理工具方法或综合应用不同成本管理工具方法，以更好地实现成本管理的目标。

综合应用不同成本管理工具方法时，应以各成本管理工具方法具体目标的兼容性、资源的共享性、适用对象的差异性、方法的协调性和互补性为前提，通过综合运用成本管理的工具方法实现最大效益。

（四）成本管理的应用环境

企业应根据其内外部环境选择适合的成本管理工具方法。

1. 建立成本管理制度

企业应建立健全成本管理的制度体系，一般包括费用申报制度、定额管理制度、责任成本制度等。

2. 建立成本原始记录

企业应建立健全成本相关原始记录，加强和完善成本数据的收集、记录、传递、汇总和整理工作，确保成本基础信息记录的真实、完整。

3. 加强存货管理

企业应加强存货的计量验收管理，建立存货的计量、验收、领退及清查制度。

4. 信息技术支持

企业应充分利用现代信息技术，规范成本管理流程，提高成本管理的效率。

（五）成本管理的应用程序

企业应用成本管理一般按照事前成本管理、事中成本管理、事后成本管理等程序进行。

1. 事前成本管理

事前成本管理主要是对未来的成本水平及其发展趋势所进行的预测与规划，一般包括成本预测、成本决策和成本计划等步骤。

成本预测是以现有条件为前提，在历史成本资料的基础上，根据未来可能发生的变化，利用科学的方法，对未来的成本水平及其发展趋势进行描述和判断的成本管理活动。

成本决策是在成本预测及有关成本资料的基础上，综合经济效益、质量、效率和规模等指标，运用定性和定量的方法对各个成本方案进行分析并选择最优方案的成本管理活动。

成本计划是以营运计划和有关成本数据、资料为基础，根据成本决策所确定的目标，通过一定的程序，运用一定的方法，针对计划期企业的生产耗费和成本水平进行的具有约束力的成本筹划管理活动。

2. 事中成本管理

事中成本管理主要是对营运过程中发生的成本进行监督和控制，并根据实际情况对成本预算进行必要的修正，即成本控制步骤。

成本控制是成本管理者根据预定的目标，对成本发生和形成过程以及影响成本的各种因素条件施加主动的影响或干预，把实际成本控制在预期目标内的成本管理活动。

3. 事后成本管理

事后成本管理主要是在成本发生之后进行的核算、分析和考核，一般包括成本核算、成本分析和成本考核等步骤。

成本核算是根据成本核算对象，按照国家统一的会计制度和企业管理要求，对营运过程中实际发生的各种耗费按照规定的成本项目进行归集、分配和结转，取得不同成本核算对象的总成本和单位成本，向有关使用者提供成本信息的成本管理活动。

成本分析是利用成本核算提供的成本信息及其他有关资料，分析成本水平与构成的变动情况，查明影响成本变动的各种因素和产生的原因，并采取有效措施控制成本的成本管理活动。

成本考核是对成本计划及其有关指标实际完成情况进行定期总结和评价，并根据考核结果和责任制的落实情况，进行相应奖励和惩罚，以监督和促进企业加强成本管理责任制，提高成本管理水平的成本管理活动。

二、目标成本管理

(一) 目标成本管理的定义

目标成本管理在 20 世纪 50 年代中期出现在美国,是由美国著名管理学家彼得·德鲁克首先提出的,是以泰罗的科学管理和行为科学理论为基础形成的一种现代管理制度。目标成本管理起源于日本,被国外许多企业广泛应用,如奔驰、丰田、松下、东芝、夏普等均运用了目标成本管理法进行成本控制和绩效管理,并取得显著成效。

目标成本管理是指根据企业的经营目标,在成本预测、成本决策、测定目标成本的基础上,进行目标成本的分解、落实、分析控制、考核、评价的一系列成本管理工作。它以管理为核心、核算为手段、效益为目的,对成本进行事前测定、日常控制和事后考核,使成本由少数人核算到多数人管理,成本管理由核算型变为核算管理型。并将产品成本由传统的事后算账发展到事前控制,为各部门控制成本提出了明确的目标,从而形成一个全企业、全过程、全员的多层次、多方位的成本体系,以达到少投入多产出获得最佳经济效益的目的。

目标成本管理作为企业一项重要的经营管理目标,是现代成本概念之一,是目标概念和成本概念的结合和统一,兼有目标属性和成本属性两重属性。作为目标概念,它是目标的一种具体形式,是企业预先确定的在一定时期所要实现的成本目标,即想要达到的成本水平、数值和指标,也是企业成本管理工作的奋斗目标。作为成本概念,它是企业作为奋斗目标和控制指标而预先制订的低于目前成本和经过努力去实现的成本。

(二) 目标成本管理的基本内容

1. 目标的建立

目标的建立主要包括企业总目标的建立和企业分目标的建立。

企业总目标是企业经营思想的具体化。在市场经济条件下,企业同时又是依法具有人和物的要素、以营利为目的从事营业性活动的组织。所谓"以营利为目的"是指企业营业活动以谋取超出资本的利益并分配于投资者为目的。获取利润可以说是绝大部分企业的总目标。

企业分目标的建立。以整体目标为核心,以整体目标的最优化为准绳,在整体目标的指导和制约下,围绕生产和经营进行合理地划分,确定各分系统的目标。在目标分解过程中,按系统论的观点,要建立集中管理体系,做到系统总抓、集中决策、分散管理。企业各级目标都是总目标的一个部分,企业按组织管理的层次进行分解,形成目标连锁体系。目标与目标之间相互关联,彼此呼应,融为一体,构成严密的目标网络体系。

2. 目标成本的制定

预测目标成本要量力而行，坚持当前与长远兼顾的原则。由于一级单位下的指标与二级单位自测的成本必定有一定差距。因此，二级单位在编制成本预算报告时应量力而行，要根据企业及各基层单位的真实情况；在编制工作量计划时，应坚持注重当前兼顾长远的原则。要将近几年的生产工作量衡量一下，同时，在确保当期成本指标完成的前提下，尽可能多地增加一些为企业中长期发展打下基础的成本，确保企业的持续稳定发展。

明确目标成本制订方法。测算目标成本时应实事求是，在准确摸清家底的基础上才能准确、合理地投入工作量，分配成本份额。在预测中，首先应自下而上分系统地提出预期内必须干和应该干的工作量。按照企业的发展计划、现行定额标准和近几年的实际水平，测算出预期内需要花和该花的成本费用，结合实际情况统计汇总形成总成本测算，然后经营管理委员会组织专业人员及相关人员进行认真分析、研究、审议论证。该补充的补充、该删减的删减、该调整的调整，形成总成本概算。一级对二级的成本指标下达后，企业必须将成本概算与总指标进行比较，再进行一次调整，最后形成预期总成本的预算。然后，再按预算路径自上而下进行分解，逐级落实责任成本。这样就可保证预算分解的合理性与准确性。

3. 目标成本的分解

目标成本制定后要将其分解，即按照职能部门和下级单位的职能、责任，在横向上按人分解，在纵向上按物分解。纵向上按物分解主要包括按功能类别、构造类别、成本要素类别分解等。按功能类别分解是指将产品目标成本分解为该产品各功能的目标成本。遵循的原则是首先分解为大功能分域成本，再向中功能分域分解，最后再向小功能分域分解。

4. 目标成本的落实

企业经营管理委员会作为成本管理决策中心，对企业下达的目标成本负总责。首先将总目标成本大致分为变动成本和固定成本，再将变动成本按成本要素分解到各职能部门，再由各职能部门将其所承担的要素成本分解到各级基层，四级单位无法控制的成本由企业直接进行控制。企业主要领导、主管经营的副总对总成本负责；其他分管领导按其分工对其分管的各部门所承担的成本项目负责。经营管理委员会委托某一职能部门对全企业的目标成本进行预算并分解到各项目组、基层。经营管理委员会定期对各项目组、基层单位的成本进行检查与考核。

5. 目标成本的核算

企业财务部门负责目标成本的年度安排布置、文件起草、汇总上报。定期进行统计、核算，列出存在的问题并分析差异，提供绩效考核的依据，让管理层全面了解企业的成本执行及控制情况。各基层单位及二级、三级核算部门负责各自的目标成本的编制、执行，定期汇总上报到企业财务部门。同时，将实际结果与预算的差异进行比较并分析原因，提出整改的措施。

6. 目标成本的控制

目标成本控制是目标成本管理的核心环节。所谓目标成本控制，就是指在成本形成过程中，各部门、个人以低于目标成本为原则的成本活动，并有人专门进行记录，对生产经营过程中的费用进行正确、及时的核算，与目标成本相比较。通过成本控制，可以事先限制各项成本费用的发生，使成本不超出目标。

7. 目标成本的分析与考评

目标成本的定期分析主要是对目标成本与实际成本之间的差异进行分析比较，找出产生这些差异的主客观原因，并在此基础上提出消除不利差异、增加有利差异的建议。通过分析，可以找出各成本项目、各时期成本升降的原因，采取相应措施，遏止成本的增长，并有利于指导下期成本目标管理工作。

目标成本的考评要有完整的成本考核制度和奖罚措施，并且不仅要考核目标成本的完成情况，还要考核控制措施的有效性。主要包括：一是目标成本实现程度的考评，即考核企业所属单位的实际成本与目标成本之间的差异，依此确定责任者的责任，并按此进行奖惩。二是目标成本控制措施有效性的考评，即考核企业所属单位和职能部门及个人为实现目标成本所采取控制措施的有效性，这样才能做到措施得力，使实现目标成本更有保障。

8. 目标成本的激励

所谓激励，是指人类活动的一种内心状态，具有加强和激发动机，推动并引导行为使之朝向预定目标的作用。动机是人们付出努力或精力去满足某一需求或达到某一目的的心理活动。目标成本管理激励的方法主要有：报酬激励、参与目标制订、工作丰富化等。

9. 目标成本的完善

目标成本管理体系建立以后并不是一成不变的，由于现代科学技术的飞速发展和个人素质技能的不断提高，以及目标激励的作用，目标体系也在不断地修订完善之中。否则，企业管理就会变成一潭死水。

10. 目标成本的动态管理

在实际工作中，成本与生产同步发生，成本的消耗是一个动态过程。因此，成本的动态管理存在于生产经营的全过程，建立以财务管理体系为基础，以经营管理体系为补充的事前控制体系，同时不断完善事中控制体系、改进事后控制体系显得尤为重要。

（三）目标成本管理的特点

1. 以人为本

人是管理的核心和动力，没有人的积极性，任何管理工作都不可能搞好。以人为本的成本管理是目标成本管理最重要的特征之一。

2. 严密性

管理的封闭原理告诉我们，管理活动构成连续封闭的回路，对于形成有效的管理活动是非常有利的，它在很大程度上影响着管理效能的高低。在目标成本管理过程中，以预定的效益为目标又以效益目标达成程度为评价工作绩效的依据，"确定目标，层层分解""实施目标，监控考核""评定目标，奖惩兑现"这三大环节形成一个紧密联系的封闭的成本管理系统，为目标成本管理取得高效能创造了重要条件。

3. 未来性

它要求企业的成本管理必须有明确的奋斗目标和控制指标，把成本管理工作的重点放在企业未来成本的降低上，围绕成本的降低扎扎实实地开展成本经营工作，通过对成本发生和费用支出的有效控制，保证成本目标的实现。

4. 前瞻性

它要求企业的成本管理，在事先必须进行成本的科学预测和可行性研究，制定出正确的成本目标，并依据成本目标进行成本决策和目标成本管理，制订最优的成本方案和实施措施，预先考虑到成本变动的趋势和可能发生的情况，提前做好准备和安排，采取妥善的预防性措施，把成本的超支和浪费消灭在发生之前。

5. 全面性

它要求企业的成本管理必须建立在全环节、全过程、全方位和全员参加的成本控制网络上。

6. 系统性

它要求企业在成本管理中，要以系统论的原理来指导成本经营工作。因为目标成本是企业系统整体功能作用发挥的必然结果，要实现目标成本，就要协调好企业内部各子系统、各要素之间的生产关系和人际关系，处理好它们之间成本发生、转移的相互制约和相互保证关系，保证各个系统要素对成本控制作用的充分发挥。

7. 效益性

它要求企业在成本管理中，必须把提高或保证资本最大增值盈利作为目标成本管理的出发点和归宿。因为成本反映企业的消耗水平，直接决定着企业的资本增值效益。因此，目标成本管理工作必须以提高经济效益为指南，注重成本效益分析，把提高资本增值效益放在突出位置，用经济效益作为评价各部门、人员成本管理工作绩效的标准。

8. 综合性

目标成本管理是一种综合性的成本经营，即它能够综合地运用各种成本管理理论和方法以及其他有关的管理理论和方法，吸收和利用这些理论和方法来为目标成本管理服务，保证目标成本的实现。与全面成本管理、责任成本管理、作业成本管理、质量成本管理、功能成本管理、定额成本管理、标准成本管理等有机结合起来；引进经济数学模型，使目标成本实现定量化，运用电子计算机技术，建立成本信息反馈系统，使目标成本管理手段现代化等。

（四）目标成本管理的作用

1. 目标成本管理促进企业改革的深化，经营机制的转换

转换经营机制、建立现代企业制度要求企业做到产权清晰、权责明确、政企分开、科学管理，其实质就是要落实责任制。加强目标成本管理、实行成本否决，也就是贯彻目标成本责任制。目标成本管理是企业管理的基础和核心，是一项综合性的系统经营管理工程。目标成本管理工作搞好了，必然会促进物资管理、资金管理、人力资源管理等各项工作，从而促使和带动经营管理水平上新台阶。

2. 实行目标成本管理是企业降低成本，提高效益的根本途径

一方面，目标成本管理的直接作用和立足点是加强成本管理。经济效益是人们在生产经营中所费和所得的对比关系。成本是企业全部经营管理工作的总括反映。提高经济效益有两条途径，即增加销售收入和降低产品成本。销售收入取决于销售量和价格，销售量与价格在一定程度上存在着互为消长的关系，且两者都要受社会消费水平与市场竞争的制约，提高价格不但要冒失去市场的危险，而且提价只不过是一种利益的转嫁，不能使整个社会经济效益提高。因此，企业提高经济效益的立足点，只有放在加强成本管理上。另一方面，目标成本管理是以经济效益为中心，以提高资本增值为目的的成本管理。它的实行可以大大降低企业的各种消耗和费用支出，增强企业对外部不利因素的消化、吸收能力，在降低产品成本的同时，提高产品质量，增加产量、产值和盈利。因此，企业经济效益的提高说到底只能靠降低消耗和成本、提高质量、增加产量。而目标成本管理既可以保证成本不断降低，又可促使产品产量和质量的提高，是提高经济效益的根本途径。

3. 目标成本管理有利于提高成本管理水平

目标成本管理作为一种全面、系统、综合的成本管理方法，它要求发挥好各级管理人员和各种管理职能的作用，提高企业整体的管理水平，这样才能保证目标成本的实现，真正达到提高经济效益的目标。因此，目标成本管理的实行，必然会提高企业生产、技术、管理等方面的水平，合理组织生产和流通，促进和带动整个企业管理水平、管理质量和经济效益的提高，从而提高企业的市场竞争能力，这是由目标成本管理的特点所决定的。

三、标准成本管理

标准成本管理于 20 世纪初首先在美国提出，最初是为了配合"泰罗制"的实施而引入会计中的，随即成为成本会计的一个重要组成部分。标准成本系统在企业成本管理和控制中的运用虽然已有近百年的历史，在经济和技术高度发达的今天，在新的制造环境下仍有用武之地，可以在企业的成本控制与管理中发挥作用。

（一）标准成本管理的定义与分类

标准成本法采用预定（标准）成本分配率分配所有产品成本（包括直接材料、直接人工和间接成本）。标准成本是营运的预期成本或目标成本，用于揭示差异出在哪里，以便企业能够取得更好的营运成果。标准成本通常有以下几种类型：

1. 理想标准成本

理想标准成本（perfection or ideal standards）是最高要求的标准成本，它是以企业的生产技术和经营管理、设备的运行和工人的技术水平都处于最佳状态为基础所确定的单位产品成本。这种标准成本排除了机器可能的故障、材料可能发生的浪费以及工人操作的不熟练等。这种标准要求过高，实际生产过程中很难达到。采用这种标准成本可能会挫伤职工的积极性，产生负效应。因此这种标准在实际中很少被采用，但作为成本管理的追求目标还是有意义的。

2. 正常标准成本

正常标准成本（normal standards）是指根据企业正常的开工率、正常的工作效率以及正常的价格水平来确定的。所谓正常是指在经营活动中，排除异常或偶然事件影响的平均水平。确定正常标准成本时，应反映过去经营活动的平均结果，以及确定的未来事件。

3. 现行可达到的标准成本

现行可达到的标准成本（attainable or practical standards）是指基于企业现行的生产经营条件，在预计可能达到的开工率下，考虑了平均的先进技术水平和管理水平而确定的标准成本。这种标准成本考虑了生产过程中机器设备的可能故障、职工必要的休息等待、暂时难以避免的材料损耗及废品等。这种标准成本虽非理想成本水平，但较为严格，经过努力是可以达到而又并非轻而易举。所以这类标准成本比较先进也能起到比较有效的激励作用，在实践中较多为企业管理者所采用。

（二）实施标准成本计算的基础

实施标准成本计算，需要具备一些基本前提条件，否则标准成本计算就难以名副其实，不能起到成本管理的应有作用。标准成本实施的基本条件主要有以下几点：

1. 工艺操作过程的标准化

采用标准成本系统，仅对成本计算对象的产品成本制定标准是不够的，因为产品生产过程中使用的零部件、半成品和耗用的材料、使用的设备以及工艺操作方法如果不能标准化，就无法进行标准成本的累积，也不能制定合理的标准。要确定零部件、半成品等成本要素的标准就必须建立作业流程和工艺规程的标准化,从而确定它们同成本要素之间的数量关系。比如按直接人工,工种制定单位产品的加工时间,或按不同设备确定单位产品加工时间及耗用的材料数量等。这样才能为标准成本的制定、成本中心工作成果的考核以及标准成本的计算提供依据。

2. 健全的成本管理系统

标准成本系统的重要作用就是成本的控制,如果只有标准成本计算而没有相应的成本管理系统,那么标准成本计算将有名无实。因此同标准成本计算相适应确立成本管理的责任体系,成立专门的机构负责标准成本的制定、差异原因的分析、工作成果的评价以及标准成本的修订等。同时根据生产工艺流程和组织特点,建立成本责任中心,明确管理者在成本上的责任及权限范围,通过标准成本计算和工作成果的评价考核,对成本实行全面的控制。

3. 全体员工成本意识的提高

采用标准成本系统对成本进行全面控制,以达到降低成本水平、提高经济效益的目的,归根结底要依靠人们在生产经营活动中的积极性。标准成本系统的本身并不能降低成本,能否降低成本主要取决于管理者和实施者对标准成本系统的态度和参与程度。因此提高全体员工的成本意识,取得他们对标准成本系统的支持,使之积极参与成本管理,是标准成本系统发挥作用的关键和基础。

(三)标准成本管理的作用

实施标准成本系统需要将事前成本计划、日常成本控制和最终产品成本确定有机地结合起来,形成一个完整的成本分析、控制和计算体系,对企业加强成本管理,全面提高生产经营成果具有重要意义。标准成本系统的具体作用主要包括以下几个方面:

1. 控制成本,提高成本管理水平

标准成本是衡量正常成本水平的尺度,可作为评价和考核工作成果的标准。在预算过程中确定成本标准,可以使成本水平得到事前的控制。生产过程中通过差异分析,能及时发现问题,采取措施加以控制和纠正,从而降低成本水平,提高经济效益。

2. 正确评价和考核工作成果,调动员工的积极性

标准成本是在预算过程中经过综合分析所确定的,在正常的生产经营条件下应该发生的成本。它是衡量成本水平的尺度,也是评价和考核工作成果的基础和依据。在生产过程中,通过实际成本同标准成本的比较,进行差异分析,可以区分经济责任,正确评价员工的工作成绩,从而有利于增强员工的成本意识,调动他们的工作积极性,关心和参与生产成本的控制和管理,挖掘降低成本的潜力,提高成本效率。

3. 为企业的预算编制和经营决策提供依据

编制生产经营的全面预算是一个企业实现短期利润计划、进行综合平衡、实行全面控制的重要措施。而成本预算的客观与规范程度直接影响着全面预算的质量和实施的现实可能性。实施标准成本计算对标准成本规范要求的严格程度，一般要高于相同规范的预算编制，因此标准成本资料可以直接作为编制预算的基础。所以采用标准成本系统为预算编制提供了极大的方便，并提高了预算的实现可能性。

在标准成本的制定过程中进行了多方面的分析，剔除了许多不合理的因素，比实际成本更为客观；在差异分析中又对实际成本脱离标准成本的差异进行分析。因此，标准成本系统所提供的信息可为企业的产品定价、接受特别订货等专门决策提供依据。

4. 简化成本计算，为对外财务报表的编制提供资料

标准成本系统用于产品成本计算的会计系统，如材料、在产品、产成品和产品的销售成本等都按标准成本入账，成本差异另行记录，可以大大简化成本计算过程中日常的账务处理工作，加速成本计算。在需要编制以实际成本为基础的对外财务报表时，可以把标准成本同成本差异相结合，把存货成本和产品销售成本调整到实际成本的基础上。这种成本的调整，是以标准成本作为合理的成本为前提的。标准成本系统下的成本信息用于对外财务报表的职能，实现了标准成本系统下内部管理职能和对外财务报表职能的结合。

（四）标准成本管理的优缺点

采用标准成本具有两大优势：一是标准成本中剔除了过去的无效因素；二是标准成本可以作为新数据，揭示预算期内的各种预期变化。标准成本法的缺点包括：可能会设定不合理的标准，比如标准的设定过程过于专断或隐秘，或缺乏沟通；刚性标准或过于强调利润的标准也很可能失败。

四、变动成本管理

（一）变动成本管理的定义

变动成本法是会计学中常见的一种核算方法，人们又习惯将变动成本法称为边际成本法或者直接成本法等。完全成本法与变动成本法都是核算存货成本的制度。

其中，完全成本法是我国现行会计制度规定编制报表时所必须采用的一种成本计算方法，即产品的成本核算以完全成本为基础，产品成本包括全部生产成本，只将非生产成本作为期间成本。它反映了生产产品发生的全部耗费，即将全部间接生产成本分配计入产品，以此确定产品的实际成本和损益。

变动成本法与完全成本法的主要区别在于对固定性制造费用的处理不同：变动成本法将其作为期间成本直接进入当期损益，而完全成本法则将其与变动性制造费用一起在产品中进行分配，构成产品成本，当产品实现销售时列入销售成本。由此可见，完全成本法对固定制造费用不单独做处理，而变动成本法则需将其单独列出。

（二） 变动成本法与完全成本法下的利润表编制

就利润表中披露的信息的重要性而言，变动成本法和吸纳成本法的目标有所不同，所以每种方法都以各自的格式进行披露。变动成本法采用边际贡献格式，突出了固定成本和变动成本的区别。吸纳成本法采用毛利格式，突出了制造成本和非制造成本的区别。变动制造成本在两种利润表中都采用相同的披露方式。吸纳成本法是对外财务报告所要求的格式。

两种格式的利润表的主要区别在于，在变动成本法下，固定制造成本被视作费用减去，而吸纳成本法下，每件成品被视作已吸收了其应承担的固定制造成本，这些固定制造成本将转入成品存货账户。当生产数量与销售数量不等时，吸纳成本法和变动成本法下的净利便不相同。若生产数量大于销售数量，吸纳成本法会给出更高的净利，因为成本已全部吸收到存货中，而变动成本法会给出较低的净利，因为相对于销货成本，并没有同样多的成本进入到存货中。

另一个不同点在于采用吸纳成本法时，期末存货中的固定制造成本将递延至未来期间；而变动成本法则将存货生产期间的全部固定制造成本视作费用。

（三） 变动成本法的主要优点

（1）成本管理中应用变动成本法可以有效避免企业部门"扯皮"现象的发生，让各个部门明确自身的部门职责，按照成本目标完成部门任务。例如，生产部门和采购部门需要合作完成生产成本的控制，应用变动成本法既可以避免生产部门过度浪费生产资料，同时又可以控制采购部门的采购成本，最终，让生产部门和采购部门共同为节约生产成本而努力。

（2）变动成本法是企业短期经营决策的"法宝"。在成本管理中应用变动成本法可以有效核算出固定成本、边际贡献、变动成本等，这些成本资料可以提供企业经营过程中的重要数据，例如，销售数据、利润数据、业务量数据等，这些数据有助于企业及时发现经营中存在的问题，同时有助于企业对短期经营进行预测。

（3）变动成本法有助于简化成本管理工作，成本管理中应用变动成本法会把固定成本纳入期间成本，减少了核算人员计算成本的环节和项目，有助于提高成本管理人员的工作效率，加强固定成本的稳定性。

（4）变动成本法有助于领导者实施"以销定产"的科学生产方式。随着市场经济的发展，批量式的生产方式已经无法适应经济的发展，所以企业需要根据市场需求进行产品生产。变动成本法有助于增强企业对销售损益的敏感度，从而指导企业进行理性生产，降低企业因盲目生产造成的经济损失，是企业实现成本控制的有效手段。

（四）变动成本法的主要缺点

（1）产品成本观念与会计准则相悖。在会计准则中，企业成本消耗既包括固定成本又包括变动成本，但变动成本法对固定成本与变动成本进行了区分，同时对固定成本和变动成本进行假设估算，容易降低成本管理核算的精确度。

（2）变动成本法是企业短期经营决策的"法宝"，但不利于企业进行长期经营决策。产品生产支出低于销售收入是企业生产经营的发展目标，也是企业发展的生存之道，但变动成本法在核算过程中无法为企业提供全面的成本资料，不利于领导者根据成本资料作出长期的经营决策，这是变动成本法在成本管理应用中的主要缺点。

（3）应用变动成本法会影响企业收益变动。如果企业一直沿用完全成本法，一旦改变应用变动成本法将会改变企业的收益情况。因为变动成本法并未把固定成本归入存货之中，而是列入企业当期成本中，所以成本管理应用变动成本法会造成企业当期利润减少，不利于企业股东的分红，也影响企业所得税的缴纳。

五、作业成本管理

作业成本管理作为一种先进的成本管理方法，它的产生有其独特的时代背景与管理环境。20世纪80年代以来，在电子技术革命的基础上，产生了高度自动化的先进制造企业，这些企业采用适时的制造系统、柔性管理、计算机辅助制造以及全面质量管理等先进的管理观念与技术，以适应客户多样化、小批量的产品需求。在先进制造环境下，企业的产品成本结构发生了很大的变化，直接材料和直接人工成本的比例不断下降，而间接制造费用和辅助生产费用则大幅度上升，使传统的以直接人工工时为分配基础的成本管理方法越来越不适应要求。作业成本法就是在这样的条件下产生的。

（一）作业成本管理的概念体系

作业成本管理是利用作业成本信息，不仅使所销售的产品或服务合理化，更使企业认清通过改变作业与工序提高生产力的机会出现在哪里。具体来说它是以成本动因理论为基本依据，对产品生产或经营过程中成本发生的动因加以正确分析，选择"作业"为成本计算的对象，归集和分配生产经营费用，进而达到控制和节约成本目的的一种全面成本管理制度。作业成本法基于作业消耗资源这一假设来将成本分派给客户、服务和产品。一项作业可以是实体完成的任何一种行为、工作或活动。作业中心是作业、行为、活动或一系列工作具有逻辑的组合。具有经济价值的资源在完成作业的同时被消耗掉了。在作业成本管理中，涉及的基础概念主要包括：

1. 资源

资源是指支持作业的成本、费用来源。它是企业在一定期间内为生产产品或提供服务而发生的各类成本、费用项目，或是作业执行过程中所需要付出的代价。例如，发出订货单是采购部门的一项作业，那么相应办公场地的折旧、采购人员的工资和福利费、电话费、办公费等都是订货作业的资源费用。

制造企业中典型的资源项目一般有：原材料、辅助材料、燃料、动力费用、工资及福利费、折旧、办公费、修理费、运输费、税金等。通常，在企业财务部门编制的预算、各原材料、应付工资、累计折旧、应交税费等总分类账中可以比较清楚地得到各种资源项目。与某项作业直接相关的资源应该直接计入该作业，如果一项资源支持多种作业，那么应当使用资源动因将资源分配计入各项相应的作业中。

2. 成本标的

成本标的是企业组织执行各项作业的原因，是归集成本的最终点，也就是通常所称的成本对象，但不仅仅等同于产品或者劳务。在作业成本管理中，成本标的具有很强的普遍性，ABCM 系统的设计者可以根据关注焦点选择任何东西作为成本标的。一般而言，成本标的与企业目标相联系，例如企业目标是优化产品组合，这个目标需要可靠的产品获利信息，那么产品就可定义为成本标的。典型的成本标的有：产品、顾客、服务、销售区域和分销渠道，等等。

3. 作业和作业链

作业是企业为提供一定量的产品或劳务所消耗的人力、技术、原材料、方法和环境的集合体。通俗来讲，作业是组织内为了某种目的而进行的消耗资源的活动。它代表组织实施的工作，是连接资源与成本标的的桥梁。

在作业成本讨论中，通常把"流程"称之为"作业链"。作业链是与成本标的密切相关的一系列有序作业的集合。现代企业实际上是一个为了最终满足顾客需要进而实现企业所有者价值预期而设计的一系列作业活动实体的组合，所以整个企业就是一个作业链。

4. 价值链

从作业成本管理的观点看，由投入到产出的过程是由一系列作业构成作业链的过程，每完成一项作业消耗一定量的资源，同时又有一定价值量的产出转移到下一项作业。作业的转移伴随着价值的转移，最终的产出既是全部作业集合而成作业链的最终结果，也是全部价值集合而成价值链的结果，因此作业链的形成过程就是价值链的形成过程，价值链是作业链的货币表现。

5. 作业中心及作业成本库

作业中心是一系列相互联系、能够实现某种特定功能的作业集合。例如，材料采购、材料检验、材料入库、材料仓储保管等都是相互联系的，可以归类于材料处理作业中心。作业中心建立的目的就是便于按类归集作业成本，简化成本计算分配的过程。把相关的一系列作业消耗的资源费用归集到作业中心，就构成各作业中心的作业成本库。因此，作业成本库是作业中心成本的货币表现形式。

6. 成本动因

成本动因是 ABCM 的核心概念，也称为成本驱动因素，是指诱导成本发生的原因，也即可以引起相关成本对象的总成本发生变动的因素。它是成本标的与其直接关联的作业和最终关联的资源之间的中介因素，作业和成本标的是其起因，资源的消耗是其结果。

7. 作业能力

作业能力即实施各项作业的能力。实施一项作业，首先必须具有相应的能力，需要多大的能力一般取决于每一项作业的实施水平。通常，我们假定所需作业能力和能有效实施该作业的特定水平是相一致的。作业实施的有效水平称为实际经营能力，而实际经营能力主要是通过固定成本影响企业的成本水平。一般这一能力的测定通过工程设计和产品结构加以调整，需要经常修订。

作业耗用量是在制造作业产出过程中所耗用的作业能力。如果所得到的作业能力没有用完，就产生了未耗用的作业能力。对于作业变动成本是根据作业动因按实际作业量投入的，实际作业量就等同于已用作业能力；而作业固定成本在作业发生之前就是确定的消耗水平，实际经营能力和实际作业耗用量之间就存在不一致。

（二）作业成本管理的理论及创新

1. 成本动因理论

成本动因理论是作业成本管理的理论基础。成本动因理论认为，分配间接费用应着眼于费用、成本的来源，从而把间接费用的分配与产生这些费用的原因联系起来。成本的发生是由产品生产所必需的各种作业所驱动的，发生成本的多少与企业产品产量无关，而是与其驱动成本发生的作业量相关。作业成本管理通过成本动因分析，把成本控制的重点放在成本发生的前因后果上：从前因看，成本是由作业引起的，而作业的形成要追踪到产品的设计环节；从后果来看，对作业执行以及完成实际耗费了多少资源及这些耗费可以对最终提供给顾客的价值做出多大贡献进行动态的分析，在所有环节减少浪费并尽可能降低资源消耗，以促进企业整个价值链水平的提高。

2. 以战略管理为指导

战略管理强调成本管理是全面、全过程的统一，要求企业从根源上降低成本，并能于创造并保持企业的长期竞争优势做出贡献。这就需要企业深入成本产生的作业层次，开展作业分析，寻求降低成本的可靠依据；确定除产品数量以外其他的成本驱动因素以及成本形成各环节的前因后果，提供不同层次管理人员需要的相应的成本信息。可见，以战略为指导，有利于提高成本管理的全面性。

3. 全面的成本管理观念

在传统的成本管理中，产品成本只包括生产成本，因而其管理的范围就仅集中在生产环节。在作业成本管理中，产品成本是完全成本，包括从顾客提出订货要求到产品交给顾客的整个过程中所发生的成本，故成本管理的范围就从生产部门延伸到企业上游的供应商、下游的销售商和顾客的整个价值链。所以作业成本管理形成了全面的成本观念，以此进行成本管理，将有利于正确地进行成本的战略管理。例如，传统的成本管理方法将销售费用都计入期间费用，然后平均分配到产品成本中。而在作业成本管理下，将客户服务成本归集到特定的作业中心，然后按照每一客户消耗的作业进行分配，以正确地计算客户营利能力。

4. 以客户为导向的成本管理

在新的竞争环境中，客户被视为宝贵的稀缺性资源和企业利润的不竭源泉。在作业成本管理思维模式下，企业的一系列生产经营的作业活动是否具有价值，需要从与客户交易的博弈中价值的获得来加以确认。从企业的角度来看，客户价值可以理解为企业从客户处获得的价值与为此付出的代价之间的差额。威廉·谢登的 80/20/30 法则指出，往往只是顶部 20% 的客户为企业创造了 80% 的利润。但其中一半给底部 30% 的非营利客户丧失掉了。由此可见，一个企业不应该力图去满足每一个客户的需求，而应该进行价值细分，区分出盈利能力不同的客户，区别对待，成本的投入要以兼顾创造出满足优质客户需要和获得企业最大客户价值为尺度。

5. 成本概念的有效性扩展

在传统成本观下，产品成本是指其制造成本，就其经济内容看，只包括与生产产品直接有关的费用，而管理组织生产的费用支出则作为期间费用处理。而在作业成本观念下，产品成本是指完全成本。就一个成本中心而言，该成本控制中心所有的费用支出只要是合理、有效的，都是对最终产出有益的支出，因而都应计入产品成本，即作业观念下强调费用支出的合理有效性，而不论其是否与产出直接相关。作业观念下也使用期间费用概念，但期间费用汇集的是所有无效的、不合理的支出，即所有作业无效耗费资源价值和非增值作业耗费资源价值，而不是与生产无直接关系的支出。

6. 对成本习性的再认识

成本习性是指成本与业务量之间的关系。传统管理会计将成本分为变动成本和固定成本，混合成本最终也要分解到固定成本和变动成本之中去。当产品成本中直接成本的比例较高时，传统的成本性态分析是比较有效的。在先进制造条件下，企业的间接费用比重大大提高，传统的成本性态分析掩盖了间接费用的可变性。

在作业成本管理中认为大多数间接费用是因为作业产生的，并由成本动因驱动，可正确地进行成本性态划分。成本法按照成本性态将成本划分为短期变动成本、长期变动成本和固定成本。短期变动成本是指传统意义上的变动成本，如直接材料、直接人工，对此应采用产品数量相关的成本动因，以产量为基础，并与产量呈正比例地变动。长期变动成本是指在较长时间内，不与产品产量呈比例变动，而是与作业量呈比例变动的成本，对它应采用非产品数量的成本动因作为成本分配的基础。固定成本则是指在一个既定的时期内不随任何作业量变动的成本。将成本按照成本动因划分，使许多过去不随短期产量变动的间接费用也能够分配到产品中去。

（三）作业成本管理的主要步骤

1. 确认作业和资源成本

作业分析通过确定为每一项作业履行的工作，来确认实施特定作业所耗用的资源成本。作业成本项目团队制定有详细的作业列表，并按以下层次将作业列表划分成若干作业中心：

产品级作业，是指为生产每一单位产品所履行的作业，如直接材料或直接人工工时。换句话说，这些作业以产量为基础或以产品为基础。

批次级作业，是指为生产每一批次产品而实行的作业，如生产前的机器调试、采购订单、分批检查、分批混合或生产调度。

生产存续作业，是指为支持生产流程而实施的作业，如产品设计、产品加速完成和实施工程改变。

设施存续作业，是指为支持生产而对整个设施实施的作业，如环境的健康性和安全性、安全检查程序、工厂管理、折旧、财产税和保险。

客户级作业，是指为满足客户需要而发生的作业，如客户服务、电话银行或客户定制订单。

2. 将资源成本分配到作业

使用资源成本动因将资源成本分配到各项作业中去。动因和作业之间一定要有明确的因果关系。

雇员数量：人事作业；工作时间：人事作业；安装小时：安装或机器作业；搬运的次数或距离：材料处理作业；仪表测量：公用事业作业；机器工时：机器运行作业；订单量：生产订单作业；清洁作业等。

3. 将作业成本分配给成本对象

确定了作业成本之后，使用合适的成本动因，可以计量单位作业成本。作业成本动因同成本的上升和下降间应具有直接的因果关系，将成本分配给每一件产品或服务。

（四）作业成本法与传统成本法的差异

1. 成本动因方面

作业成本法具有多个成本动因，包括作业基础动因和数量基础动因。而传统成本法只有数量基础动因。

2. 间接费用分配方面

作业成本法下间接费用先分配到各项作业中，然后再分配给产品或者服务。

而传统成本法下，间接费用先分配到各部门，然后再分配给产品或者服务。

3. 关注的重点

作业成本法将重心放在解决部门间的成本计算和流程问题上，而传统成本法将重心放在了让各部门经理负责其部门内的各项成本和流程改进上。

（五）作业成本法的优缺点

1. 作业成本法的优点

（1）作业成本法减少了由传统成本分配造成的失真。传统成本法按部门分配间接费用。作业成本法给管理层提供了一个了解相关成本的途径，从而使他们能更好地参与市场竞争。

（2）作业成本法计量作业动因成本，允许管理层在改变产品设计和作业设计的同时，了解这些改变对总成本和价值的影响。

（3）与传统产品成本法相比，作业成本法一般会产生较高的单位成本和较低的产量这两个结果（这意味着在增加或舍弃某条产品线的问题上可以制订更好的决策）。

2. 作业成本法的局限性

（1）并不是所有的间接成本都和特定的成本动因相关联，有时可能需要随意分配间接成本，尤其是为追踪相关动因，所导致的成本大于从中能获得的效益时。

（2）即使有现成的软件可供使用，作业成本法仍然需要大量的开发和维护时间。作业成本法改变了管理者已接受的既定规则，因此管理者会本能地抗拒这种变化。如果高级管理层不积极地支持作业成本法的实施，中低层经理将会不遗余力地寻找各种替代办法。

（3）如果仅将作业成本法视为一项会计创新，很可能会导致失败。

（4）作业成本法下产生了大量的信息，过多的信息可能误导管理层将精力集中于不必要的数据上。

（5）作业成本法并不遵循公认会计原则（GAAP），所以重新披露财务数据将导致额外的费用，同时会造成混淆。这使报表使用者不太确定是该信赖作业成本法给出的信息还是外部数据。

六、生命周期成本管理

（一）生命周期成本管理的定义

如果需要提供比其他成本计算方法（其计算期通常为一年）更长的视角，就需要用到生命周期成本法。生命周期成本法考虑到了产品或服务的整个生命周期，从提出概念直至完成销售和保修服务，这整个过程都在生命周期成本法的考虑范围内。例如，药品的生命周期始于研发，经历多个阶段的临床测试和审批，经过产品设计、生产、市场营销和分销等阶段，最后是客户服务。"周期"可能被定义为产品专利权的使用期限或产品适销期限。产品生命周期的成本管理其内涵可以界定为：企业在战略成本管理环境下，以目标成本管理、作业成本管理等管理理论为指导，对企业产品从设计开发、供应生产、销售、售后使用及废弃等一系列活动有关的成本信息进行收集、分析、考核和评价，建立全面成本管理体系，寻求产品生命周期总成本的持续降低，从而获取或保持企业长期竞争优势。

（二）生命周期成本管理的三个阶段

生命周期成本法有时被用作成本计划和产品定价的战略基础。该方法的实施让公司将重心放在产品或服务的综合成本上。拙劣的初始设计只能导致更高的市场营销成本、服务成本和更低的销售额。产品生命周期的总成本一共划分为三个阶段：

1. 上游成本

上游成本为发生在产品生产或服务出售之前的成本，如研发成本和设计成本（原型、测试和工程）。

2. 制造成本

制造成本为生产产品或服务而消耗的成本，如采购、直接和间接制造成本。

3. 下游成本

下游成本是在生产成本之后（或同时）发生的成本，如市场营销、分销（包装、运输、装卸、促销和广告宣传）、服务成本和保修成本（残次品的召回、销售退回和责任承担）。

生命周期成本法的战略目标着眼于改善以上三个阶段的成本。改善产品设计是上游阶段的关键。改善生产流程和供应商关系是制造阶段所着重强调的。由于在这两个阶段采取的措施限制了下游决策的制定，所以改善前两个阶段是降低下游成本的关键。换句话说，生命周期成本法试图让管理层在早期阶段采取积极的应对措施，从而不必在下游阶段消极应付。

（三）生命周期成本管理的目标

首先，借助生命周期成本理论及战略成本管理的基本功能收集、分析、评价成本信息。其次，利用成本信息，通过有效的成本管理方法实现企业利润最大化。最后，尽管企业在不同的时期，由于要实现和维持竞争优势，所采取的方法和手段是不同的，但从整个生命周期来看，目标的定位主要还是追求成本的持续降低，其最终目标还应该落实在企业成本的持续降低上。

第六节　管理会计在绩效管理领域的应用

一、绩效管理概述

（一）绩效管理的内涵

绩效管理，是指企业与所属单位（部门）、员工之间就绩效目标及如何实现绩效目标达成共识，并帮助和激励员工取得优异绩效，从而实现企业目标的管理过程。绩效管理的核心是绩效评价和激励管理。绩效评价，是指企业运用系统的工具方法，对一定时期内企业营运效率与效果进行综合评判的管理活动。绩效评价是企业实施激励管理的重要依据。激励管理，是指企业运用系统的工具方法，调动企业员工的积极性、主动性和创造性，激发企业员工工作动力的管理活动。激励管理是促进企业绩效提升的重要手段。

（二）绩效管理的原则

企业进行绩效管理，一般应遵循以下原则：

1. 战略导向原则

绩效管理应为企业实现战略目标服务，支持价值创造能力提升。

2. 客观公正原则

绩效管理应实事求是，评价过程应客观公正，激励实施应公平合理。

3. 规范统一原则

绩效管理的政策和制度应统一明确，并严格执行规定的程序和流程。

4. 科学有效原则

绩效管理应做到目标符合实际，方法科学有效，激励与约束并重，操作简便易行。

（三）绩效管理领域的管理会计工具及应用

绩效管理领域应用的管理会计工具方法，一般包括关键绩效指标法、经济增加值法、平衡计分卡、股权激励等。

企业可根据自身战略目标、业务特点和管理需要，结合不同工具方法的特征及适用范围，选择一种适合的绩效管理工具方法单独使用，也可选择两种或两种以上的工具方法综合运用。

（四）绩效管理的应用环境

企业进行绩效管理时，应设立薪酬与考核委员会或类似机构，主要负责审核绩效管理的政策和制度、绩效计划与激励计划、绩效评价结果与激励实施方案、绩效评价与激励管理报告等，协调解决绩效管理工作中的重大问题。

薪酬与考核委员会或类似机构下设绩效管理工作机构，主要负责制订绩效管理的政策和制度、绩效计划与激励计划，组织绩效计划与激励计划的执行与实施，编制绩效评价与激励管理报告等，协调解决绩效管理工作中的日常问题。

企业应建立健全绩效管理的制度体系，明确绩效管理的工作目标、职责分工、工作程序、工具方法、信息报告等内容。

企业应建立有助于绩效管理实施的信息系统，为绩效管理工作提供信息支持。

（五）绩效管理的应用程序

1. 绩效计划与激励计划的制订

企业应用绩效管理工具方法，一般按照制订绩效计划与激励计划、执行绩效计划与激励计划、实施绩效评价与激励、编制绩效评价与激励管理报告等程序进行。

企业应根据战略目标，综合考虑绩效评价期间宏观经济政策、外部市场环境、内部管理需要等因素，结合业务计划与预算，按照上下结合、分级编制、逐级分解的程序，在沟通反馈的基础上，编制各层级的绩效计划与激励计划。

绩效计划是企业开展绩效评价工作的行动方案，包括构建指标体系、分配指标权重、确定绩效目标值、选择计分方法和评价周期、拟定绩效责任书等一系列管理活动。制订绩效计划通常从企业级开始，层层分解到所属单位（部门），最终落实到具体岗位和员工。

企业可单独或综合运用关键绩效指标法、经济增加值法、平衡计分卡等工具方法构建指标体系。指标体系应反映企业战略目标实现的关键成功因素，具体指标应含义明确、可度量。

指标权重的确定可选择运用主观赋权法和客观赋权法，也可综合运用这两种方法。主观赋权法是利用专家或个人的知识与经验来确定指标权重的方法，如德尔菲法、层次分析法等。客观赋权法是从指标的统计性质入手，由调查数据确定指标权重的方法，如主成分分析法、均方差法等。

绩效目标值的确定可参考内部标准与外部标准。内部标准有预算标准、历史标准、经验标准等；外部标准有行业标准、竞争对手标准、标杆标准等。

绩效评价计分方法可分为定量法和定性法。定量法主要有功效系数法和综合指数法等；定性法主要有素质法和行为法等。

绩效评价周期一般可分为月度、季度、半年度、年度、任期。月度、季度绩效评价一般适用于企业基层员工和管理人员，半年度绩效评价一般适用于企业中高层管理人员，年度绩效评价适用于企业所有被评价对象，任期绩效评价主要适用于企业负责人。

绩效计划制订后，评价主体与被评价对象一般应签订绩效责任书，明确各自的权利和义务，并作为绩效评价与激励管理的依据。绩效责任书的主要内容包括绩效指标、目标值及权重、评价计分方法、特别约定事项、有效期限、签订日期等。绩效责任书一般按年度或任期签订。

激励计划是企业为激励被评价对象而采取的行动方案，包括激励对象、激励形式、激励条件、激励周期等内容。激励计划按激励形式可分为薪酬激励计划、能力开发激励计划、职业发展激励计划和其他激励计划。

薪酬激励计划按期限可分为短期薪酬激励计划和中长期薪酬激励计划。短期薪酬激励计划主要包括绩效工资、绩效奖金、绩效福利等。中长期薪酬激励计划主要包括股票期权、股票增值权、限制性股票以及虚拟股票等。

能力开发激励计划主要包括对员工知识、技能等方面的提升计划。

职业发展激励计划主要是对员工职业发展做出的规划。

其他激励计划包括良好的工作环境、晋升与降职、表扬与批评等。

激励计划的制订应以绩效计划为基础，采用多元化的激励形式，兼顾内在激励与外在激励、短期激励与长期激励、现金激励与非现金激励、个人激励与团队激励、正向激励与负向激励，充分发挥各种激励形式的综合作用。

绩效计划与激励计划制订完成后，应经薪酬与考核委员会或类似机构审核，报董事会或类似机构审批。经审批的绩效计划与激励计划应保持稳定，一般不予调整，若受国家政策、市场环境、不可抗力等客观因素影响，确需调整的，应严格履行规定的审批程序。

2. 绩效计划与激励计划的执行

审批后的绩效计划与激励计划，应以正式文件的形式下达执行，确保与计划相关的被评价对象能够了解计划的具体内容和要求。

绩效计划与激励计划下达后，各计划执行单位（部门）应认真组织实施，从横向和纵向两方面落实到各所属单位（部门）、各岗位员工，形成全方位的绩效计划与激励计划执行责任体系。

绩效计划与激励计划执行过程中，企业应建立配套的监督控制机制，及时记录执行情况，进行差异分析与纠偏，持续优化业务流程，确保绩效计划与激励计划的有效执行。

（1）监控与记录。企业可借助信息系统或其他信息支持手段，监控和记录指标完成情况、重大事项、员工的工作表现、激励措施执行情况等内容。收集信息的方法主要有观察法、工作记录法、他人反馈法等。

（2）分析与纠偏。根据监控与记录的结果，重点分析指标完成值与目标值的偏差、激励效果与预期目标的偏差，提出相应整改建议并采取必要的改进措施。

（3）编制分析报告。分析报告主要反映绩效计划与激励计划的执行情况及分析结果，其频率可以是月度、季度、年度，也可根据需要编制。

绩效计划与激励计划执行过程中，绩效管理工作机构应通过会议、培训、网络、公告栏等形式进行多渠道、多样化、持续不断的沟通与辅导，使绩效计划与激励计划得到充分理解和有效执行。

3. 绩效评价与激励的实施

绩效管理工作机构应根据计划的执行情况定期实施绩效评价与激励，按照绩效计划与激励计划的约定，对被评价对象的绩效表现进行系统、全面、公正、客观地评价，并根据评价结果实施相应的激励。

评价主体应按照绩效计划收集相关信息，获取被评价对象的绩效指标实际值，对照目标值，应用选定的计分方法，计算评价分值，并进一步形成对被评价对象的综合评价结果。绩效评价过程及结果应有完整的记录，结果应得到评价主体和被评价对象的确认，并进行公开发布或非公开告知。公开发布的主要方式有召开绩效发布会、企业网站绩效公示、面板绩效公告等；非公开发布一般采用一对一书面、电子邮件函告或面谈告知等方式进行。

评价主体应及时向被评价对象进行绩效反馈，反馈内容包括评价结果、差距分析、改进建议及措施等，可采取反馈报告、反馈面谈、反馈报告会等形式进行。

绩效结果发布后，企业应依据绩效评价的结果，组织兑现激励计划，综合运用绩效薪酬激励、能力开发激励、职业发展激励等多种方式，逐级兑现激励承诺。

4. 绩效评价与激励管理报告

绩效管理工作机构应定期或根据需要编制绩效评价与激励管理报告，对绩效评价和激励管理的结果进行反映。

绩效评价与激励管理报告是企业管理会计报告的重要组成部分，应确保内容真实、数据可靠、分析客观、结论清楚，为报告使用者提供满足决策需要的信息。

绩效评价报告根据评价结果编制，反映被评价对象的绩效计划完成情况，通常由报告正文和附件构成。

报告正文主要包括以下两部分：一是评价情况说明，包括评价对象、评价依据、评价过程、评价结果、需要说明的重大事项等；二是管理建议。报告附件包括评价计分表、问卷调查结果分析、专家咨询意见等报告正文的支持性文档。

激励管理报告根据激励计划的执行结果编制，反映被评价对象的激励计划实施情况。激励管理报告主要包括以下两部分：一是激励情况说明，包括激励对象、激励依据、激励措施、激励执行结果、需要说明的重大事项等；二是管理建议。其他有关支持性文档可以根据需要以附件形式提供。

绩效评价与激励管理报告可分为定期报告、不定期报告。定期报告主要反映一定期间被评价对象的绩效评价与激励管理情况。每个会计年度至少出具一份定期报告。不定期报告根据需要编制，反映部分特殊事项或特定项目的绩效评价与激励管理情况。

绩效评价与激励管理报告应根据需要及时报送薪酬与考核委员会或类似机构审批。企业应定期通过回顾和分析，检查和评估绩效评价与激励管理的实施效果，不断优化绩效计划和激励计划，改进未来绩效管理工作。

二、关键绩效指标法

（一）关键绩效指标法的定义

关键绩效指标法是通过分析企业获得成功或取得市场领先地位的关键要素，并对企业成功的关键要素进行重点监控的一种方法。在运用关键绩效指标法衡量是否为组织成功的重要因素时，要界定一个清晰的业务流程、清晰的业务流程目标、目标的定性和定量考核指标，以及识别和更正差异的计划。通常要求关键绩效标准的设定必须符合 SMART 原则，即：S（specifie，具体的）、M（measurable，可衡量的）、A（attainable，可达到的）、R（relevant，相关的）、T（time-based，基于时间的）。

（二）关键绩效指标的实施步骤

（1）明确战略目标。战略目标是企业在其经营过程中所要达到的市场竞争地位和管理绩效的目标，包括在行业中的领先地位、总体规模、竞争能力、市场份额、收入和盈利增长率、投资回收率以及企业形象等。没有稳固的战略，关键绩效领域和关键绩效指标也就成了无源之水。因此，明确的战略目标是企业战略有效实施的前提。

（2）制订战略目标。根据环境预测和内部评估，确定战略目标的期望水平；预测企业未来的绩效水平，并找出目标期望水平和未来预测水平之间的差距；探讨弥补差距的战略方案；综合调整各项战略，并修改对企业未来绩效水平的预测。

（3）战略目标分解。组织战略目标确定之后，必须将其科学合理地拆分给组织各职能部门和各岗位员工。战略目标在分解时，有三种思路：一是按照组织结构分解；二是按主要流程分解；三是将组织发展战略先按组织结构自上而下分解，再结合部门和岗位工作职责进行审视的方法。

（4）确定关键的绩效领域。明确了战略目标，下一步就需要对最有效驱动战略目标的关键绩效领域进行确定。关键绩效领域是指对企业总体竞争地位和企业战略目标的实现有重大影响的变量、领域。它是制订关键绩效指标的重要依据。往往因行业不同、企业产品生命周期不同而关键绩效领域有所不同。

（5）设计关键绩效指标。确定了关键绩效领域以后，采用鱼骨图分析法将组织机构与背后的经营战略的各项因素找出来，也就是找出关键绩效指标。

（6）融入管理系统。绩效体系只有通过有效地管理、监控，并与组织中的其他系统相配套，才能真正发挥作用。

三、经济增加值

经济增加值是美国斯特恩·斯图尔特（Stern Stewart）咨询公司于 1990 年推出的一种新型的价值分析工具和业绩评价指标，是基于剩余收益概念发展起来的新型价值模型。EVA 业绩评价指标的提出是财务评价思想的一次创新，它突破了传统财务指标重视短期利益、忽视长期利益和重局部利益、轻全局利益等许多缺陷。该指标最大和最重要的特点就是全面考虑了企业的权益资本成本，同时以企业价值增值为出发点，从股东角度重新定义企业利润，对依据 GAAP 得出的利润进行调整，因此可以更为准确地评价企业业绩。

经济增加值（EVA）是指税后净营业利润扣除资本成本后的经营利润。EVA 的基本含义是指：公司的剩余收入必须大到能够弥补投资风险，或者说是企业净经营利润减去所投入的资本的费用后的差额。只有收回资本成本之后的 EVA 才是真正的利润，公认的会计账面利润不是真正的利润；若 EVA 为负数，即便是会计报告有盈利，也表明企业的经营状况不理想，被认为是企业的价值在减少，股东的财富受到侵蚀。

经济增加值的基本计算公式是：

经济增加值 = 税后经营性收益 –（加权平均资本成本 × 平均投资金额）

其中：经营性收益指的是息税前收益（EBIT）；加权平均资本成本包括长期负债的资本成本和权益的资本成本；

平均投资金额 = 长期负债 + 权益 = 总资产 – 流动负债

经济增加值的计算公式表明，可以用两个因子来界定企业的经济利润或经济增加值，即经过调整的会计利润减去企业使用资本的成本，两者的差额构成企业的真实利润，这就是经济增加值与传统会计体系的根本区别。经济增加值不仅是一种有效的业绩度量指标，还是一个全面的财务管理的架构。EVA 不仅可以用于业绩评估，还可以应用于目标设置、与投资者沟通、评估战略、配置资金、并购估值以及使管理者像所有者那样思考的激励奖金确定等多个领域。

四、平衡计分卡

（一）平衡计分卡的起源

1990 年，美国诺朗诺顿研究所（Nolan Norton Institute）资助了一项旨在研究未来的组织绩效衡量方法的研究计划，该计划的主要研究内容是探讨未来组织的绩效衡量方法。研究计划邀请了 12 家来自制造、服务、重工业和高科技产业的企业，以及学术界的罗伯特·卡普兰（Robert Kaplan）教授参加。经过研究人员一年多的反复讨论，最终提出了一个多元的业绩衡量方法，这个方法包括四个方面：财务、顾客、内部业务流程、学习与创新。这个新的业绩衡量系统，称为平衡计分卡（the balanced scorecard）。该项计划的研究结果 1992 年由卡普兰和诺顿（Kaplan and Norton）发表于《哈佛商业评论》上，文章标题为《平衡计分卡：驱动绩效的量度》，文中正式提出了平衡计分卡的概念。该文发表以后引起了企业界的强烈反响，美国的许多企业开始纷纷对平衡计分卡进行研究和试用。在随后的几年里，两人又陆续发表和出版了一系列论文和书籍，丰富了平衡计分卡的相关理论与内容。在 10 年左右的时间里，平衡计分卡在理论上逐步发展完善，实践领域也得到了越来越多企业的认可。平衡计分卡被誉为 20 世纪管理会计中最重要的研究成果之一。

（二）平衡计分卡的定义

传统的业绩评价系统往往侧重对财务业绩的评价，忽视了对非财务业绩方面的改善绩效。财务业绩仅仅是过去经营管理行为的结果，却无法揭示企业发展的驱动性因素。企业作为一个生产力系统，其绩效的改善依赖作用于绩效的各个组成要素。随着企业间竞争的不断加剧，单纯追求财务目标已经不能满足竞争的需要。管理人员开始逐渐认识到，非财务业绩方面的改善对企业同样具有重要的意义。许多非财务方面的指标不仅解释了目前的销售水平，还可以用来预测未来的销售水平，如客户满意度、质量合格率等。管理层必须同时兼顾企业客户需求的变化、员工的需求，以及经营过程的技术创新和管理创新。平衡计分卡就是一种为满足企业的综合业绩评价行为所提出的一种管理工具。它将业绩评价基础分为相互联系的四个方面：财务、顾客、内部业务流程、学习与成长。平衡计分卡站在系统的高度，指出企业追求的财务目标背后的"推动要素"何在，能够提醒企业管理层关注战略的关键成功因素，从利润的源头开始，通过夯实发展基础以追求利润，而非急功近利式地追求利润，从而促进企业长期发展。

平衡计分卡中的"平衡"，是指短期与长期目标之间、财务与非财务度量之间、滞后与领先指标之间以及外部与内部绩效之间的平衡。平衡计分卡在提出之初还仅仅作为一种综合的业绩评价系统来看待，随着理论与实践的推动，现在已经将其作为一种新型的战略管理工具来运用。平衡计分卡不仅是一个控制系统，而且是一个用来交流、信息传递和学习的系统。平衡计分卡为企业管理人员提供了一个全面的战略目标设定、管理沟通和业绩评价的框架体系。

（三）平衡计分卡的业绩计量

平衡计分卡从四个方面——财务、顾客、内部业务流程、学习与成长进行业绩计量与考核。企业需要针对四个方面分别进行细致的指标分析，找出合理的评价指标，以建立一套指标评价体系。

1. 财务方面

财务方面的评价是传统业绩评价的主要方法，也是平衡计分卡的核心方面。

它通过财务方面的业绩考核企业或者部门的营利能力、成长能力、偿债能力等。财务方面的评价主要是通过传统的比较成熟的财务评价指标体系进行评价。常见的指标包括利润率（总资产报酬率、资本报酬率、毛利率、净利率、员工平均利润、经济附加价值）、收入（净收入、员工平均收入、新产品收入）、周转率或天数（应收账款、存货）、现金流量、信用评级、市场价值等。

企业财务方面的评价指标的选择，需要结合企业所处的成长阶段和战略方向进行选择。处于创业期和成长期的企业，产品刚刚进入市场，往往需要大量的投资，此时企业的利润和投资现金流量通常为负值，企业在这个阶段更注重市场推广和顾客的争取，因此通常选择能体现企业成长性的指标如销售收入的增长率和营业现金流量等。对于处于成熟阶段的企业，更注重企业盈利能力的增强，通过提高运营效率，降低成本、改进质量以提高企业利润和现金流量。企业在这个阶段往往更注重利润额、投资报酬率以及现金净流量这些反映营利能力高低的指标。

2. 顾客方面

顾客方面是考核企业或者部门对客户的保持和增长方面的贡献，主要关注产品的市场优势、顾客关系和顾客的满意程度等方面的业绩。常见的评价指标包括市场占有率、新客户所占百分比、顾客平均销售额、来客数、满意度、忠诚度、品牌形象或认知、客诉回复时间或解决次数、退货率、顾客流失率或延续率、营销费用占销货收入的比率、参展次数、广告件数、每位顾客的服务成本等。

虽然不同的企业在选择顾客方面的评价指标时会有所不同，但是一个共同的指导思想却是不变的：为客户提供高价值的产品，以提高客户的满意程度、新客户的获得和客户保持程度。为客户提供高价值的产品需要明确客户的价值观念。虽然这种客户价值观念在不同的行业有不同的表现形式，但是一般来说这种观念会受到三种属性的影响，即产品和服务的属性、客户关系和企业形象。产品和服务属性包括产品和服务的功能性、独特性、质量、价格等方面；客户关系包括获得产品的便利程度、市场反应时间和客户在购买商品时的感觉；企业形象主要受企业品牌市场形象的影响。

3. 内部业务流程方面

内部业务流程方面主要关注企业对内部作业活动的改善情况，包括作业流程的创新、营运效率的提高、售后服务过程的改善等。面对市场的不断变化，企业应该不断改善自己的业务流程，以提高运营效率和市场反应速度，保持自身的竞争优势。

在内部业务流程方面的评价方法根据企业的行业特点和经营方式的不同而有很大的区别。一些常见的评价指标包括准时送达、平均前置时间、安全与环境、生产周期、在途产品和服务、空间利用率、研发费用、专利年限、损益平衡时间、库存量、不良品率、停工期、新产品或服务引进时间、可靠度、计划准确度、媒体正面报道的数量等。具体来说，针对研究开发过程的创新能力评价指标通常包括新产品收入的比例、损益平衡的时间、企业业务流程改善的次数等指标。对经营过程改善能力的评价指标包括经营周期、制造周期效率（增值时间/制造周期时间）、准时交货率、质量合格率等。对售后服务过程的改善能力指标通常包括客户售后服务响应时间、一定时期内客户的访问次数、产品的返修率、客户抱怨次数等。

4. 学习与成长方面

学习与成长方面主要关注企业对员工的能力培养和技术培训方面所做的努力。企业员工的素质决定了企业发展的潜力与市场竞争的能力，在员工素质方面的投入将为未来竞争力的提升奠定良好的基础。企业若想永久保持其竞争优势，就必须依靠对企业员工的培养，构建一个学习型的企业。因此，平衡计分卡中的学习与成长是其他三个方面得以顺利实现的基本保证，是企业实现持续增长的内在推动力。

这方面的评价指标通常包括平均训练时间、高学历的员工比例、员工满意度、分红入股计划、授权指数、建议件数、生产力、员工拥有电脑的比率、第二专长人数、专业证照数、领导发展、策略性资讯比例、跨功能任务指派、知识管理、违反道德行为、旷职率、流动率、工作环境的品质等。

（四）平衡计分卡的实施程序

平衡计分卡将企业的未来战略目标与业绩评估模式相结合，通常的实施程序分为以下几个步骤。

1. 阐明公司远景，确定未来战略方向

企业首先需要明确未来的发展方向，找出企业存在的作用和任务，确定目标客户群，深入分析目标客户的潜在需求，找到企业未来的发展机会，确定企业的长期的战略方向。

2. 具体战略目标的拟订

根据企业未来的战略方向，选择合适的竞争战略。根据企业的具体情况，分析企业的优势、劣势、机会和潜在的威胁。选择企业合适的竞争战略，如差异化战略、低成本战略或者目标集中战略。为了落实相应的企业战略，接下来需要将战略目标明确化，制定企业中期和长期的战略规划和战略目标，根据平衡计分卡的思想将战略目标分解为各个方面的具体战略和目标。

3. 选取评价指标

根据企业平衡计分卡所确定的基本框架，将具体战略目标落实到平衡计分卡的各个方面以后，接下来就需要根据具体战略目标确定实现战略目标的关键成功因素，根据关键成功因素确定关键业绩指标，以此确定绩效评价指标。具体评价指标的选择，是针对平衡计分卡的四个方面分别进行详细的目标分析，然后结合企业实际情况，找到合适的、可操作的关键评价指标。平衡计分卡的实施过程中，找到一个合适的评价指标体系，是实施平衡计分卡的难点之一。

4. 具体战略的执行

根据平衡计分卡所确定的评价指标体系，使员工充分了解各项战略目标与计划。调动企业各级员工的积极性，执行企业的各项经营决策，将战略目标转化为行动，使拟订的长远战略得以实现。

5. 评估执行结果

通过对战略具体执行情况的记录和分析，以实际执行的具体数据作为业绩评价的依据。根据评价指标体系所确定的评价方法，将实际业绩指标与目标进行比较，以此评价管理者的业绩。建立独立的评估考核小组，对各层级的管理人员进行业绩评价，出具业绩评估报告。

6. 改善战略的反馈

根据业绩评价的整体结果，分析战略执行过程中可能存在的问题。并根据新的经营情况和信息，对原有的战略规划进行修正。从而将整个业绩评价体系转化为一个良性的互动循环系统。通过对四个方面的业绩评价，对业绩表现好的员工进行奖励，对表现不佳的员工给予相应的惩处。如此循环往复，促使企业形成更完善的管理模式。

公司的运营是在不断变化的竞争环境中进行的，随时平衡计分卡的实施，企业的内外部环境也在不断地发生变化，反馈与学习过程帮助企业重新修正原有的远景和战略，从而进行一个新的循环。平衡计分卡的实施过程应该是上述的四个环节间不断循环往复，在阐明远景、沟通与联系、业务规划和反馈与学习中通过不断交流与学习提高企业的战略管理能力。

（五）实施平衡计分卡过程中的问题

在平衡计分卡的实施过程中，需要注意以下四个问题。

1. 明确战略目标，不能无的放矢

将平衡计分卡与企业的战略目标相联系，成为企业竞争优势构建中的一部分，是成功实施平衡计分卡的关键。平衡计分卡的实施，要求企业强化战略管理能力，在经过战略分析明确企业的战略目标之后，通过平衡计分卡将公司战略进行分解，并转化为部门战略以及相应的岗位甚至个人战略，并在各个层面都建立相应的平衡计分卡，从而达到战略分解工具的作用。有些企业在实施平衡计分卡以后，没有取得令人满意的效果，很重要的原因就在于缺乏明确的发展战略，盲目采用平衡计分卡，单纯为了考核业绩而考核业绩，导致较高的实施成本却不能提高企业竞争能力和长期业绩。

2. 认真选择评价指标，关键业绩指标（KPI）的选择要恰当

对平衡计分卡的各个方面，应该根据公司、部门及岗位实际情况认真选择合适的评价指标。有些企业在实施过程中，对相关目标没有制订出明确的绩效考核指标，导致平衡计分卡实施流于形式，无法发挥其战略绩效考核工具功能。另外，在指标的设计过程中要避免计量上的冲突。在平衡计分卡的评价指标中，可

能某些指标之间会存在冲突，例如研发投资额与成本降低程度可能会相互冲突，企业通常需要在这种冲突中通过权重的选择来确定一个最优的平衡关系。

3. 要得到管理层的支持，并注重公司内部的宣传和培训

在平衡计分卡的实施过程中，会涉及企业内部各部门的利益格局发生变化，难免遇到各种阻碍，如果没有管理层的支持，没有员工的理解，就很难推行下去。平衡计分卡的实施应该注意时间安排，不能急于求成。通过战略沟通的循环过程，使平衡计分卡逐步成为各部门和员工的共同意愿，这对平衡计分卡的有效实施具有重要作用。

4. 注意平衡计分卡的适用性，不能生搬硬套

其他企业的平衡计分卡不能拿来就用，必须考虑到企业自身的实际条件。平衡计分卡并非万能良方，它还有很多不足之处，如平衡计分卡虽然建立四个方面之间的相互关系，但是各方面指标的整合仍然很难让人理解，各指标和各方面的权重设置并没有一种公认的合理解释。因此，各企业应该结合自身的战略要求，设计适合自身特点的平衡计分卡，使其成为企业自身管理文化与方法的有机组成部分。

五、责任会计

（一）责任会计的定义

责任会计是对在企业内部建立的各个责任中心分工负责的经济活动进行控制、考核与业绩评价的一种内部会计制度。责任会计以权责利相统一为特征，目的是确定责任单位的工作成绩和经济效果，是现代管理会计的一个重要分支。随着经济体制的改革和经济责任制的广泛执行，给会计工作带来了一系列的问题并提出了比较高的要求。会计工作必须加以调整，使其与之相适应。责任会计则是把会计管理融入经济责任制中去，通过计量经营状况和成果的会计核算来计量和评价考核企业各个责任中心的工作成绩。因此，也可以说是一种能够明确各个责任部门工作成绩的会计制度。一个完整的责任会计制度，就是在企业内部按照经济责任制的原则，根据责任归属，明确责任指标，确定考核标准，分析评价业绩，充分发挥会计预测、分析和考核职能，实行统分结合、双层核算的内部会计制度。

（二）责任会计理论与绩效考评

责任会计是为落实内部经济责任制的要求，依据责任会计核算原则，通过责任成本核算，确定各责任单位的工作成绩和经济效益，为各单位的绩效考核提供准确的考核依据，考评确认结果与责任人经营责任挂钩。公司各成员单位按照责任会计制度规定自行进行责任会计核算，填制责任会计报表，公司对各成员单位责任会计报表进行审核确认，各成员单位按审核确认结果进行修正并作为最终责任考评依据上报。在责任会计核算和考核过程中，公司及各成员单位要严格按责任会计的规定，执行结果依据指标体系的有关规定实施考评兑现。

责任中心的划分主要基于其对整个公司的主要影响。营收中心或利润中心向外部客户出售产品或服务并从中获得收入。成本中心向组织的其他部门提供服务，成本中心没有责任向外部客户销售产品或服务以获取收入。然而，类似服务部门这样的成本中心也许会产生一些收入，但服务部门在多数情况下通常只产生净成本。投资中心不仅能产生收入，同时也能自主进行投资。责任中心主要可以分为以下几个方面：

1. 营收中心

营收中心负责销售，但不负责已经销售产品相关的制造成本。营收中心从成本中心或利润中心获得产品。对营收中心的绩效评估以其提供贡献的能力为依据，这里"贡献"等于销售收入减去营收中心的直接成本。营收中心的产品来自成本中心或利润中心，营收中心无须负责这些产品的成本。公司的市场营销部门就是一个营收中心。

2. 成本中心

成本中心只产生很少的收入或不产生任何收入，成本中心的经理负责控制本部门的成本。因此，成本中心的经理不负责收入或投资，但如果该经理能在保持预期质量水平的同时最小化成本，他或她将能获得奖励。财务、行政管理、人力资源、会计、客户服务以及呼叫中心等部门都是成本中心。如果员工自助餐厅不以营利为目的，那么它也是一个成本中心。如果假定利润中心是销售部门或生产部门（不同于工厂），甚至工厂与生产设施有时也可以作为成本中心。

共同成本基于所选定的成本动因的具体数目，按比例分配至所有相关的成本中心。成本中心的经理通常负责直接材料和直接人工的效率差异，以及变动间接费用差异。消除不利差异并分析有利差异，这往往也是成本中心经理职责的一部分。

3. 利润中心

利润中心负责成本和收入。由于利润是收入和成本的函数，所以利润中心的经理需负责生成利润、管理收入并控制成本。利润中心的管理层一般无须负责投资。利润中心往往是独立的报告分部。作为连锁商店一部分的杂货店可以是一个利润中心和一个独立的报告分部。对利润中心经理的绩效评估以实际利润与预期利润的差异情况为依据。

4. 投资中心

投资中心的经理需负责本部门的投资、成本和收入。内部投资经理负责审批资本预算和其他投资项目，如研发投资。外部投资经理负责审批短期和长期投资，关注资本保全、投资回报和战略投资情况。对投资中心经理的绩效评估不仅关注利润的绝对水平，还需考虑利润占投资资本的相对水平。对战略投资的评估以战略投资与公司战略间的一致性为依据，对其他投资的评估则以投资回报和资本保全情况为依据。

例如，考虑某个办公用品商店。如果该商店配备有员工餐厅，那么员工餐厅很可能就是一个成本中心，只负责控制本餐厅的各项成本。每一条产品线，如打印机，都是一个营收中心，对该产品线的销售收入负有责任。每一个部门都是一个利润中心，比如纸张供应部门，就需负责本部门的收入和费用（即获利能力）。最后，每一家商店都是一个投资中心，对该店铺的收入和费用、资本项目预算以及资产和负债均需负责。

第七节　管理会计在风险管理领域的应用

一、风险管理概述

（一）风险管理的内涵

风险管理，是指企业为实现风险管理目标，对企业风险进行有效识别、评估、预警和应对等管理活动的过程。企业风险，是指对企业的战略与经营目标实现产生影响的不确定性。需要注意的是，企业风险管理并不能替代内部控制。

（二）风险管理的原则

企业进行风险管理，一般应遵循以下原则：

1. 融合性原则

企业风险管理应与企业的战略设定、经营管理与业务流程相结合。

2. 全面性原则

企业风险管理应覆盖企业所有的风险类型、业务流程、操作环节和管理层级与环节。

3. 重要性原则

企业应对风险进行评价，确定需要进行重点管理的风险，并有针对性地实施重点风险监测，及时识别、应对。

4. 平衡性原则

企业应权衡风险与回报、成本与收益之间的关系。

（三）风险管理领域的管理会计工具与应用

风险管理领域应用的管理会计工具方法，一般包括风险矩阵、风险清单等。企业可结合自身的风险管理目标和实际情况，单独或综合应用不同风险管理工具方法。

企业可根据风险的来源、影响、性质、责任主体等不同标准，建立符合风险管理需要的，满足系统性、完整性、层次性、可操作性、可扩展性等要求的风险分类框架。

（四）风险管理的应用环境

1. 营造风险管理环境

企业应强化风险管理意识，形成与本企业经营状况相适应的风险管理理念，培育和塑造良好的风险管理文化，建立风险管理培训、传达、监督和激励约束机制，将风险管理意识转化为员工的共同认识和自觉行动。

2. 建立风险管理结构

企业应根据相关法律法规的要求和风险管理的需要，建立组织架构健全、职责边界清晰的风险管理结构，明确董事会、监事会、管理层、业务部门、风险管理责任部门等在风险管理中的职责分工，建立风险管理决策、执行、监督与评价等职能既相互分离与制约，又相互协调的运行机制。

3. 建立健全风险管理制度体系

企业应建立健全能够涵盖风险管理主要环节的风险管理制度体系。通常包括风险管理决策制度、风险识别与评估制度、风险监测预警制度、应急处理制度、风险管理评价制度、风险管理考核制度等。

4. 加强信息技术的应用

企业应加强信息技术在风险管理中的应用，建立与业务财务相融合的信息系统。

（五）风险管理的应用程序

企业应用风险管理工具方法，一般按照设定目标，识别和分析风险，对风险进行检测、预警和应对，沟通风险信息，考核和评价风险管理等程序进行。

1. 风险管理目标

风险管理目标是在确定企业风险偏好的基础上，将企业的总体风险和主要风险控制在企业风险容忍度范围之内。风险偏好，是指企业愿意承担的风险及相应的风险水平；风险容忍度，是指企业在风险偏好的基础上，设定的风险管理目标值的可容忍波动范围。

2. 识别和分析风险

企业应根据风险形成机制，识别可能影响风险管理目标实现的内外部风险因素和风险事项。

在风险识别的基础上，对风险成因和特征、风险之间的相互关系，以及风险发生的可能性、对目标影响程度和可能持续的时间进行分析。

3. 风险的检测、预警和应对

企业应在风险评价的基础上，针对需重点关注的风险，设置风险预警指标体

系，对风险的状况进行监测，并通过将指标值与预警临界值的比较，识别预警信
号，并进行预警分级。

企业应针对已发生的风险或已超过监测预警临界值的风险，采取风险接受、
风险规避、风险转移、风险分担、风险转换、风险对冲、风险补偿、风险降低等
策略，把风险控制在容忍度之内。

4. 沟通风险信息

企业应在内部各管理层级、责任单位、业务环节之间，以及企业与外部投资
者、债权人、客户、供应商、中介机构和监管部门等有关方面之间，传递和反馈
风险管理各环节的相关信息。

企业应建立风险管理报告制度，明确报告的内容、对象、频率和路径。

5. 考核和评价风险管理

企业应根据风险管理职责设置风险管理考核指标，并纳入企业绩效管理，建
立明确的、权责利相结合的奖惩制度，以保证风险管理活动的持续性和有效性。

风险管理部门应定期对各职能部门和业务部门的风险管理实施情况和有效性
进行考核，形成考核结论并出具考核报告，及时报送企业管理层和绩效管理
部门。

企业应定期对风险管理制度、工具方法和风险管理目标的实现情况进行评
价，识别是否存在重大风险管理缺陷，形成评价结论并出具评价报告。

二、单位风险管理框架

1992 年，美国 COSO 委员会发布《内部控制整合框架》，其在世界范围内为
内部控制提供了比较一致的概念解释和评价标准，对提升内部控制的研究和应
用、增强企业风险防范能力，产生了积极影响。但是，随着美国安然、施乐和世
界通信等特大恶性企业欺诈事件的相继爆发，美国 COSO 委员会所提出的内部控
制框架受到了一些质疑和挑战，人们的目光从内部控制转向了更为直接的风险管
理，强调内部控制框架的建立应与企业的风险管理相结合。但是，对于许多企业
来说，没有一个普遍认同的关于风险及风险管理的定义，也缺乏一个概述风险管
理运作程序的全面框架，这使董事会成员和管理层之间进行风险交流变得异常困
难。在此背景下，制定框架有着强烈的驱动力。顺应学术界和企业界的呼声和要
求，美国 COSO 委员会在 2004 年 9 月发布了《企业风险管理整合框架》的正式
稿（以下称《新报告》）。美国 COSO 委员会希望新框架能够成为企业董事会和
管理者的一个有用工具，用来评价和提高组织的风险管理水平，并希望该框架能
被各方接受，成为衡量企业风险管理是否有效的一个标准，《新报告》提出的风
险管理框架理论是目前为止最完备的并具有广泛适用性的风险管理理论，受到世
界各国理论界和实务界的广泛关注。

（一）企业风险管理的目标体系

《新报告》将企业风险管理的目标归为战略目标、经营目标、报告目标、合规目标四类。

1. 战略目标

战略目标与企业的使命相一致，企业所有的经营管理活动必须长期有效地支持该使命。

2. 经营目标

经营目标与企业经营的效果和效率相关，包括业绩指标与盈利指标，旨在使企业能够有效及高效地使用资源。

3. 报告目标

报告目标关注企业报告的可靠性，分为对内报告和对外报告，涉及财务和非财务信息。

4. 合规目标

合规目标是最基础的目标，指企业经营是否遵循相关的法律法规。

其中，战略目标比其他三类目标层次更高，它反映了管理者就企业主体如何努力为它的利益相关者创造价值所作出的选择。企业在确定了愿景或使命后应先制订战略目标，选择战略，进而设定经营目标、报告目标以及与合规目标。

企业目标的这种分类可以使企业的管理者和董事会注意企业的不同方面。企业的某一个特定目标可能不仅仅属于某一类目标。企业的这些目标既相互区别又相互重叠，可以明确企业的不同需要，并且可以分派给企业的某一个部门作为其直接职责。这种分类还可以区分企业不同类别目标的期望之间的差别。

（二）企业风险管理的要素构成

为了实现风险管理的有效性，需要下面八个方面的要素支持：内部环境、目标设定、事项识别、风险评估、风险应对、控制活动、信息与沟通和监控。各要素相互关联，贯穿在企业的管理过程之中。

1. 内部环境

内部环境是推动企业发展的引擎，是其他一切要素的基础，为其他要素提供规则和结构。实施企业风险管理，首先应注意内部环境的建设。内部环境构成一个组织的氛围，它对企业风险管理的建立和实施有着重大影响，其好坏直接决定了企业风险管理框架实施的效果。内部环境主要包括以下内容：风险管理理念、风险容量、董事会、诚信与道德价值观、对胜任能力的要求、组织结构、权力和职责的分配、人力资源准则、影响等。

2. 目标设定

每一个企业都面临来自外部和内部的一系列风险，在识别和评估这些风险并采取行动来管理风险之前，首先应确定目标。管理层应针对不同的目标分析相应的风险，并且建立一套能将企业目标与企业使命紧密联系并与企业风险容量和风险容限相一致的制订目标的流程。企业的风险管理所有具体的或活动层次的目标都可归入战略目标、经营目标、报告目标、合规目标中的一类或几类。

3. 事项识别

不确定性的存在，使企业的管理者需要对影响战略实施或目标实现的潜在事项进行识别。对企业有负面影响的事项是企业的风险，要求管理者对其进行评估和反应，有正面影响的事项或者可以抵消风险对企业的负面影响的事项代表企业的机遇。只有识别了这些事项，才能规划有关行动以抓住机遇，抵御风险。

4. 风险评估

风险评估是对风险发生的可能性和影响进行识别、分析和估计的过程，它是决定如何管理风险的基础，一旦风险得到识别，就应该对风险进行分析评估。这样，管理层就能根据被识别的风险的重要性来计划如何管理，即通过风险管理这个过程识别和分析风险并采取减弱风险效果的行动来管理风险。《新报告》建议从固有风险和残存风险的角度来看待风险，对风险影响的分析则采用简单算术平均数、最差的情形下的估计值或事项的分布等技术来分析。企业风险评估的方法有多种，主要分为定量分析和定性分析两种。企业无须对所有的风险采用同样一种评估方法，可根据不同的风险目标确定相应的风险评估方法，达到成本最低情况下的效益最大化目的。

5. 风险应对

在评估了相关风险后，企业管理者就要确定如何应对。ERM 框架提出四种应对方案：风险回避、降低、分担和承受。管理者应在风险容限和成本效益原则的前提下，考虑每个方案如何影响事项发生的可能性和事项对企业的影响，进而选择并执行风险应对方案。有效的风险管理要求管理者选择一个能使企业风险发生的可能性和影响都落在风险容忍度内的风险应对方案。

6. 控制活动

控制活动是帮助确保企业管理者的风险应对得以实施的政策和程序，它贯穿于整个组织，遍及各个层级和各个职能机构，包括一系列不同的活动，如批准、授权、验证、调节、经营业绩审核、资产安全以及职责分离。选择何种控制活动，应该考虑它们与风险应对和相关目标的相关性和恰当性。

7. 信息与沟通

信息尤其是大量的财务和经营信息对治理企业和实现目标来说是必不可少的；沟通是信息系统固有的部分，在更广泛的意义上，沟通在处理预期、责任和其他重要事项时都必须占有一席之地。信息是沟通的基础，沟通必须满足不同团体和个人的期望，使他们能够有效履行自己的职责。沟通越有效，管理层就能更好地行使其监督职能，企业就越容易达到既定的目标。

8. 监控

企业风险管理应该受到监控，这是一个对风险管理各构成要素的存在和机能以及风险管理执行质量进行评价的持续过程。企业可以通过两种方法进行监控：持续监控或个别评价。持续监控是企业正常的经常性活动的一部分。持续监控实时执行，可以对不断变化的条件做出动态反应，从而牢牢扎根于企业之中。个别评价的频率依赖于管理层的主观判断。进行决策时，需要考虑以下因素：内外部事件发生变化的性质、程度以及相关风险，执行风险反应和相关控制的员工能力和经验，持续监控的结论。

（三）COSO 委员会企业风险管理框架的理论突破

（1）提出一个新的观念——风险组合观。COSO 委员会内部控制框架也提到风险观念，但在《新报告》中强调了内部控制框架所没有涉及的新观念——风险组合观，要求从企业层面上总体把握分散于企业各层次、各部门的风险，以统筹考虑风险对策，防止分部门分散考虑与应对风险（如将风险割裂在财务、技术、生产、质量、审计等部门）。企业是许多业务单元、职能机构、流程等的结合体，对单个单元来说，风险可能落在其容忍范围内，而将这些风险组合在一起形成的整体风险可能超过企业总体的风险偏好范围，或者相反，潜在事项在一个业务单元中可能意味着不可接受的风险，但是在其他业务单元中存在抵消效应，从而导致总体风险是可以接受的。因此，企业管理者应从企业总体的风险组合的观点看待风险，对相关的风险进行识别并采取措施，使企业所承担的整体风险在风险偏好范围内。

（2）增加一类目标——战略目标，并扩大了报告目标的范畴。内部控制框架将企业的目标分为经营、财务报告和合法性目标。企业风险管理框架也包含三个类似的目标，但是其中只有两个目标与内部控制框架中的定义相同，财务报告目标的界定则有所区别。内部控制框架中的财务报告目标只与公开披露的财务报表的可靠性相关，而企业风险管理框架中的报告目标的范围有很大的扩展，该目标覆盖了企业编制的所有报告，既包括财务报表及其附注，也包括管理当局讨论分析报告以及其他提交给监督机构的报告等。此外，企业风险管理框架比内部控制框架增加了一个战略目标。从管理学的角度来看，企业要生存，就必须根据企业使命或愿景制订战略目标，由于战略目标往往比较原则或笼统，企业还需制订一些相关的具体目标，主要分为经营目标、报告目标和合规目标。具体目标的设定应以战略为指导，将企业各职能部门的目标与战略目标关联起来并整合一致。因此，战略目标属于高层次目标，与企业的使命相关联并支持该使命。企业的风险管理在应用于实现企业其他三类目标的过程中，也应用于企业的战略制订阶段。

（3）针对风险度量提出两个新概念——风险容量和风险容限。《新报告》指出，"风险容量是一个主体在追求价值的过程中所愿意承受的广泛意义的风险的数量，它反映了主体的风险管理理念，进而影响了主体的文化和经营风格"。它与企业的战略密切相关，是管理层在董事会监督下制定战略的路标。风险容量可以视作增长、风险与收益之间的一种平衡，企业在制定战略时，应考虑将该战略的既定收益与企业的风险容量结合起来，目的是要帮助企业的管理者在不同战略间选择与企业的风险容量相一致的战略。风险容量的概念是建立在风险容限的概念基础上的。风险容限是相对于目标的实现而言所能接受的偏离程度，是企业在风险容量的基础上设定的对相关目标实现过程中所出现差异的可容忍限度。在确定各目标的风险容限时，企业应考虑相关目标的重要性，并将其与企业风险容量相协调。企业在风险容限内的良好运行可以更好地确保企业发展不超出风险容量范围，可以更好地保证企业实现其战略目标

（4）增加了三个构成要素——目标设定、事项识别和风险应对。COSO—ERM框架将目标实现作为主体的使命并将四个相关联的目标贯穿于企业发展的全过程中，因此目标设定自然可作为风险管理体系的首要步骤，纳入八大要素之中。区别于以往事件的模糊概念，ERM框架将事项重新定义分类为正面影响、负面影响，或两者兼而有之，而风险只局限于有负面影响的事项，因而如何在不同的事项中识别出风险成为企业进行风险管理的前提。此外，风险管理框架还深入讨论了潜在事项的概念。风险应对是ERM框架提出的企业对待风险的四种不同层次的反应，即规避风险、减少风险、共担风险和接受风险。企业应针对不同的风险综合考虑后选择不同的反应对策，尽量降低应对风险的成本，提高企业的抗风险能力。

三、风险矩阵模型

（一）风险矩阵方法起源

风险矩阵方法出现于20世纪90年代后期，是在项目管理过程中识别项目风险重要性的一种结构性方法，并能够对项目的潜在风险进行评估，操作简便且定性与定量分析相结合。该方法由美国空军电子系统中心最先提出，并在美国军方武器系统研制项目风险管理中得到广泛的推广应用。

（二）原始风险矩阵

风险矩阵方法在美国国防采办风险管理中应用时，主要考察项目需求与技术可能两个方面，并以此为基础来分析辨识项目是否存在风险。原始风险矩阵应该有需求栏、技术栏、风险栏、影响栏、风险发生概率栏、风险等级栏、风险管理及降低栏。

（1）需求栏：列出项目的基本需求，一般包括两部分：高级操作需求和项目管理需求；

（2）技术栏：列出根据具体需求可以采用的技术。如果所需技术不存在或不够成熟，则可能不满足需求，风险发生的概率就会高一些；

（3）风险栏：识别和描述具体的风险；

（4）影响栏：评估识别出的风险对项目的影响，通常将风险对项目的影响分为五个等级；

（5）风险发生概率栏：评估项目中风险发生的概率；

（6）风险等级栏：通过将风险影响栏和风险发生概率栏的值输入风险矩阵来确定风险等级；

（7）风险管理及降低栏：由风险管理小组制订具体战略措施以管理/降低项目中存在的风险。

（三）风险影响等级的确定

明确了原始风险矩阵的各项组成之后，接下来就要通过分析、比较、评估确定各风险的重要性，对风险进行排序。确定了风险集之后，就可以对风险进行定量化分析了。要使分析结果更加符合现实，就需要分析风险影响的程度和风险发生的概率。风险影响的评定可以采用德尔菲法和模糊综合评价法相结合，先把各指标的评价标准分为关键、严重、中度、微小和可忽略五个档次，并规定风险影响程度按从小到大的顺序分别赋值为1分、2分、3分、4分、5分。指标等级介于两相邻等级之间时，相应的评分为1.5分、2.5分、3.5分、4.5分、5.5分。按照风险识别后确定的风险指标体系和具体选定的风险评估方法进行评价，得到的结果是：综合风险分值在4分以上的为高风险，2分为中等风险，2分以下为低风险。然后让专家组对各个风险因素进行打分，再依据一定的标准由多名专家评出的分值计算出各风险因素风险等级分值，从而确定风险影响的等级。

（四）风险概率的确定

风险概率是风险发生可能性的百分比表示，通常有两种：一种是客观概率，主要是根据大量试验，利用大量统计数据采用统计方法进行估算；另外一种是主观概率，有些风险事件不可能作出准确分析，只能进行合理的估计。跨国企业面临的外部环境具有很大的不确定性，很多因素都无法进行客观的定量分析，所以只能通过专家评估等方法来进行定性评价，风险概率也需要使用同样的方法获得。

（五）风险矩阵方法的适用性

与常用的层次分析法相比，风险矩阵方法更为客观，因为它首先由专家对风险因素的风险影响进行评价，对风险因素的风险概率进行预测，然后将风险影响和风险发生概率值输入风险矩阵，根据风险等级对照表确定风险等级，再依据Borda序值法确定风险因素的重要性排序，经由专家打分构造判断矩阵，从而得出风险权重，进一步测算出综合风险等级。

第八节 管理会计报告

一、企业管理会计报告概述

（一）管理会计报告的内涵

管理会计报告是指企业运用管理会计方法，根据财务和业务的基础信息加工整理形成的，满足企业价值管理和决策支持需要的内部报告。

（二）管理会计报告的目标

企业管理会计报告的目标是为企业各层级进行规划、决策、控制和评价等管理活动提供有用信息。

企业应建立管理会计报告组织体系，根据需要设置管理会计报告相关岗位，明确岗位职责。企业各部门都应履行提供管理会计报告所需信息的责任。

企业管理会计报告的形式要件包括报告的名称、报告期间或时间、报告对象、报告内容以及报告人等。

企业管理会计报告的对象是对管理会计信息有需求的各个层级、各个环节的管理者。

企业可根据管理的需要和管理会计活动的性质设定报告期间。一般应以日历期间（月度、季度、年度）作为企业管理会计报告期间，也可根据特定需要设定企业管理会计报告期间。

企业管理会计报告的内容应根据管理需要和报告目标而定，易于理解并具有一定灵活性。

企业管理会计报告的编制、审批、报送、使用等应与企业组织架构相适应。

企业管理会计报告体系应根据管理活动全过程进行设计，在管理活动各环节形成基于因果关系链的结果报告和原因报告。

企业管理会计报告体系可按照多种标准进行分类，包括但不限于：

（1）按照企业管理会计报告使用者所处的管理层级可分为战略层管理会计报告、经营层管理会计报告和业务层管理会计报告；

（2）按照企业管理会计报告内容可分为综合企业管理会计报告和专项企业管理会计报告；

（3）按照管理会计功能可分为管理规划报告、管理决策报告、管理控制报告和管理评价报告；

（4）按照责任中心可分为投资中心报告、利润中心报告和成本中心报告；

（5）按照报告主体整体性程度可分为整体报告和分部报告。

二、战略层管理会计报告

战略层管理会计报告是为战略层开展战略规划、决策、控制和评价以及其他方面的管理活动提供相关信息的对内报告。战略层管理会计报告的报告对象是企业的战略层，包括股东大会、董事会和监事会等。

战略层管理会计报告包括但不仅限于战略管理报告、综合业绩报告、价值创造报告、经营分析报告、风险分析报告、重大事项报告、例外事项报告等。这些报告可独立提交，也可根据不同需要整合后提交。

战略管理报告的内容一般包括内外部环境分析、战略选择与目标设定、战略执行及其结果，以及战略评价等。

综合业绩报告的内容一般包括关键绩效指标预算及其执行结果、差异分析以及其他重大绩效事项等。

价值创造报告的内容一般包括价值创造目标、价值驱动的财务因素与非财务因素、内部各业务单元的资源占用与价值贡献，以及提升公司价值的措施等。

经营分析报告的内容一般包括过去经营决策执行情况回顾、本期经营目标执行的差异及其原因、影响未来经营状况的内外部环境与主要风险分析、下一期的经营目标及管理措施等。

风险分析报告的内容一般包括企业全面风险管理工作回顾、内外部风险因素分析、主要风险识别与评估、风险管理工作计划等。

重大事项报告是针对企业的重大投资项目、重大资本运作、重大融资、重大担保事项、关联交易等事项进行的报告。

例外事项报告是针对企业发生的管理层变更、股权变更、安全事故、自然灾害等偶发性事项进行的报告。

战略层管理会计报告应精练、简洁、易于理解，报告主要结果、主要原因，并提出具体的建议。

三、经营层管理会计报告

经营层管理会计报告是为经营管理层开展与经营管理目标相关的管理活动提供相关信息的对内报告。经营层管理会计报告的报告对象是经营管理层。

经营层管理会计报告主要包括全面预算管理报告、投资分析报告、项目可行性报告、融资分析报告、盈利分析报告、资金管理报告、成本管理报告、绩效评价报告等。

全面预算管理报告的内容一般包括预算目标制订与分解、预算执行差异分析以及预算考评等。

投资分析报告的内容一般包括投资对象、投资额度、投资结构、投资进度、投资效益、投资风险和投资管理建议等。

项目可行性报告的内容一般包括项目概况、市场预测、产品方案与生产规模、厂址选择、工艺与组织方案设计、财务评价、项目风险分析，以及项目可行性研究结论与建议等。

融资分析报告的内容一般包括融资需求测算、融资渠道与融资方式分析及选择、资本成本、融资程序、融资风险及其应对措施和融资管理建议等。

盈利分析报告的内容一般包括盈利目标及其实现程度、利润的构成及其变动趋势、影响利润的主要因素及其变化情况，以及提高盈利能力的具体措施等。企业还应对收入和成本进行深入分析。盈利分析报告可基于企业集团、单个企业，也可基于责任中心、产品、区域、客户等进行。

资金管理报告的内容一般包括资金管理目标、主要流动资金项目如现金、应收票据、应收账款、存货的管理状况、资金管理存在的问题以及解决措施等。企业集团资金管理报告的内容一般还包括资金管理模式（集中管理还是分散管理）、资金集中方式、资金集中程度、内部资金往来等。

成本管理报告的内容一般包括成本预算、实际成本及其差异分析，成本差异形成的原因以及改进措施等。

业绩评价报告的内容一般包括绩效目标、关键绩效指标、实际执行结果、差异分析、考评结果，以及相关建议等。

经营层管理会计报告应做到内容完整、分析深入。

四、业务层管理会计报告

业务层管理会计报告是为企业开展日常业务或作业活动提供相关信息的对内报告。其报告的对象是企业的业务部门、职能部门以及车间、班组等。

业务层管理会计报告应根据企业内部各部门、车间或班组的核心职能或经营目标进行设计，主要包括研究开发报告、采购业务报告、生产业务报告、配送业务报告、销售业务报告、售后服务业务报告、人力资源报告等。

研究开发报告的内容一般包括研发背景、主要研发内容、技术方案、研发进度、项目预算等。

采购业务报告的内容一般包括采购业务预算、采购业务执行结果、差异分析及改善建议等。采购业务报告要重点反映采购质量、数量以及时间、价格等方面的内容。

生产业务报告的内容一般包括生产业务预算、生产业务执行结果、差异分析及改善建议等。生产业务报告要重点反映生产成本、生产数量以及产品质量、生产时间等方面的内容。

配送业务报告的内容一般包括配送业务预算、配送业务执行结果、差异分析及改善建议等。配送业务报告要重点反映配送的及时性、准确性以及配送损耗等方面的内容。

销售业务报告的内容一般包括销售业务预算、销售业务执行结果、差异分析及改善建议等。销售业务报告要重点反映销售的数量结构和质量结构等方面的内容。

售后服务业务报告的内容一般包括售后服务业务预算、售后服务业务执行结果、差异分析及改善建议等。售后服务业务报告重点反映售后服务的客户满意度等方面的内容。

人力资源报告的内容一般包括人力资源预算、人力资源执行结果、差异分析及改善建议等。人力资源报告重点反映人力资源使用及考核等方面的内容。

业务层管理会计报告应做到内容具体，数据充分。

五、企业管理会计报告的流程

企业管理会计报告流程包括报告的编制、审批、报送、使用、评价等环节。

企业管理会计报告由管理会计信息归集、处理并报送的责任部门编制。

企业应根据报告的内容、重要性和报告对象等，确定不同的审批流程。经审批后的报告方可报出。

企业应合理设计报告报送路径，确保企业管理会计报告及时、有效地送达报告对象。企业管理会计报告可以根据报告性质、管理需要进行逐级报送或直接报送。

企业应建立管理会计报告使用的授权制度，报告使用人应在权限范围内使用企业管理会计报告。

企业应对管理会计报告的质量、传递的及时性、保密情况等进行评价，并将评价结果与绩效考核挂钩。

企业应当充分利用信息技术，强化管理会计报告及相关信息集成和共享，将管理会计报告的编制、审批、报送和使用等纳入企业统一信息平台。

企业应定期根据管理会计报告使用效果以及内外部环境变化对管理会计报告体系、内容以及编制、审批、报送、使用等进行优化。

企业管理会计报告属内部报告，应在允许的范围内传递和使用。相关人员应遵守保密规定。

第九节　管理会计信息系统

一、管理会计信息系统概述

(一) 管理会计信息系统的内涵

管理会计信息系统,是指以财务和业务信息为基础,借助计算机、网络通信等现代信息技术手段,对管理会计信息进行收集、整理、加工、分析和报告等操作处理,为企业有效开展管理会计活动提供全面、及时、准确信息支持的各功能模块的有机集合。

(二) 管理会计信息系统的建立原则

企业建设和应用管理会计信息系统,一般应遵循以下原则:

1. 系统集成原则

管理会计信息系统各功能模块应集成在企业整体信息系统中,与财务和业务信息系统紧密结合,实现信息的集中统一管理及财务和业务信息到管理会计信息的自动生成。

2. 数据共享原则

企业建设管理会计信息系统应实现系统间的无缝对接,通过统一的规则和标准,实现数据的一次采集,全程共享,避免产生信息孤岛。

3. 规则可配原则

管理会计信息系统各功能模块应提供规则配置功能,实现其他信息系统与管理会计信息系统相关内容的映射和自定义配置。

4. 灵活扩展原则

管理会计信息系统应具备灵活扩展性,通过及时补充有关参数或功能模块,对环境、业务、产品、组织和流程等的变化及时做出响应,满足企业内部管理需要。

5. 安全可靠原则

应充分保障管理会计信息系统的设备、网络、应用及数据安全,严格权限授权,做好数据灾备建设,具备良好的抵御外部攻击能力,保证系统的正常运行并确保信息的安全、保密、完整。

(三) 管理会计信息系统应用环境

企业建设管理会计信息系统,一般应具备以下条件:

（1）对企业战略、组织结构、业务流程、责任中心等有清晰定义。

（2）设有具备管理会计职能的相关部门或岗位，具有一定的管理会计工具方法的应用基础以及相对清晰的管理会计应用流程。

（3）具备一定的财务和业务信息系统应用基础，包括已经实现了相对成熟的财务会计系统的应用，并在一定程度上实现了经营计划管理、采购管理、销售管理、库存管理等基础业务管理职能的信息化。

（四）管理会计信息系统建设和应用程序

管理会计信息系统的建设和应用程序既包括系统的规划和建设过程，也包括系统的应用过程，即输入、处理和输出过程。

管理会计信息系统规划和建设过程一般包括系统规划、系统实施和系统维护等环节。

1. 系统规划

在管理会计信息系统的规划环节，企业应将管理会计信息系统规划纳入企业信息系统建设的整体规划中，遵循整体规划、分步实施的原则，根据企业的战略目标和管理会计应用目标，形成清晰的管理会计应用需求，因地制宜逐步推进。

2. 系统实施

在管理会计信息系统实施环节，企业应制订详尽的实施计划，清晰划分实施的主要阶段、有关活动和详细任务的时间进度。实施阶段一般包括项目准备、系统设计、系统实现、测试和上线、运维及支持等过程。

在项目准备阶段，企业主要应完成系统建设前的基础工作，一般包括确定实施目标、实施组织范围和业务范围，调研信息系统需求，进行可行性分析，制订项目计划、资源安排和项目管理标准，开展项目动员及初始培训等。

在系统设计阶段，企业主要应对组织现有的信息系统应用情况、管理会计工作现状和信息系统需求进行调查，梳理管理会计应用模块和应用流程，据此设计管理会计信息系统的实施方案。

在系统实现阶段，企业主要应完成管理会计信息系统的数据标准化建设、系统配置、功能和接口开发及单元测试等工作。

在测试和上线阶段，企业主要应实现管理会计信息系统的整体测试、权限设置、系统部署、数据导入、最终用户培训和上线切换过程。必要时，企业还应根据实际情况进行预上线演练。

3. 系统维护

企业应做好管理会计信息系统的运维和支持，实现日常运行维护支持及上线后持续培训和系统优化。

管理会计信息系统的应用程序一般包括输入、处理和输出三个环节。

（1）输入环节，是指管理会计信息系统采集或输入数据的过程。管理会计信息系统需提供已定义清楚数据规则的数据接口，以自动采集财务和业务数据。同时，系统还应支持本系统其他数据的手工录入，以利于相关业务调整和补充信息的需要。

（2）处理环节，是指借助管理会计工具模型进行数据加工处理的过程。管理会计信息系统可以充分利用数据挖掘、在线分析处理等商业智能技术，借助相关工具对数据进行综合查询、分析统计，挖掘出有助于企业管理活动的信息。

（3）输出环节，是指提供丰富的人机交互工具、集成通用的办公软件等成熟工具，自动生成或导出数据报告的过程。数据报告的展示形式应注重易读性和可视化。最终的系统输出结果不仅可以采用独立报表或报告的形式展示给用户，还可以输出或嵌入其他信息系统中，为各级管理部门提供管理所需的相关、及时的信息。

二、管理会计信息系统模块

管理会计信息系统的模块包括成本管理、预算管理、绩效管理、投资管理、管理会计报告以及其他功能模块。

（一）成本管理模块

成本管理模块应实现成本管理的各项主要功能，一般包括对成本要素、成本中心、成本对象等参数的设置，以及成本核算方法的配置，从财务会计核算模块、业务处理模块以及人力资源等模块抽取所需数据，进行精细化成本核算，生成分产品、分批次（订单）、分环节、分区域等多维度的成本信息，以及基于成本信息进行成本分析，实现成本的有效控制，为企业成本管理的事前计划、事中控制、事后分析提供有效的支持。

1. 成本核算

成本核算主要完成对企业生产经营过程各个交易活动或事项的实际成本信息的收集、归纳、整理，并计算出实际发生的成本数据，支持多种成本计算和分摊方法，准确地度量、分摊和分配实际成本。

成本核算的输入信息一般包括业务事项的记录和货币计量数据等。企业应使用具体成本工具方法（如完全成本法、变动成本法、作业成本法、目标成本法、标准成本法等），建立相应的计算模型，以各级成本中心为核算主体，完成成本核算的处理过程。

成本核算处理过程结束后，应能够输出实际成本数据、管理层以及各个业务部门所需要的成本核算报告等。

2. 成本分析

成本分析主要实现对实际成本数据分类比较、因素分析比较等，发现成本和利润的驱动因素，形成评价结论，编制成各种形式的分析、评价指标报告等。

成本分析的输入信息一般包括成本标准或计划数据、成本核算子模块生成的成本实际数据等。企业应根据输入数据和规则，选择具体分析评价方法（如差异分析法、趋势分析法、结构分析法等），对各个成本中心的成本绩效进行分析比较，汇总形成各个责任中心及企业总体成本绩效报告，并输出成本分析报告、成本绩效评价报告等。

3. 成本预测

成本预测主要实现不同成本对象的成本估算预测。

成本预测的输入信息一般包括业务计划数据、成本评价结果、成本预测假设条件以及历史数据、行业对标数据等。企业应运用成本预测模型（如算术平均法、加权平均法、平滑指数法等）对下一个工作周期的成本需求进行预测，根据经验或行业可比数据对模型预测结果进行调整，并输出成本预测报告。

4. 成本控制

成本控制主要按照既定的成本费用目标，对构成成本费用的诸要素进行规划、限制和调节，及时纠正偏差，控制成本费用超支，把实际耗费控制在成本费用计划范围内。成本控制的输入信息一般包括成本费用目标和政策、成本分析报告、预算控制等。企业应建立工作流审批授权机制，以实现费用控制过程，通过成本预警机制实现成本控制的处理过程，输出费用支付清单、成本控制报告等。

成本管理模块应提供基于指标分摊、基于作业分摊等多种成本分摊方法，利用预定义的规则，按要素、按期间、按作业等进行分摊。

（二）预算管理模块

预算管理模块应实现的主要功能包括对企业预算参数设置、预算管理模型搭建、预算目标制订、预算编制、预算执行控制、预算调整、预算分析和评价等全过程的信息化管理。

预算目标和计划制订主要完成企业目标设定和业务计划的制订，实现预算的启动和准备过程。预算目标和计划设定的输入信息一般包括企业远景与战略规划、内外部环境信息、投资者和管理者期望、往年绩效数据、经营状况预测以及公司战略举措、各业务板块主要业绩指标等。企业应对内外部环境和问题进行分析，评估预算备选方案，制订详细的业务计划，输出企业与各业务板块主要绩效指标和部门业务计划等。

预算编制主要完成预算目标设定、预算分解和目标下达、预算编制和汇总以及预算审批过程，实现自上而下、自下而上等多种预算编制流程，并提供固定预算、弹性预算、零基预算、滚动预算、作业预算等一种或多种预算编制方法的处理机制。预算编制的输入信息一般包括历史绩效数据、关键绩效指标、预算驱动因素、管理费用标准等。企业应借助适用的预测方法（如趋势预测、平滑预测、回归预测等）建立预测模型，辅助企业制订预算目标，依据预算管理体系，自动分解预算目标，辅助预算的审批流程，自动汇总预算。最终输出结果应为各个责任中心的预算方案等。预算管理模块应能提供给企业根据业务需要编制多期间、多情景、多版本、多维度预算计划的功能，以满足预算编制的要求。

预算执行控制主要实现预算信息模块与各财务和业务系统的及时数据交换，实现对财务和业务预算执行情况的实时控制等。预算执行控制的输入信息一般包括企业各业务板块及部门的主要绩效指标、业务计划、预算执行控制标准及预算执行情况等。企业应通过对数据的校验、比较和查询汇总，比对预算目标和执行情况的差异；建立预算监控模型，预警和冻结超预算情形，形成预算执行情况报告；执行预算控制审核机制以及例外预算管理等。最终输出结果为预算执行差异分析报告、经营调整措施等。

预算调整主要实现对部分责任中心的预算数据进行调整，完成调整的处理过程等。预算调整的输入信息一般包括企业各业务板块及部门的主要绩效指标、预算执行差异分析报告等。企业对预算数据进行调整，并依据预算管理体系，自动分解调整后的预算目标，辅助调整预算的审批流程，自动汇总预算。最终输出结果为各个责任中心的预算调整报告、调整后的绩效指标等。

预算分析和评价主要提供多种预算分析模型，实现在预算执行的数据基础上，对预算数和实际发生数进行多期间、多层次、多角度的预算分析，最终完成预算的业绩评价，为绩效考核提供数据基础。预算分析和评价的输入信息一般包括预算指标及预算执行情况，以及业绩评价的标准与考核办法等数据。企业应建立差异计算模型，实现预算差异的计算，辅助实现差异成因分析过程，最终输出部门、期间、层级等多维度的预算差异分析报告等。

（三）绩效管理模块

绩效管理模块主要实现业绩评价和激励管理过程中各要素的管理功能，一般包括业绩计划和激励计划的制订、业绩计划和激励计划的执行控制、业绩评价与激励实施管理等，为企业的绩效管理提供支持。

绩效管理模块应提供企业各项关键绩效指标的定义和配置功能，并可从其他模块中自动获取各业务单元或责任中心相应的实际绩效数据，进行计算处理，形成绩效执行情况报告及差异分析报告。

业绩计划和激励计划制订主要完成绩效管理目标和标准的设定、绩效管理目标的分解和下达、业绩计划和激励计划的编制过程，以及计划的审批流程。业绩计划和激励计划制订的输入信息一般包括企业及各级责任中心的战略关键绩效指标和年度经营关键绩效指标，以及企业绩效评价考核标准、绩效激励形式、条件等基础数据。处理过程一般包括构建指标体系、分配指标权重、确定业绩目标值、选择业绩评价计分方法以及制订薪酬激励、能力开发激励、职业发展激励等多种激励计划，输出各级考核对象的业绩计划、绩效激励计划等。

业绩计划和激励计划的执行控制主要实现与预算系统和各业务系统的及时数据交换，实现对业绩计划与激励计划执行情况的实时控制等。业绩计划和激励计划的执行控制的输入信息一般包括绩效实际数据以及业绩计划和激励计划等。企业应建立指标监控模型，根据指标计算办法计算指标实际值，比对实际值与目标值的偏差，输出业绩计划和激励计划执行差异报告等。

业绩评价和激励实施管理主要实现对计划的执行情况进行评价，形成综合评价结果，向被评价对象反馈改进建议及措施等。业绩评价和激励实施管理的输入信息一般包括被评价对象的业绩指标实际值和目标值、指标计分方法和权重等。企业应选定评分计算方法计算评价分值，形成被评价对象的综合评价结果，输出业绩评价结果报告和改进建议等。

（四）投资管理模块

投资管理模块主要实现对企业投资项目进行计划和控制的系统支持过程，一般包括投资计划的制订和对每个投资项目进行的及时管控等。

投资管理模块应与成本管理模块、预算管理模块、绩效管理模块和管理会计报告模块等进行有效集成和数据交换。

投资管理模块应辅助企业实现投资计划的编制和审批过程。企业可以借助投资管理模块定义投资项目、投资程序、投资任务、投资预算、投资控制对象等基本信息；在此基础上，制订企业各级组织的投资计划和实施计划，实现投资计划的分解和下达。

投资管理模块应实现对企业具体投资项目的管控过程。企业可以根据实际情况，将项目管理功能集成到投资管理模块中，也可以实施单独的项目管理模块来实现项目的管控过程。

项目管理模块主要实现对投资项目的系统化管理过程，一般包括项目设置、项目计划与预算、项目执行、项目结算与关闭、项目报告以及项目后审计等功能。一是项目设置。主要完成项目定义（如项目名称、项目期间、成本控制范围、利润中心等参数），以及工作分解定义、作业和项目文档等的定义和设置，为项目管理提供基础信息。二是项目计划与预算。主要完成项目里程碑计划、项目实施计划、项目概算、项目利润及投资测算、项目详细预算等过程，并辅助实现投资预算的审核和下达过程。项目里程碑计划，一般包括对项目的关键节点进行定义，在关键节点对项目进行检查和控制，以及确定项目各阶段的开始和结束时间等。三是项目执行。主要实现项目的拨款申请，投资计量，项目实际发生值的确定、计算和汇总，以及与目标预算进行比对，对投资进行检查和成本管控。四是项目结算。通过定义的结算规则，运用项目结算程序，对项目实现期末结账处理。结算完成后，对项目执行关闭操作，保证项目的可控性。五是项目报告。项目管理模块应向用户提供关于项目数据的各类汇总报表及明细报表，主要包括项目计划、项目投资差异分析报告等。六是项目后审计。企业可以根据实际需要，在项目管理模块中提供项目后辅助审计功能，依据项目计划和过程建立工作底稿，对项目的实施过程、成本、绩效等进行审计和项目后评价。

（五）管理会计报告模块

管理会计报告模块应实现基于信息系统中财务数据、业务数据自动生成管理会计报告，支持企业有效实现各项管理会计活动。管理会计报告模块应为用户生成报告提供足够丰富、高效、及时的数据源，必要时应建立数据仓库和数据集市，形成统一规范的数据集，并在此基础上，借助数据挖掘等商务智能工具方法，自动生成多维度报表。

管理会计报告模块应为企业战略层、经营层和业务层提供丰富的通用报告模板。

管理会计报告模块应为企业提供灵活的自定义报告功能。企业可以借助报表工具自定义管理会计报表的报告主体、期间（定期或不定期）、结构、数据源、计算公式以及报表展现形式等。系统可以根据企业自定义报表的模板自动获取数据进行计算加工，并以预先定义的展现形式输出。

管理会计报告模块应提供用户追溯数据源的功能。用户可以在系统中对报告的最终结果数据进行追溯，可以层层追溯其数据来源和计算方法，直至业务活动。

管理会计报告模块可以独立的模块形式存在于信息系统中，从其他管理会计模块中获取数据生成报告；也可内嵌到其他管理会计模块中，作为其他管理会计模块重要的输出环节。

管理会计报告模块应与财务报告系统相关联，既能有效生成企业整体报告，也能生成分部报告，并实现整体报告和分部报告的联查。

第三章　管理会计之"术"

——实践应用

第一节　战略管理会计案例分析

案例一：战略成本管理在不同商业模式下的应用研究——以苹果公司和小米公司为例[①]

随着经济全球化和互联网的飞速发展，只注重企业内部、只注重制造环节的传统成本管理已无法满足企业管理的要求，更加关注战略、竞争环境和价值链管理的战略成本管理应运而生。不过现有的战略成本管理理论和案例主要针对的还是工业时代背景下的企业成本管理问题，对互联网时代网络经济环境下的企业成本管理研究尚显不足。因此，本书以苹果公司和小米公司为例，对移动互联网时代下不同商业模式的企业战略成本管理进行研究，以此给读者带来更多的借鉴和启发。

（一）基于价值链的战略成本管理简介

战略成本管理是一种全面性与前瞻性相结合的新型成本管理模式，它是成本管理与战略管理相融合的产物，是传统成本管理对竞争环境变化所做出的一种适应性变革，是当代成本管理发展的必然趋势。

战略成本管理思想概括起来包括下面三个要点：其一，实施战略成本管理的目的不仅仅是降低成本，更重要的是建立和保持企业的长期竞争优势。其二，战略成本管理是全方位、多角度和突破单个企业本身的成本管理。其三，战略成本管理重在成本，立足预防，从宏观上控制成本的源头。

目前最具代表性的战略成本管理研究模式有：克兰菲尔德模式、罗宾·库珀式、桑克模式和成本企划管理模式。本书将采用桑克模式对战略成本管理进行案

---

① 笔者根据周园，杨溢. 苹果与小米的战略成本管理创新：因环境而变［J］. 税务与经济，2017（6）：55－59 内容整理所得。

例研究。

桑克（Jack Shank）模式由美国管理会计教授桑克提出，其实质是在波特教授所著《竞争优势》的基础上创建的，主要是利用一系列的战略分析工具——战略定位分析、战略价值链分析和战略成本动因分析，为企业的成本管理提供了战略上的透视。桑克模式首先从行业、市场和产品三个不同的层面上进行战略定位分析，确定企业采取的战略，从而确定成本管理的方向。其次是从战略的角度，进行行业、企业内部和竞争对手的价值链分析。通过分析行业价值链，了解行业的整体态势，了解企业自身在行业中的位置，通过价值链分析，寻求降低价值链成本和优化价值链的方法。最后，根据确定的竞争战略进行成本动因的分析，从战略上找出引起成本发生的因素，然后寻找降低成本的途径，以配合企业的竞争战略。以上三种工具构成了一个相互联系、密不可分的体系，其中价值链分析是核心工具，战略定位分析和战略成本动因分析都是围绕价值链分析展开的。

在战略定位分析中，战略定位理论更加聚焦在产品与客户，商业模式分析至关重要。有关商业模式的概念随学界的讨论在不断深化。琼·玛格丽特（2002）认为商业模式是描述企业各部分如何组合以及相互匹配的系统，是一项为客户创造价值的活动。马格利（2002）等认为商业模式需要为企业带来利润，除此之外，商业模式还需要为企业带来相应的客户资源。阿兰·阿福亚赫（2004）在此基础上提出商业模式在创造利润之外需要为企业带来持久的优势。原磊（2007）指出商业模式在为顾客提供价值的基础上为股东、合作伙伴及其他利益相关者创造价值。因此，商业模式的分析可简化为：为客户创造的价值、客户价值如何变现以及为利益相关者创造的价值三个层次。

在价值链分析中，微笑曲线是一种很好的分析工具。宏碁集团创办人施振荣（1992）提出的微笑曲线实际上是一种简化的价值链，如图 3-1 所示，微笑曲线将价值链简化为研发——制造——营销，并指出在这个价值链中价值主要集中在两端。这符合全球化背景下差异化战略的要求，即在研发和营销环节进行投入，将组装与制造尽量外包。技术与品牌均属于轻资产。

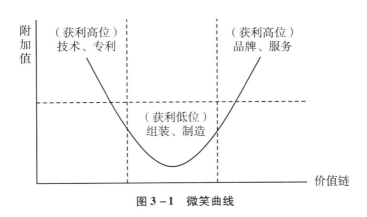

图 3-1 微笑曲线

通过价值链分析和战略定位分析，企业能够确定其应采取的竞争战略，从而确定成本管理的方向。但要明确成本管理的重点，还要找出成本的驱动因素，以保证成本管理战略的有效性（见图3-2）。成本动因可以分为结构性成本动因、执行性成本动因和作业性成本动因三个层次，战略成本管理所强调的正是前两个层次的成本动因。结构性成本动因是指决定组织基础经济结构以及影响战略成本整体优势相关的成本驱动因素，对企业成本有重大影响的结构性成本动因包括：技术、整合、学习与溢出、多样性等。执行性成本动因是指与企业执行作业程序相关的成本驱动因素，对企业成本有重大影响的执行性成本动因通常包括：联系、参与、能力利用等。结构性成本动因与执行性成本动因都是非量化的成本动因，它们对企业成本的影响更大、更持久，而且一经确定就很难改变，因而更应予以重视。

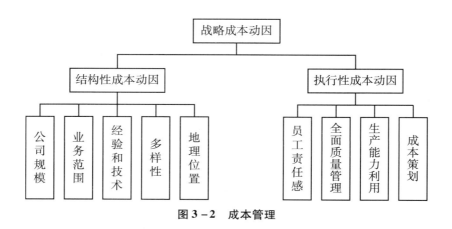

图3-2　成本管理

（二）苹果公司战略成本管理案例分析

1. 商业模式

克里斯坦森（Christensen，2010）在《如何重塑商业模式》中指出，苹果公司近年来取得的巨大成功并非仅仅依赖于大家普遍认为的新技术的采用，而是把新技术与卓越的商业模式相结合，集硬件、软件和服务于一体，让数字音乐下载变得简单便捷，为客户提供前所未有的便利和价值，造就了苹果公司的辉煌。

苹果为用户创造的价值，是提供覆盖人们数字生活场景的方方面面的一站式解决方案。苹果通过建设庞大的生态系统以及对软件研发周期的提速，为整个行业建立了进入壁垒。利益相关者帮助它更好地应对五大竞争力取得竞争优势。在多元化战略驱动下，进入新的领域推出像iPhone一样能开创全新生活方式的创新产品会为它获得新的增长机遇。

在苹果公司"硬件 + iTunes软件 + 内容"一体化平台构建下，公司销售收入主要由两部分构成：硬件（iPad、iPod、iPhone、Mac等数字设备）销售带来的一次性高额利润，以及音乐、应用软件、服务等销售带来的持续利润。作为 IT 行业的"剃刀 + 刀片"收入模式代表，苹果公司的硬件有着高达 30% ~ 50% 的毛利率，而音乐、应用软件等虽然单位收费低廉，但却是"无本而利"——苹果公司拥有数字音乐的定价权，唱片公司提供的歌曲必须以每首 99 美分价格出售，苹果获得 22 美分的利润分成；电子书方面，由于亚马逊等先进入市场，苹果虽然没有获得电子书的定价权，却与图书出版商达成了 3∶7 分成协议。

从传统产品价值链角度来看，苹果公司将自己的核心竞争力建立在"微笑曲线"（Smiling Cunre）上价值最丰厚的两端：研发和营销，攫取了最大的利润空间（见图 3 - 3）。而从战略高度俯视多个产业，苹果公司凭借其独特的数字引擎 iTunes 软件所建立的一体化平台，融合了音乐、视频、新闻、图书、游戏、应用软件等多个传统行业，多元化营利渠道的同时又增强了自身平台产品（硬件）的差异化程度，成为移动终端时代的领导企业。

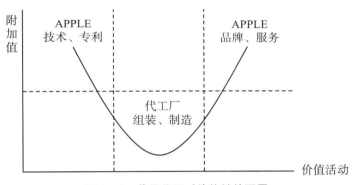

图 3 - 3 苹果公司对价值链的配置

2. 苹果公司战略成本管理

（1）产品、技术的生命周期管理。

iPhone 是公司的主打产品，每年的新品发布都遵循一个原则——"挤牙膏"策略，即在每一代 iPhone 上进行有限的迭代升级，既不断刺激市场需求又不会过度透支自己的技术储备。这实质上就是跨时点进行资源配置，分批将企业拥有的技术配置在不同代的产品上，延长了产品和技术的生命周期，而技术的生命周期越长，回报的价值就越高。苹果公司实际上拥有庞大的技术储备，但在当前阶段，苹果公司评估 iPhone 的市场认可度仍然很高，相关技术和性能足以满足大多数用户的使用体验，不需要过度释出企业所拥有的全部技术资源，从而延长资源的生命周期，达到利益最大化。

技术的研发是需要时间和成本的，如果技术的释出超越市场的需求，技术的效益就会造成浪费，形成巨大的成本，最终分摊到用户身上。

（2）长期收益的资源配置。

一位研发 iPhone 的工程师格里尼翁（Grignon）在《纽约时报》采访中介绍，公司花了 3 年的时间，并投入了 1.5 亿美元的研发资金去研发第一代 iPhone。而今天，苹果 iPhone 销售所带来的利润以及投入产出比是其他公司所无法比拟的。在资源配置时，苹果公司充分考虑到企业的可持续发展，使巨大的时间成本和资金投入产生长期收益。苹果公司在决定将哪些技术申请研发或投入测试的时候，一般会思考这些技术能否在 4 年后依旧获得市场认可（罗锦莉，2015）。

节约一张纸、一滴水的狭隘成本管理思想早已淘汰，成本的节约必须从源头做起，苹果公司的做法可以说是"为了省钱而花钱"。企业的技术创新以及创新带来的持久效益才能为企业带来持久的竞争优势，为企业成本的降低提供源源不绝的动力。

（3）战略外包。

苹果公司的发展并非一帆风顺，在 1997 年乔布斯回归之前，苹果公司已经濒临倒闭，产品线复杂，生产能力低下，库存过多这些问题都严重阻碍了企业发展，再加上美国过高的人力成本使苹果公司成本管理不堪重负。乔布斯回归后，公司开始在全球范围内整合价值链，将企业的加工制造、组装等非核心业务全部外包，利用比较优势的原理将产品的各部件分派给世界各地的合作伙伴去完成，进而保证了成本的最优。目前苹果公司自营的工厂只有在爱尔兰的一家，负责 iMac 的组装。苹果公司还关闭了大量的仓库和国内配送中心，并将零部件供应安排在外包厂商的附近。乔布斯回归之前，苹果的平均库存是 31 天，两年之后，平均库存缩短到了两天，并让苹果在两年的时间内扭亏为盈。

苹果公司从企业外部整合资源，将非核心业务外包，实现全球范围内的资源配置，有效地降低了公司制造方面的研发费用和成本费用，与战略成本管理强调的外部借力发展相一致（常华兵，2009）。

（4）聚焦快速供应链，集中供应商同时锁定风险。

苹果公司将全部生产制造外包，并不掌握供应商的所有权和经营权，此举不仅将公司暴露在巨大的供货风险之中，更是对整个公司的供应链精准控制与管理提出了相当大的挑战。凭借公司的巨额现金储备，库克能够"网络"和"锁定"上游零件供应商以及代工厂商：一是向关键零部件供应商支付巨额现金预付款，战略垄断关键零部件的供应和产能；二是 ODM 形式外包，统一原材料采购压缩成本；三是通过巨额订单以及现金预付款，保证供应商在产能和生产安排上紧跟苹果步伐；四是严格控制供应商数量，提高管理效率的同时降低供货风险；五是专项资金支持具有技术优势的小供应商初始投资，签订"优先供货协议"。

（5）低存货、低固定资产投资、高营运资本储备。

1997 年起的重塑生产与库存管理，为苹果公司带来了显著的收益，2001 ~ 2011 年，苹果公司存货周转天数一直保持在一周以内，且长期保持着领先行业标杆——戴尔公司的优势。

由于生产全部外包，苹果公司的固定资产占比仅为总资产10%左右。2001～2008年，苹果公司的流动资产长期占据了总资产的80%以上，企业营运资本（流动资产—流动负债）的金额与比例也都一直保持高位。这种财务结构的战略布局为企业各类战略举措预备了充裕的营运资本，也为营运与战略风险设置了厚实的防火墙。

（6）巨额终端投资支撑零售店扩张。

自2001年起苹果公司以平均每年新增约32家门店的速度在全球范围内迅速扩张。2004年苹果零售店总数增至86家，零售店部门开始扭亏为盈，2011年扩增至357家。从收入来看，每年销售收入以平均近50%的速度增长，营业利润更是以每年翻1倍的速度累积；2007年零售店部门毛利率上涨至21.3%；2010年和2011年，零售部门的毛利率更是分别达到了44.2%和42.4%，领跑其他各销售渠道。

另外，苹果公司的零售店都是选在客流量多却租金昂贵的繁华街区，选址综合考虑了该地区已登记苹果顾客数量、人口年龄、家庭收入以及周围学校分布等要素，有效针对苹果的主要用户定位（学生、教育界、创意工作者，商务和个体消费者）。别具匠心的选址、店面设计以及专业销售人员，苹果零售店不仅创造了更好的用户体验，保障了苹果公司对消费者体验的控制力，更是一种品牌营销模式，大大提升了消费者对苹果品牌的认知度和忠诚度。虽然零售店收入只占总销售收入的15%左右，但由于零售店及时高效的数据更新传送，为高层在供应链管理以及生产调度安排提供了及时的一手数据，具有非常重要的"预报灯"作用。

苹果对零售店一律采取长期租赁方式，这种不在乎"房地产投资经营获利"而只关注平滑公司现金流支出的轻资产战略安排是显而易见的。

（7）全球整合技术公司，筑造技术壁垒。

只靠自身的力量一直保持创新几乎是不可能的，在进步的过程中，一定需要其他技术企业的支持。与一般的零件拼凑硬件厂商不同，苹果公司在设计产品时，会在全球范围内寻找满足类似设计要求的技术企业或硬件厂商，如果该公司的技术与苹果公司未来的核心利益密切相关，就会把这家企业兼并。例如拥有指纹传感技术的AuthenTec公司，苹果在收购这个公司之后，与其一同研发了Touch ID技术，并将此项技术配置在苹果iPhone产品上，在后来一年多的时间里，其老对手安卓手机阵营开发不出类似指纹识别功能，间接增加了竞争对手的追赶成本，形成了企业的竞争优势。

全球范围内整合其他技术公司，筑造更高的技术壁垒，无形中会加大竞争对手的追赶成本。与此同时，企业缩短了时间成本，节约了资源并抓住了市场机会，增强了企业竞争力，这也是战略成本管理所注重的高位成本（李海舰，2013）。

（8）税收筹划驱动全球化布局。

作为全世界利润最高、现金储备最多的科技公司，如何在全球范围内布局机构组织与财务流程进行税收筹划是一个重要的问题。美国乐施会（Oxfam）公布的 2016 年数据显示，在美国企业中，苹果公司拥有 1810 亿美元的离岸资金，从中实现的避税金额高达 592 亿美元。苹果公司是如何通过海外账户避税的？主要是设在爱尔兰的苹果国际销售公司从第三方低价购买苹果产品，再销往除美洲之外的其他大洲经销商。

这样一来，苹果国际销售公司接收了除了美洲以外的全球所有销售收入。苹果公司之所以选择在爱尔兰"收钱"，其中一个原因是爱尔兰与欧盟其他成员国之间的交易免缴所得税，同时，爱尔兰的企业所得税只有 12.5%，远低于美国和其他欧盟国家。因此，苹果公司成功利用海外子公司规避了大量税款。

通过全球化的资源配置，苹果公司的税收成本大大降低。跨区域的税收筹划和企业战略成本管理与强调外部成本降低的无限性高度耦合。企业所形成的税收成本优势也是企业持久性竞争优势的重要来源。

（三）小米公司战略成本管理案例分析

小米科技有限责任公司（以下简称"小米"）自面市以来就一直是消费者心中"性价比高"的手机，"性价比之王"小米当之无愧。小米手机一直坚持低成本战略，坚持高配低价，以对价格敏感的"发烧友"为目标客户群。其成功的根源就是基于价值链的战略成本管理创新。小米公司的成本管理特点体现在以下三个方面。

1. 战略定位理论更加聚焦在产品与客户

工业时代的战略成本主要有三大定位：成本领先、差异化和重点集中战略。移动互联网时代的企业战略定位更加聚焦在产品与客户。

（1）管理降维，重心落地为产品，产品落地为用户体验。

移动互联网时代，产品是企业成败最好的佐证。产品周期的变短导致企业战略重要性下降。如果没有卓越的产品充当企业与公众连接的媒介，则企业管理、战略、文化、价值就显得没有意义。

在移动互联网时代，企业的策略是用户体验至上。与品牌溢价相对应的概念是用户体验溢价。要实现用户体验溢价最大化，企业核心的产品战略是爆品战略，即一切以用户为中心的产品用户体验创新。爆品战略主要有三种思维：

第一种是痛点思维。企业一定要找到用户最关注的细节，即产品的痛点，让产品说话而不是靠渠道取胜。小米的细分市场定位抓住了 25 ～ 35 岁人群希望被关注、希望有存在感的特点，用简约而奢华的外形设计和机内配置，获得了用户的满意度和忠诚度。第二种是参与感思维。小米公司让"米粉"积极参与产品的创新，不断刷新用户体验并与用户互动，将产品和营销融合在一起，运用持续改进的产品满足用户的需求。第三种是尖叫点思维。面对激烈的竞争环境，小米公司选择了互联网这个点，并运用 MIUI 系统将这一点做到极致，以产品特性击败对手，引爆用户口碑。

在移动互联网时代，产品的情感体验比功能体验还重要。现代的"羊群效应"建立在彼此信任的基础上，这就要求企业把产品质量放在第一位，依托产品质量让顾客满意，使特定群体顾客形成"集群的情怀"和"对产品的依赖"。

（2）更精准的客户导向。

在小米进入手机市场前，手机产品的价格和性能组合形式是"高价格高性能"或"低价格低性能"。而小米公司则首推"低价格高性能"的产品。在众多运用安卓系统的品牌中，小米手机的配置和其他热门机型一样高大上，但是价格却比其他机型便宜很多，这无疑对收入不多的年轻人来说吸引巨大。

精准的客户定位使小米舍弃了竞争激烈的高端手机市场，转向长尾的"发烧友"市场，成功找到了市场的空白点。这个市场代表了消费的前沿和潮流，能够引发群体的跟风，有利于小米手机迅速扩大市场，培养客户忠诚度。基于这种忠诚度，小米又进一步将目标人群拓展为大众市场。避免与高端手机的竞争，是小米"蓝海战略"的运用，也是小米成功的关键因素。

此外，小米一直在努力改进售后服务体系，致力于搭建全方位服务平台。员工热情周到的服务增强了用户的忠诚度，也迎合了"发烧友"们希望被认同的心理和细致挑剔的品位，建立了小米优良的口碑。这是小米运用产品营销坚实的基础，也是扩大市场份额的另一蹊径。

2. 价值链理论更加注重内外整合与结构调整

工业时代的价值链理论主要有内部价值链分析、内外价值链的结合分析、外部价值链的分析三部分。移动互联网时代的价值链理论更加注重内外价值链整合与结构调整。

（1）内外价值链整合，专注增值作业。

小米手机的生产供应链大多依靠其他企业完成。在上游，小米没有自己的工厂，除了保留一些核心功能（例如研发）外，其零配件由全球顶级的供应商共同打造，充分发挥了不同企业的优势。在下游，小米没有自己的零售店，而是完全采用电子商务营销平台进行销售。在电商方面，小米曾与淘宝网、苏宁易购、京东商城"联姻"；在运营商方面，小米先后与中国联通和中国电信强强联手；在实体店方面，小米曾与苏宁合作。利用自己的官网和其他销售渠道、不建立自己的零售店的分销渠道策略可以使小米集中关注研发和与客户的交流，提高效率。小米公司运用共享经济的思路，把手机产业链上的供应商与分销商结合成为一条增值的价值链，集合顶级制造商和分销商的优势，扬长避短，使手机质量得到保证。这也是小米手机获得众多忠诚顾客的重要原因。据估计，小米的销售成本为5%～8%，加上约占整个销售额2%～3%的电子商务的物流成本，总的销售成本约为7%～11%，但传统厂商的渠道销售模式的销售代理折扣约20%～30%。相比之下，小米互联网直销的销售模式降低了零售商和代理商的成本，缩短了存货管理周期，尽显成本优势。

（2）价值链结构调整，利用自媒体。

小米不仅运用其性能优异的产品获得用户的满意度和忠诚度降低营销成本，还创立了独树一帜的社会化媒体营销手段：①微博纳新。作为数个上市公司的董事长，雷军颇具影响力。小米公司利用雷军的微博，一方面在大范围的人群中快速传播小米的新闻，另一方面采用与"米粉"互动沟通、并时不时发放一定奖励的方式，赢得了越来越多米粉的青睐。这是小米的纳新策略。②论坛沉淀。小米公司还通过论坛，利用持续维护式的内容运营保持已有客户的活跃度。小米论坛还允许工程师团队与用户接触，满意的用户反馈可以有效激励工程师的开发热情，更可以使用户有被重视感，实现一举两得之效。这是小米的沉淀策略。③微信服务。小米还通过微信建立一对一 100% 投放率的超级客服平台，为有需求的用户提供全方位的服务。这是小米的客服策略。自媒体的营销渠道成本很低且更加适合沟通营销和个性营销，应当成为"互联网 + 公司营销"的主流。节省的营销成本可以被用于改进产品质量，这样又可以提升顾客体验，培养顾客忠诚度，真正实现产品与营销的一体化。

3. 成本动因扩展到生态布局与资本市场驱动

工业时代成本动因理论主要研究结构性成本动因和执行性成本动因这两类。移动互联网时代的成本动因理论扩展到生态布局与资本市场驱动。

（1）手机模式复制到其他硬件，打造生态链。

2014 年 7 月，小米手环首次在年度发布会亮相，其与小米手机一样具有较高的性价比。2015 年，突破电气与小米科技联合投资的青米科技推出首款产品——小米插线板，在 2015 年 4 月 8 日的米粉节上即售出 24.7 万个。小米旗下这样的例子还有很多，例如紫米科技的小米移动电源、智米科技的小米空气净化器。小米生态链的逻辑是产品 A 推动 B 推动 C，功能上互联、相互推荐、关联销售。小米以 MIUI 系统为核心，通过吸收加盟企业把触角延伸到更多实体领域，连接实体资产产品和 MIUI 系统，打造小米"软件 + 硬件 + 互联网"的铁人三项产品开发模式。这是真正的"互联网 + 模式"，是互联网与实体经济共同整合发展的模式。

（2）产品市场与资本市场双轮驱动。

小米生态链的壮大需要投资大量加盟企业，自然引出了小米的融资问题。雷军旗下的顺为资本是基金公司，集大众之力，配合小米的技术系统和实体经济进行组合投资，力求以最小的成本实现价值总额最大化。对实体企业来说，如果企业加入小米生态链，就会获得小米的品牌效应，获得小米对供应商的谈判能力，获得与小米集群其他加盟企业硬件连接的机会，获得小米广大的销售渠道，获得接入 MIUI 系统共享智能的机会。因为企业获得了小米这些无形资产的品牌溢价，小米可以用最少的钱扩充自己的加盟企业。对投资资本家来说，小米在融资时会告诉投资人，小米现在的投资所形成的生态环境都构成了小米品牌的价值，所以小米估值很高，足够吸引人们继续跟进买单。小米融到的资金除了填补主业现金流之外，必然会投入相关有价值的企业来围绕小米构建生态，以获得未来更高的投资回报，实现产品市场与资本市场的双轮驱动。

（四）案例分析及启示

（1）战略成本是预防性成本，而不是实际成本。在案例的分析过程中，我们看到和分析了苹果公司、小米公司由于应用了战略成本管理，而使成本得到优化和控制的结果，但整个管理过程发生在事前。因此，运用好战略成本管理的关键是重在成本，立足预防，从宏观上控制成本的源头。

（2）战略成本管理是全方位、多角度和突破单个企业本身的成本管理，其管理对象不仅限于企业内部，还包括整个价值链的成本管理。力求通过商业模式策划、供应链策划，在成本发生前即对客户、供应商进行有效管理，同时，通过战略管理，不断建立核心竞争力、提高准入门槛，实现成本竞争优势。

（3）实施战略成本管理要把握好成本—效益原则，尤其是在战略确定、商业模式策划过程中。战略成本管理的目的不仅仅是降低成本，更重要的是建立和保持企业的长期竞争优势。因此，一切有助于战略落地、有助于形成长期竞争优势的成本都是必要投入。

（4）战略成本管理不仅是服务于战略的成本管理，也不仅是为制订战略目的而提供的成本信息或成本分析，而是与战略管理相融合的成本管理模式，更多地体现为一种思想，一种从成本角度考虑制订战略、确定商业模式和营利模式、建立长期竞争优势。

（5）战略成本管理是否成功的关键不仅在于设计阶段，更多地在于执行和落实，即很多想法是做不到的或不可行的。实践才是检验真理的标准，实践结果才是检验能力的标准。管理会计是将财务思想提升到战略高度，融入经营所开展的一切管理活动，但要做到从战略中来，为战略落地服务。

（6）战略成本管理告诉我们"解放思想"的重要性，只有解放思想，才能取得创新与突破，才能最大限度体现管理会计师的价值；同时，不同案例公司设计不同商业模式和不同价值链管理，告诉我们"实事求是"同样重要，只有适应环境、符合自身特点的模式才具有生存空间，我们要坚持"因时度事，因地制宜"。

（7）大工业生产时代，制造企业通过复杂的内部大规模工艺流程而创值，成本管理、预算管理等大显身手。进入21世纪知识与服务经济时代，财务管理如何成为价值创造的引领者和商业模式的重塑者是值得我们深思的问题。战略成本管理为我们提供了一条崭新的思路和实践道路。

（五）思考问题

（1）战略成本管理与传统成本管理的区别与联系。

（2）不同商业模式下战略成本管理的相同点及不同点，再举一个新经济企业为例。

（3）苹果公司、小米公司成功应用战略成本管理的关键点，未来可能面临的挑战与应对策略。

（4）设想在企业内部应用战略成本管理的场景和参与人，假设你作为CFO，你的定位及思考角度。

案例二：阿里巴巴集团运用战略管理会计实现公司战略①

（一）阿里巴巴的企业特点

1. 开放创新性与透明化

阿里巴巴集团控股有限公司（以下简称"阿里巴巴"）具有高度的开放创新性。淘宝积极向各商家提供了技术、人才和物流等硬件支持，但同时也要求各商家向淘宝开放其拥有的数据库，这就是开放的具体表现之一；阿里巴巴是对社会免费开放的，并不断从社会中汲取新鲜"血液"，实现持续的创新。阿里巴巴在自我发展的同时，能够带动诸多家庭和企业的成长，为社会创造出良好的价值。创始人马云表示阿里巴巴的生存目的是帮助无数的中小企业，帮助社会上需要帮助的群体和个人，积极承担起社会责任，建立一个值得中国人骄傲的开放创新性企业。

阿里巴巴同时也是透明的，开放与透明已成为阿里巴巴的重要企业文化和信条的重要内容，马云曾经在全球股东大会上宣称其企业内网也将变得更加开放与透明，适时将会对全社会进行内网的开放。

2. 管理柔性化与层级简约化

阿里巴巴坚持柔性化的管理风格与道德型的领导方式，对员工非常包容，尊重员工的个性化发展，鼓励不同思想的相互碰撞。阿里巴巴从成立时起就强调对员工的人性化关怀，了解员工的工作和生活状况，真诚帮助每一位员工成长和发展，使全体员工自觉遵守企业的道德原则，并将自己视为企业的主人而尽职尽责。

阿里巴巴的柔性化管理对员工形成了良好的推动力。阿里巴巴正是依靠这种良好的价值观和推动力形成了高层次的境界和愿景，也树立了良好的企业形象，吸引着优秀人才的加入，并整合成优秀的团队，在相互协作中实现自我价值与公司价值的统一。

阿里巴巴的组织层级是简约的，这就减少了信息流通环节，有利于信息的保真和通畅，并达到快速高效的决策目标，从而在激烈市场竞争中迅猛行动，把握先机。实际上，一次又一次的成功也让阿里巴巴充分认识到了简约的优势与力

---

① 笔者根据阿里巴巴公司相关资料整理所得。

量，因此，阿里巴巴的简约之路还在不断进行之中，至今仍未终止。2013 年 1 月
10 日，阿里巴巴宣布对集团业务架构和组织进行调整，成立 25 个事业部，把公
司拆成"更多"小事业部运营。马云强调，这次的拆分"我们希望组织结构松
而不散，汇报给谁以及权力有多大不重要"。

3. 免费与共享

阿里巴巴非常重视"免费"的力量与价值，比如淘宝网一直采用着免费策
略，并取得了巨大成功（见图 3-4）。

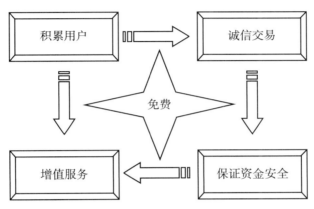

图 3-4　免费战略构成

实际上，淘宝的"免费"策略主要是为了能够培养起中国网民一种习惯，
即对于 C2C 行业的习惯。习惯的力量是巨大的，当这种习惯普遍养成时，淘宝
网便可以稳定地获取"免费"所带来的经济效益了。在这种免费模式下，阿里
巴巴凭借着庞大用户群而构建起来的基础平台，开发出各种有特色的针对性增
值服务，实现了无限的集团价值。免费也改善了互联网环境，促使了从互联网
文化到社会文化的一系列变化，让更多的人能够共享各种资源。在共享各种信
息和成果方面，阿里巴巴也做得非常成功。比如阿里巴巴开展的与大学合作、
阿里巴巴网商大会以及"西湖论剑"等活动。阿里巴巴与中国 70 余所一流大
学有着良好的合作关系，并通过阿里巴巴学院为大学师生提供电子商务培训课
程；阿里巴巴每年在杭州举办阿里巴巴网商大会，使各界企业家能够共享来自
使用互联网进行商业贸易的经验；特色活动西湖论剑开始于 2000 年，将商人、
政府官员和行业领袖集聚一堂，对共同合作发展互联网行业和电子商务等问题
展开广泛讨论。

（二）阿里巴巴的战略管理会计概述

阿里巴巴的战略管理会计具有外向性和长期集群性的特征，通过渗透到所在
领域各方的"毛细血管"中来实现企业的繁荣和发展。阿里巴巴的总参谋长曾鸣

是战略管理会计的总负责人，曾鸣拥有美国伊利诺伊大学（University of Illinois at Urbana – Champaign）国际商务及战略学博士学位，致力于中国企业的发展研究，并与海尔、联想等中国顶尖企业包括保持紧密合作。曾鸣为阿里巴巴设计了良好的战略管理会计框架，这个战略框架保证了阿里巴巴战略方向上的正确性，对阿里巴巴的长远发展做出了重要贡献。阿里巴巴的战略管理会计具有以下几方面特点：

1. 阿里巴巴的战略管理会计具有外向性特征

阿里巴巴的战略管理会计超越了阿里巴巴集团本身，放眼整个社会的整体环境来灵活地制订和实施战略。阿里巴巴的战略管理会计坚信企业的社会视野应内生于企业的商业模式，唯其如此才能实现可持续发展。在网络化的便捷环境下，企业也更便于收集广泛的社会相关信息，及时掌握社会环境发展状况及其未来可能变化趋势。外向性的理念给予了阿里巴巴无限信息资源支持，因此，不管环境中出现自然灾害或是经济危机等状况，阿里巴巴都能及时甚至提前做出恰当的应对之策，从容面对变化。

2. 阿里巴巴的战略管理会计是长期可持续的

阿里巴巴的战略管理会计保证了阿里巴巴的长期可持续发展。阿里巴巴从不短视，不计较一时的得失。阿里巴巴的战略管理会计超越了时间界限，根据市场长期变化趋势确定企业发展战略，注重维护企业的长期竞争优势，即使要以牺牲短期利益为代价。例如淘宝网的"免费"策略就是从长远发展考虑的，不惜投入巨资支撑着"免费"，终于换来了淘宝网今日的辉煌。

3. 阿里巴巴的战略管理会计是综合性的风险管理

阿里巴巴的战略管理会计依靠着开放信息系统，全面了解包括当前及潜在的产品相关研发、供应、生产、营销及售后服务等各方面的信息，并结合企业、行业及社会的风险和发展趋势做出综合性的风险管理决策。阿里巴巴一直坚持敢于面对包含巨大发展机遇的潜在风险，同时尽量避免一切可回避的可能性风险。阿里巴巴战略管理会计的这些特点可以从信息价值链和心理资本两方面进行解释和剖析。

（三）阿里巴巴的信息价值链分析

阿里巴巴的信息价值链在战略管理会计中具有统筹作用。从诞生之初，阿里巴巴就有着明确的信息战略定位，在发展初期，阿里巴巴绕开物流，专做信息流，根据中国及世界的信息产业发展状况进行准确的战略定位，先做好关键信息价值链环节，再伺机扩展和完善信息价值链。

阿里巴巴的战略管理会计作为一个全新的创造性开放信息系统，开创了"广告是商品"的新商业时代，实现了广告的平民化，让广告落地生根，使广告主（买家）和网站主（卖家）能够面对面、心连心，比较方便快捷地找到对方并进行良好交流与沟通。

阿里巴巴网站包括阿里巴巴国际站和阿里巴巴中国站两个相连的市场,这两个相连的市场有利于实现信息上的互通有无和战略上的协作配合,再加上阿里巴巴在国内外的知名度的不断提升和规模的不断发展扩张的势头所形成的正效应,形成了有利于阿里巴巴战略管理会计的信息价值链建设的重要因素。

阿里巴巴战略管理会计的信息价值链并不仅仅局限于企业本身的发展,还非常注重企业的社会责任,并将社会责任纳入信息价值链中。阿里巴巴认为企业发展与社会责任具有同一性,企业是处于整个社会大环境中的,社会环境的改善将大大有利于企业战略管理会计信息价值链的建设,有利于企业的长远可持续发展,因此,阿里巴巴一直坚持树立具有责任心的企业公民形象,比如为大学生提供诸多就业渠道,给创业青年提供有益指导和帮助,积极投身慈善事业等,为社会的和谐稳定发展贡献出自己的力量。

"助人者,天必助之",将社会责任纳入信息价值链也给阿里巴巴带来了实实在在的发展潜力。比如,良好的社会责任形象得到了政府部门的支持,江苏省对外贸易经济合作厅与阿里巴巴(中国)网络技术有限公司联手打造了"阿里巴巴国际电子商务江苏分站",即"苏阿模式"。这种模式综合了政府与企业的各自优势,形成了互补共进的正效应,使阿里巴巴能够更快速、有效、全面地获得前沿信息,在市场竞争中占据主动地位,并借助于良好的企业形象和政府的强力支持,不断"乘风破浪会有时",并借助信息价值链"直挂云帆济沧海"。

(四)阿里巴巴的心理资本分析

阿里巴巴的心理资本在战略管理会计中具有基础性作用。阿里巴巴战略管理会计对于心理资本有着特别的关切情结,正是凭借着不断开发和培养出来的强大心理资本,让员工"因为爱而工作",阿里巴巴战胜了重重困难,在曲折发展中从一个成功稳步走向另一个成功,并成长为中国人所为之骄傲的明星企业。阿里巴巴的心理资本在战略管理会计中的基础性作用主要从韧性、协作、乐观以及勇敢与希望等方面充分体现了出来。

1. 韧性

阿里巴巴的员工与组织都具有特别的韧性,不仅能够积极完成所交代的各项任务,而且能为自我订立目标,在自我激励中不断取得进步和发展。比如在处理客户关系上,阿里巴巴奉行"客户是衣食父母"的价值观,以良好的态度积极主动解决客户所遇到的问题和困难,从客户利益出发,灵活而不失原则性,实现互利共赢。而且阿里巴巴的员工具有超前服务意识,在问题出现之前就主动做好指导和服务工作。

2. 协作

"协作改变世界",阿里巴巴为这句话提供了生动的注解。协作是心理资本发展的新方向,在未来大规模对等生产背景下,协作可以使人们的才智与天赋得到充分发挥，从而大大解放和发展生产力。阿里巴巴的协作可以分为内部和外部两大方面。在内部，阿里巴巴特别强调团队协作精神，鼓励员工组成一个具有强大凝聚力和协作精神的团队，善于整合团队的力量来解决问题，在进行决策活动时，决策前进行民主讨论，决策后每个人都要贯彻落实决策内容；在外部，阿里巴巴整合了分散的个体和组织才能，阿里巴巴的许多业务逐渐成为越来越多人都可以参与的集体活动，从而为阿里巴巴提供了更高的效率、创造力和革新。阿里巴巴的协作精神为阿里巴巴的发展带来了新的机会，释放了企业内外大量资源的创造潜力。

3. 乐观

阿里巴巴之所以能够保持领先地位，与阿里巴巴的员工接受、喜欢并利用其不断变化的角色是分不开的。这种乐观的精神形成了企业良好的价值观，大大促进了阿里巴巴的战略形成和实施，并使其一直走在行业前列。在面对金融危机等各种困难时，阿里巴巴的员工也是凭借着乐观态度和精神坦然面对，并从中发现良好的机遇，利用这些机遇实现困境中的发展。总之，乐观的精神使阿里巴巴的员工敢于不断尝试新事物，不断创新，积极处理各种问题，并不断进行自我激励，实现个人和组织的不断成功。

4. 希望与勇敢

这两种心理资本要素淋漓尽致地体现在了阿里巴巴"拥抱变化"的价值观中。阿里巴巴的领导层及全体员工坚持"迎接变化，勇于创新"，积极追求并适应公司的日常变革，不故步自封，不抱怨；面对不同变革的争议，理性对待，充分沟通，诚意配合；对变革中产生的困难和挫折，能自我调整，并正面影响和带动同事；在工作中有前瞻意识，建立新方法、新思路；创造变化，并带来绩效突破性的提高。阿里巴巴也要求无论是领导层，还是普通员工，如果有不当的行为，要勇于承认错误，敢于承担责任，并及时改正。

（五）阿里巴巴战略管理会计的问题分析

阿里巴巴的战略管理会计在总体上符合商业竞争环境的需要，也体现着时代精神，但在实践中，阿里巴巴的战略管理会计存在着以下两方面的问题：首先，阿里巴巴的国际视野有待加强。阿里巴巴的本土化战略取得了巨大成功，然而其国际化战略却略显不足。为了实现全球领先地位，阿里巴巴有必要在今后的发展过程中更加注重战略管理会计的国际化作用。其次，阿里巴巴的全员创新精神体现得不够明显。阿里巴巴的创新思想和精神主要体现在领导层，其普通员工的创新精神缺乏充分的实践渠道和路径。因此，阿里巴巴要想保持并推进其"武林霸主"地位，必须不断加强全员创新精神的培育和应用。

案例三：沃尔玛：从管理会计角度看经营战略①

沃尔玛百货有限公司（以下简称"沃尔玛"）在我国的扩张能力引人注目，已成为零售业学习的样板和研究的样本。从经营战略来看，沃尔玛"天天平价，始终如一"。它的低价销售不只是一种商品，而是所有商品；不只是一时的，而是常年的；不只是一地的，而是所有地区的。从信息化资源来看，沃尔玛的成功是建立在信息技术整合资源优势，信息技术战略与零售的整合基础上的。从现场营销来看，沃尔玛重视争取理性顾客，要让顾客在熟悉的地方方便地找到商品，体现在商品的选择和每日低价的贯彻上。从人力资源管理来看，沃尔玛的组织结构是一个倒三角形，位于最上层的不是公司老总而是公司员工，管理者和员工是一种服务和被服务的关系，体现了山姆的管理理念。管理者是如何对待员工的，员工就是如何对待顾客的。员工在沃尔玛受到的重视程度是一般企业不能比拟的。这些分析和研究是有益的，对改善和提高我国零售企业的竞争能力提供了不同寻常的视野、努力的方向和示范效应。

（一）财务管理目标的实现

从零售企业的营利模式和沃尔玛的经营战略来看，财务没那么复杂，财务管理目标其实相当简单，就是赚取资金差价。赚取资金差价就等于在为股东创造财富。如果能多、快、好、省地赚取资金差价，就是在为股东多快好省地创造财富，企业价值或者股东财富最大化的财务管理目标就得到了实现。问题是如何又多又快地赚取资金差价呢？沃尔玛的经营战略及其成长历程或许能够给予比较好的诠释。

沃尔玛的经营战略是"天天平价，始终如一"。从开业到现在，到永远将信守这个不变的承诺。所谓天天平价是指比竞争对手的售价要低，并不是低于经营成本的亏损销售。以市价300元的茶叶为例，供应商给一般商家的价格为130元左右，这些商家还要收取入场费、上架费等不确定的费用。沃尔玛没有这方面费用，得到供应商的报价只是100元。与竞争对手相比，沃尔玛采取不收其他费用的策略，赢得了在商品进价方面30元的相对优势。如果沃尔玛茶叶流程的运作成本远远低于30元的话，其相对价格优势就凸显出来了，这为天天平价经营战略打下了坚实的基础。

按照一般理财的理念，在获得了比较大的相对价格优势后，企业只要采取与竞争对手贴近的价格销售商品，就可以获得比较高的销售利润率了。但沃尔玛没有这么做，而是采用比竞争对手低20%左右的差价销售商品。这样做的目的有两个，一是让消费者感觉物有所值；二是通过提供更高价值的服务，进一步拉开

---

① 笔者根据沃尔玛相关资料整理所得。

与竞争对手的距离，提升顾客的满意度和忠诚度，引导消费者更多地、重复地购买沃尔玛的商品，使沃尔玛更多的商品更好地、更快地周转起来，为财务目标的最大化提供动力。

沃尔玛没有收取供应商的进场费等费用，这些费用就需要依靠内部灵活高效的流程管理来消化，沃尔玛以其卓越的流程运作做到了这一点。在运销成本方面，竞争对手一般为销售额的5%，沃尔玛为1.5%；在商品损耗方面，竞争对手的商品损耗率为2%，沃尔玛为1.1%；在人工成本方面，沃尔玛1.8万平方米营业面积可经营约2.5万种商品，营业员人数只有300人，而同样经营规模的我国商业企业一般需2000人左右；在经营成本方面，沃尔玛经营成本占销售额的15.8%，而绝大多数零售企业的经营成本都在40%左右。沃尔玛的低价格是成本节约和规模效益的自然结果（王婉芳，2001）。

沃尔玛是将经营战略与财务管理目标有效地结合起来的专家，在经营中融入财务，在财务中体现经营，以财务为线索，以经营为手段，透过多快好省地赚取差价的途径，实现财富最大化的财务管理目标。

（二）现金周转模式的应用

从形式来看，现金周转模式是用于确定企业日常现金持有量的方式之一。现金周转期＝存货周转期＋应收账款周转期－应付账款周转期。用企业经营的财务数据，并假定企业经营和财务状况能够持续下去，预测企业的现金周转期，再根据企业年现金需要量预测值，确定企业的现金持有量。然而，从实质来看，在现金周转模式中隐含着企业经营战略的线索。对市场需求作出快速反应，需要加快存货周转和应收账款周转，同时延迟应付账款周转，为企业经营战略提供资金支持。现金周转模式为企业提供了战略性的分析线索。

如果说好和省地赚取差价是沃尔玛实现财务目标的途径，那么多和快地赚取差价则是实现财务目标最大化的方式了。为了更多、更快地赚取差价，沃尔玛需要按照现金周转模式，加快现金周转，提升存货周转与应收账款周转，相应地延长应付账款周转。但是在经营实践中，如果将存货周转，应收账款周转等财务指标转化成经营任务和要求的话，沃尔玛就会面临两难的境地。从经营来看，沃尔玛的库存单位必须复杂，以满足不同顾客的特殊要求，实现天天平价的经营战略和销售增长的经营目标。从财务来看，提高库存单位的复杂性就会增加库存，扩大资金的占用额，延缓存货的周转。财务目标与经营目标在这里发生了碰撞，沃尔玛是要成长还是要利润呢，沃尔玛又如何兼顾这两方面的要求，实现这两方面目标的呢？它采取的是建立一个灵活高效的物流配送系统战略。

沃尔玛的配送系统可以做到总部与各利润中心之间双向语音、数据传输的实时连接；可以在1小时之内对每种商品的库存、上架、销售量进行全部盘点，并及时补货；可以调整车辆送货的线路，保持销售与配送同步；可以提高工作效率，加快存货的周转。为了保持配送系统的灵活性，满足不同地区卖场对商品需求的差别，沃尔玛没有采取统一的库存标准化制度，而是允许特定区域的商店根据自己的实际情况制订自己的库存标准。这样在确保商品多样性、库存单位复杂性的同时，又大大降低了整个库存系统的成本。

在强大的销售网络，灵活高效的信息系统和配送系统的支持下，沃尔玛的存货平均周转天数为 17 天，应付账款周转扣除应收账款周转为 62 天，现金周转期为负的 45 天。也就是说沃尔玛可以免费占用供应商资金长达 45 天，如果沃尔玛每天的资金需要量为 50 亿美元，则可以获得 2250 亿美元的自有资金。这笔资金可以贷给供应商进行战略投资，也可以用于扩张性再投资，开拓新的投资经营项目和建设新的连锁店，还可以用于其他相关的金融投资领域，如股票、证券、期货、保险等项目，借以获取更多的资金利润。对于销售庞大的零售业来说，利用现金周转模式所获得的免费商业信用，赚取额外的收益以填补本行业微利也不失为一种理财理念。

（三）长期资产的使用效率

提高资产使用效率不能只是挂在嘴上，而应当落到实处，并与企业的经营战略结合起来。对于零售业来说，正确的选址是成功的一半。从财务的角度来看，是提高长期资产使用效率的关键点。沃尔玛在美国选址于郊区，符合美国社会居住分散，普遍以车代步的现实，但将这种选址模式移植到中国未必奏效。在进军中国市场的过程中，沃尔玛最初多选择在城乡接合部，而不是靠近大的居民区，由于公共交通不够便利，限制了到沃尔玛消费的客户流量，影响了资产的使用效率。随着经营战略布局的加快，沃尔玛也慢慢地适应了本土化的需求，将繁华商业旺地作为布局的一个选项。

当布局合理，围绕配送中心密集建店，使建店达到一定的数量规模，形成销售网络时，配送中心的潜能就可以发扬光大了。凭借配送中心的支持，沃尔玛销售网络在时间、空间和便捷等方面的优势就会发挥得淋漓尽致，成为沃尔玛的核心竞争力。因此，正确地选址对销售店面客流量和销售额的完成至关重要，也对使用长期资产的商品销售和服务应分摊的单位成本的下降提供了保障。

在提升资产使用效率方面，正确选址和建立卖场，只是搭起了一个销售平台，还需要好的卖点来配合，才能实现资产使用效率的提升，避免花钱赚吆喝。如何进行现场销售呢？沃尔玛没有精心布置，陈列没有经常变化，少有的场内促销，顾客却能在熟悉的位置方便地找到需要的商品。"如果你在沃尔玛找不到它，或许你根本不需要它。"满足多数顾客的日常生活所需，方便顾客"一站式购物"，就是沃尔玛现场销售的精髓。沃尔玛是天天平价的创始者，坚持所有品类的商品长期保持较低价格，让顾客不必费心研究价格，就能够降低整体消费开支，增加了顾客对沃尔玛的信任和亲和力。同时这种现场销售策略减少了理货、变价以及应付需求波动的人力需求，实现了货流的高流量和稳定性，提高了采购的规模经济，符合沃尔玛一贯重视成本控制的风格。

尽管沃尔玛在信息技术方面投资巨大，拥有自己的卫星定位系统，但沃尔玛还是将这些资产的应用发挥到极致。为了提高这些资产的利用效率，沃尔玛采用EDI与供应商连接，建立自动订货系统。通过网络系统，向供应商提供商业文件、发布采购指令、获取收据和装运清单等，供应商也通过这个系统及时准确地把握其产品的销售情况。当然供应商使用这套系统并不是没有代价的，比如沃尔玛让宝洁公司利用其系统管理存货，从中获得好处，但同时又要求宝洁在其商品上直接打上沃尔玛的价格条形码，并按照零售单位的要求直接分拣包装上架，以节省人工费用和分拣成本。或许这就是堤内损失堤外补吧。信息系统一方面得到了充分利用；另一方面供应商也间接地承担了系统运营的部分成本。

物流环节的规模经济与灵活高效的配送系统共同作用降低了沃尔玛的物流成本。沃尔玛的配送成本不到销售额的3%，而竞争对手则达到4.5%～5%。沃尔玛凭借规模采购和长期合作的关系，说服供应商支付物流费用，在采购价格商定后，沃尔玛从5%的运费扣点中可获取2%的物流利润。这样来看，沃尔玛的物流系统不是只花钱，不赚钱的成本系统，而是创造部分利润的物流系统。

（四）品牌资产的潜力

在以知识经济和信息化为特征的社会里，品牌经营已成为企业不能忽视的竞争力量了。企业产品和服务有了知名品牌，往往意味着更容易"骗人"（张维迎，2005），更容易进入市场，更多地选择经营战略，获取市场份额和品牌溢价。知识经济和信息化造就了今天这样规模的买方市场，买方市场为零售商提供了大量的机会，网络的兴起和电子商务的出现使中小中介逐渐淘汰出局，而成就了沃尔玛这样的大型零售商。在以较低的价格和更高价值供应的争夺战中，大型零售商们无情地抬高了消费者欲望，并越来越多地左右着为其供货的供应商的营利能力。

沃尔玛家喻户晓，是一个服务品牌，因其在信誉、质量和安全等方面给予了消费者全新的感觉而成为"买得放心"的代名词。消费者到沃尔玛买东西一是货真价实；二是质量有保证；三是安全有保障；四是天天平价；五是服务周到。为了在"买得放心"方面实现对消费者的承诺，沃尔玛建立了严格的准入卖场标准，供应商想进入沃尔玛销售网络并非易事，就连海尔这样知名的家电企业，为了进入沃尔玛卖场，也使尽了浑身解数。

由于强大品牌力量，沃尔玛不需要对强大名牌的供应商另眼相看。沃尔玛可以为比较便宜、但令人尊敬的替代品牌提供合适的价格和位置，也能获得与名牌相比拟的业绩来大幅度地削减供应商名牌的力量（拉里·博西迪拉姆·查兰，2005）。这样，由品牌产品为供应商带来的品牌差价，在沃尔玛的卖场遭到了无情的压制。在沃尔玛的销售网络中，供应商赚钱的策略就变成了不是靠提高销售利润率，而是靠更多的存货周转来提升资产利润率了。这恰好符合了沃尔玛天天平价的经营战略。

为了强制供应商实现最低总成本来提高收益率，沃尔玛还依靠品牌优势，不断地向供应商施加压力，要求供应商进行流程改造，使其同沃尔玛一样致力于降低成本的运作，同时又依靠沃尔玛独特营运管理技能，为供应商的人工成本、生产场所、存货控制及管理工作提供质询，帮助供应商降低成本，使供应商和沃尔玛从中获益。

当然，沃尔玛不仅压制了供应商的利润空间，而且要求供应商达到明星级的供货标准不是没有代价的，供应商为什么在如此苛刻的条件下还愿意与沃尔玛合作呢？其实除了东西在沃尔玛网络系统好卖之外，另一个原因是沃尔玛给了供应商一个稳定的预期。正如格兰仕的一位高层人士所言："像沃尔玛这种国外的零售商虽然把价格压得比较低，但和它打交道比较容易计算成本，赚钱还是赔钱心里有谱，而且回款也比较准时。很多国内的卖场价钱倒是压得不多，但一会儿出一个主意要钱，根本不跟你商量就直接从货款里扣，你想撤出来，有时候还不让你撤，简直是关起门打狗。"在收益与风险的选择方面，供应商选择了风险控制，稳定的预期对供应商的经营风险乃至财务风险的把握至关重要。

（五）沃尔玛的启示

1. 融合财务管理目标与经营战略，形成企业可持续成长的动力

沃尔玛将消费者放在第一位的经营战略只是实现财务目标的一个途径，往往也是最成功的途径。与那些直接把股东财富最大化或者相关利益者财富最大化等作为财务管理目标的企业相比，没有了消费者，一切财务管理目标皆为零。平衡计分卡是用来配合战略评价和驱动企业经营业绩的，但它的思想也告诉我们，财务成果是靠赢得顾客来驱动的，赢得顾客又是靠出色表现的流程来实现的，流程的灵活高效运作又需要不断学习和成长以适应环境的变化。在财务、顾客、流程和学习成长方面，沃尔玛都能有效衔接，推动了经营战略的实现，也成就了财务管理目标的实现。

2. 现金周转模式可用于日常现金持有量的控制，也可以换个角度进行战略应用，关键在于如何看待现金流、周转率这些财务要素中所体现的经营思想和经营战略

沃尔玛通过最大限度提升存货周转和应收账款周转，并尽可能地延缓应付账款的周转，免费获得了大量的供应商的资金，为企业战略经营提供了财务资源。如何提升存货周转则是经营战略需要考虑的问题，如何延迟支付账款时间也只有在战略联盟和长远合作的前提条件下，供应商才会心甘情愿地接受。现金周转模式为沃尔玛内部流程的战略化投资提供了明确的线索和方向。

3. 提高长期资产的使用效率往往通过内部挖潜，通过重组，或通过出租来实现

沃尔玛给了我们另一个示范，也可以通过与供应商共同使用长期资产，让供应商分担部分成本费用的方式，提高资产的使用效率。当然，让供应商分担费用的条件是要让供应商有利可图，长期资产运作也必须灵活高效。这仍然是经营管

理需要解决的问题，但财务还是为其提供了想象的空间，为改善企业财务成果做出了贡献。

4. 品牌为企业经营提供了无形的资源

有了品牌一方面可以增加对材料或商品采购要价的筹码，这样从源头上，在成本方面就可以获得一些竞争优势。另一方面的好处是可以比竞争对手延迟付款，又可以获得资金占用上的利益。品牌往往与信誉相联系，与品牌和信誉好的企业做生意，可以减少企业的经营风险和财务风险。

案例四：战略与战略行动一致性成就可口可乐①

可口可乐公司是全球最大的饮料公司，可口可乐品牌是全球第三最具价值品牌。在全球消费环境转变，饮品市场饱和，市场竞争激烈的情况下，可口可乐公司将成本削减战略、品牌推广战略和可持续发展战略作为其三大核心战略。为了削减成本，集中优势推广品牌，可口可乐公司推出了瓶装业务全面归于特许经营的决策。在瓶装业务特许经营的模式下，可口可乐公司将品牌营销作为其核心，积极实施奥运营销和环保冰箱推广等战略行动以提升品牌形象。可口可乐公司在战略实施过程中，积极运用管理会计对决策进行分析，利用其品牌、影响力、管理人才等核心资源，通过上下游协作、部门间的配合、强大的数据分析，实现了战略与战略行动的一致性。

可口可乐重返中国后，直至1992年才扭亏为盈。其扭亏为盈的、被人们一直宣扬的可口可乐中国模式便是特许经营模式。特许经营可谓是可口可乐本土化的一大绝招。在经营过程中，可口可乐总公司除了提供可口可乐秘密配方的浓缩液外，一切设备材料的运输、销售等，均由当地人自筹自办，总公司原则上不出钱。和一般特许经营不同的是，可口可乐公司对品牌的关注度很高，市场推广的参与度非常高。可口可乐公司根据当地装瓶厂提供的市场反馈进行新产品开发、定价等。可口可乐公司通过专业的调查公司、可口可乐公司自有调查系统和装瓶厂调查系统，联合装瓶合作伙伴进行市场调查和推广。

在瓶装业务特许经营模式下，装瓶厂是独立的承包商而不是可口可乐的代理。可口可乐装瓶业务100%归于特许经营模式意味着可口可乐公司将可口可乐价值链中的饮料生产、销售、运输业务外包给装瓶厂，相应的大量生产成本、物流成本转移给了其装瓶合作伙伴。可口可乐公司负责全部的饮料研发和品牌经营，瓶装厂负责生产、销售、运输。可口可乐公司会在推广和营销方面给瓶装厂支持，装瓶厂也会就将其接触到的终端销售信息反馈给可口可乐公司，双方相互支持，实现共赢。一般来说，可口可乐公司和装瓶厂会有一个协议，协议内容在不同地区和不同情形会相对灵活。

---

① 笔者根据丁一，吕学静. 雇主品牌构建与战略人力资源优化——以可口可乐雇主品牌构建为例 [J]. 中国流通经济，2013，27（10）：95–100内容整理所得。

可口可乐公司的成功离不开其战略与战略行动的一致性,而管理会计帮助支持了这一过程。在战略执行过程中,企业也积极利用内外部资源支持战略的实施。针对削减成本战略,可口可乐公司通过对价值链的成本—利润分析,制订了将瓶装业务100%归于特许经营的战略决策,以精简结构、削减成本、提高效率。基于特许经营的模式下,可口可乐公司将饮料生产、装瓶和销售外包,保留并重点发展可口可乐的核心——品牌经营。在品牌营销战略实施过程中,可口可乐公司通过多部门合作,积极分析不同决策的成本—效益,与上下游协调,制订出高质的营销决策。在决策推行过程中,上下游共同参与,全程监测决策效果,共同实现了一个个的品牌营销传奇。在环保冰柜推广行动中,可口可乐公司品牌战略和价值链上下游利益相矛盾时,可口可乐公司更是通过盈亏平衡的分析制定相应策略,积极推动上下游协作,共同推动了可持续发展战略的实施。

毫无疑问,可口可乐公司的战略行动良好地支持了可口可乐的整体战略。回顾可口可乐公司的目标:利用其强大的资产——品牌、财务、顶尖的配送系统、全球影响力、优秀的管理人才——实现长期的可持续增长。在可口可乐瓶装业务特许经营的模式下,可口可乐公司利用其核心资源,通过可口可乐公司内部各部门的配合、优秀的数据分析、管理会计的合理运用和价值链上下游的合作积极推动战略行动的实施,形成了统一的战略规划和实施体系。可口可乐公司坚持其目标,利用核心资源,贯彻其战略,才能成就独一无二的可口可乐。

第二节 全面预算案例分析

案例五:信息化助力中国兵器装备集团全面预算管控能力提升[①]

(一)背景介绍

中国兵器装备集团公司(以下简称"兵装集团")是中央直接管理的国有重要骨干企业,是国防科技工业的核心力量。作为一家特大型军工集团,它拥有特种产品、车辆、新能源、装备制造四大产业板块,拥有长安、天威、嘉陵、建设等50多家企业和研发机构,在全球建立了30多个生产基地和营销网络。兵器装备集团连续11年获得央企负责人经营业绩考核A级,位列世界500强第101位,主要经济指标位列国防科技工业前列。通过组织成员企业开展管理会计体系建设,累计为集团创造价值181亿元,管理会计体系的建设有力地支撑了集团发展战略目标的实现。同时,兵器装备集团也形成了一批理论探索和实践应用成果,

---

① 笔者根据冉秋红,李颖. 企业集团管理会计变革模式及行动机制探析——基于兵装集团的行动者网络 [J]. 财会月刊,2020(5):82-86 内容整理所得。

财会队伍素质大幅提升。主要财会人员在价值创造型财务管理体系建设过程中，已承担财政部《中国企业管理会计指引体系研究》和《集团企业管理会计体系研究》课题 2 项，在核心期刊发表各类论文 80 余篇，编辑出版专著 5 册。兵装集团拥有 10 名全国会计税务领军人才，通过 CMA（美国注册管理会计师）考试的人数达到 134 人，企业财务人员中从事管理会计工作的比重达到 70% 以上。

从 1999 年成立，兵装集团共经历了四个发展阶段：一是扭亏为盈求生存阶段（1999～2003 年）。二是以提升发展规模速度为主要特征的"622"战略阶段（2004～2009 年）。三是以提升发展质量效益为核心的"211"战略阶段（2010～2015 年）。四是"十三五"领先发展战略阶段（2016～2020 年）。从 2010 年开始，兵装集团从主要追求速度规模向主要追求质量效益转变，兵装集团提出"211"发展战略，即 6 年两步走，利润翻两番，营业收入翻一番，人均收入翻一番。这一时期，财务工作的重点是提升集团的价值创造能力。基于管理会计服务战略落地、提高经营质量效益和助力价值创造的功能，兵器装备集团从战略需求出发，通过认真调查研究，决定开展管理会计体系建设。因此，兵器装备集团管理会计体系建设源于提升发展质量效益的需求。

在低增长率、低利润率的竞争时代，如何快速实现企业的转型升级成为提升企业竞争力的关键问题。面对互联网、大数据时代的到来，企业如何能在复杂多变的市场环境中，提高决策能力来保障企业稳定运营，同样是一大考验。管理会计作为精细化管理和价值创造的重要工具，正在企业转型升级过程中发挥其重要作用。而基于大数据的全员全过程的全面预算正是企业互联网时代管理会计的应用热点，也是管理会计的核心内容。管理会计工具应用涉及大量数据的收集、计算和分析，数据的种类繁多，涉及企业多个业务部门，业务处理流程也较为复杂。海量数据的深入挖掘，靠人工几乎做不到，所以，管理会计工具的应用，更凸显了信息化支撑重要性，没有信息化，管理会计就无法进一步走向深入。正是认识到这一点，作为管理会计信息化实践的先行者，兵装集团和浪潮集团开展合作，用两年时间打造兵装集团的管理会计信息系统。为满足兵装集团管理会计引入和深化应用的需求，双方将全面预算信息系统建设作为重点，成功搭建以业务活动、制度流程为支撑，以实现过程控制为主要目的的全面预算管理信息系统。系统的建立，不仅在全面预算信息化建设方面形成了可复制的发展模式，同时进一步推动了兵装集团"价值创造型财务管理体系"的逐步完善，形成了全面预算信息化建设的可复制发展模式，成为管理层管理会计的应用典范。

（二）建立全面预算的管理信息系统

为支撑兵装集团管理思想及战略目标落地，兵装集团在系统性总结前期管理会计实践的基础上，建立了包含"预算编制、执行与监控、预算分析与调整、预算考核与评价"的全面预算管理信息系统，将其定位于"基于业务的管控系统"，具有以下四个方面的应用特色。

1. 清晰明确的逻辑框架

结合国内外相关研究成果，兵装集团建立了目标、原则、要素的 3 层次管理会计应用的"1＋4＋4＋3"逻辑框架，其中"1"代表 1 个目标，即企业管理会计应用的总目标是"基于战略的可持续价值创造"；"4"代表 4 大原则和 4 个要素，4 大原则包括：适用性、有效性、相关性、价值导向；4 个要素包括：应用环境、管理活动、沟通反馈、决策与服务。

2. 自上而下的战略目标管理

为落实兵装集团战略目标的引导作用，系统强化战略目标管理。首先，集团根据企业愿景，形成 3～5 年的中长期战略目标。其次，借助企业大数据技术，将对标数据、行业数据等引入目标管理体系，通过结合企业外部环境数据，将中长期战略目标进行科学分解，确定集团的年度目标及年度考核指标。最后，系统依据指标分解规则可自动分解形成下属单位的年度指标。层层分解后的指标，作为集团全面预算的重要参考。

3. 纵横结合的预算编制

为增强集团的纵向管控能力、横向协同能力，兵装集团全面预算信息系统从纵横两个角度进行预算的编制。首先，在纵向组织上，结合分层级管理的思想，系统提供一套集团统一的、可以根据各自单位剪裁和单位预算编制提供依据；之后各单位采用"三上三下、上下结合"的预算编制方式，进行分级编制、逐级汇总。其次，在企业内部横向组织上，系统要求编制时考虑业务往来，按照业务驱动流程实现资源在各部门组织间协同流转。

4. 多手段的预算控制

针对兵装集团管理及信息化现状，信息系统提供总体预算目标的滚动预测控制，业务发生前的申请控制，业务进行时的周期预警，业务结束后的监督分析等多方位的管控方式。

（三）兵装集团全面预算信息系统建设的成效

兵装集团的全面预算信息系统，满足了集团多层级预算管理的需要，同时在增强预算编制科学性、灵活性基础上，通过滚动预算和系统集成等，使资源得到合理配置，经营过程得到有效控制，降低企业经营风险，提高实时决策水平，加快推动集团战略落地，经营业绩逐年攀升，2013 年的营业收入、利润总额、经济增加值相较于 2009 年均实现翻倍增长。

1. 细化预算主体，促进集团企业精益化管理

目前，兵装集团为下属企业制作了 78 张编制分析表样、16 个流程模板、11 个预算要点说明，极大地方便了员工进行全面预算的实际操作。采取"7＋3"的模式，全面预算、标准成本、全价值链成本管理等 7 个工具方法，要求在成员企业都有应用；平衡计分卡、客户盈利能力管理、作业成本管理 3 个选推工具方法，鼓励管理基础好、有条件的企业选择应用。

2. 引入大数据对标，支持集团企业实时决策

全面预算管理系统前端链接经营预测，借助于大数据及云计算技术，系统可以实时把握企业自身及竞争对手的战略规划、计划、预算、产品定位、市场扩张、筹融资、新产品开发等经营活动信息；全面预算系统不仅可以提供年初预算数，还可以月度滚动预测数、预算执行实际发生数及对标企业的相关数据，为集团的全员决策、实时决策提供数据支持。以长安汽车为例，原来每年的销售预算主要借助历史年度销售数据乘以一个增长比率，确定当前年度的销售预算，存在着预算执行偏离度较高情况，而借助互联网爬取汽车行业、汽车市场、对标企业等有效数据，使预算目标以市场为导向、综合各项经营要素、基于科学的预测模型最终确定，同时坚持零基预算与滚动预算原则，一切从实际出发，缩小预算执行偏离度。借助系统，领导可对执行过程进行动态监控和分析考核，既充分挖掘预算主体的潜力，又提高了预算主体的积极性。

全面预算管理系统后端链接内部管理报告，兵装集团针对高层管理者，借助于滚动预测与大数据对标，设计了以"盈利结构分析表""盈利路径管理表""经济增加值驱动路径表"为重点的内部管理报告体系，用管理会计的视角直观展示传统财务报告中难以直接找到的决策信息。当前，各单位财务部门每月向本单位负责人报送管理会计报表，并做专项分析和管理建议，最大限度支撑经营决策，激发经营者"共鸣"。

3. 强化系统集成，降低集团企业经营风险

兵装集团通过将成本、司库等多个业务系统与预算系统打通，采取"财务控制、资金控制、业务控制"三种控制方式，通过信息互联互通，实现对费用、资金、运营的控制，充分发挥全面预算系统基础业务平台的作用。财务控制作为最基本的控制方式，主要通过会计科目对三项费用进行刚性控制，资金控制通过充分利用现有司库系统，对资金支出、合同支出、资本性支出、资产处置等大额资金支出进行严格的刚性控制，而业务控制则根据不同单位的 ERP 应用程度，对采购价格、销售价格、限额领料、合同控制等进行柔性控制。借助于系统间集成，增强财务等资源与业务间的联动，通过发挥组合效力，实现集约化管理，降低经营风险。

4. 发挥牵引功能，提升集团企业价值创造力

为支撑全面预算工作深入开展，集团公司大力推行成本领先行动计划。以工业企业为例，成本以销售为编制起点，通过市场预测和战略发展要求确定销售预算，预计销量决定预计产量，采用拉动式方式编制生产预算。在编制成本预算前要编制工艺改进计划，将工艺改进的成果体现在各种消耗定额中。依据修正后的各种定额编制成本预算，从源头上控制各种耗费。同时，根据改进后的工艺调整质量指标，要求质量预算指标明细到各个部件的重要工序，使工序质量受控，同时有效控制生产耗费。最终制造成本预算编制明细到不同产品的各个成本项目，既便于成本预算的执行监控，也便于对责任部门进行业绩评价。通过成本领先行

动计划，借助成本管理方法、工具的运用，集团公司的成本管理水平得到了极大提升，每年为集团节省成本超过 20 亿元人民币。

通过完整的预算编制逻辑，实现全面预算与成本领先行动的一体化，充分发挥预算牵引作用，通过缩小预算成本与标准成本及实际成本之间的差异，成本费用占营业收入比重明显降低，拉动 EVA 增长，实现企业价值创造能力提高，构建长期竞争优势。2013 年，兵装集团经济增加值已达到 74.3 亿元，利润总额超过 102 亿元，营业收入达到 3617 亿元。

（四）兵装集团全面预算信息系统建设的启示

全面预算信息系统建设中，兵装集团在注重环境建设、注重规划指导、注重方法选择、注重业务实践的理念指导下，推动兵装集团"价值创造型财务管理体系"完善的同时，形了全面预算信息化建设的可复制发展模式，为国内其他企业进行全面预算信息化建设提供了借鉴和启示。

1. 管理理念先行是发挥全面预算信息系统作用的前提

长期以来，兵装集团致力于通过探索先进的管结合实践来提升企业管理水平。为强化集团员工全面预算意识，集团制定了"全面预算编制全面预算应用指导手册"，对全面预算理论、系统操作做出详尽描述。一方面，通过建立标准业务模型等规范，增强全面预算的运作效率，同时让全员对预算有清晰认识，提高预算的执行力。

2. 战略引领是全面预算信息系统的基本原则

兵装集团在编制年度预算前，先进行三年战略目标的滚动预测，再对战略目标量化细化。不仅要求成员单位进行行业标杆对比，还要符合公司发展战略。全面预算信息系统不仅承载着年度目标的达成，还要为集团中长期战略服务。兵装集团用了短短 10 年的时间，将营业收入从 200 亿元发展到 2000 亿元，成为全面预算信息系统建设需要融合战略目标的佐证。

3. 基于业务的管控系统是全面预算信息系统的真正内涵

兵装集团认真评估已有的业务系统，将司库、成本等和全面预算系统紧密集成，在费用申请、资金支付的前端融入预算控制，对其他业务系统动态提取执行数据，使预算的过程管控向业务端延伸，减少人员在多系统间的切换和重复录入，提高预算管理的效率和准确性。通过和业务系统融合，全面预算管理信息系统成为业务管理的一部分，使集团管理和成员单位的日常经营管理都离不开全面预算信息系统。

由此看出，业务是预算管理的立足点和出发点，是实现预算管理的重要支撑，要充分发挥全面预算信息系统的管理效力，需要融合基础业务，只有将业务的关键环节、关键控制点与预算执行环节相结合，才能有效将全面预算推向深入应用层次。

第三节 绩效管理案例分析

案例六：银信科技"以人为本"的绩效管理案例①

作为一家创业板上市 IT 服务公司，公司面临较强的市场竞争和人才管理压力，如何建立有效的人才管理机制、绩效管理机制成为公司建立核心竞争力的关键。为此，公司管理层通过多年的管理实践，摸索出一条行之有效的人员管理、人才激励机制，并取得了较好的成效，使公司规模和业绩取得了突飞猛进的发展。

（一）案例背景

北京银信长远科技股份有限公司（以下简称"银信科技"）是一家全国性、专业化的数据中心"一站式"IT 运维服务商，主要面向政府和企事业单位数据中心 IT 基础设施提供第三方运维服务、智慧城市解决方案、系统集成服务以及 IT 运维管理相关产品的研发与销售服务。

银信科技的前身为北京银信长远科技有限公司，成立于 2004 年，注册资本为 1000 万元人民币。2010 年 1 月，公司进行股份制改造并更名为北京银信长远科技股份有限公司。2011 年 6 月 15 日，银信科技在深交所创业板上市，注册资本增资到 4000 万元人民币，成为国内第一家以专业第三方 IT 运维服务概念上市的企业。

2016 年底公司总资产 10.04 亿元，较 2011 年底增长 209%；2016 年营业收入 10.50 亿元，较 2011 年增长 433%；2016 年净利润 1.16 亿元，较 2011 年增长 235%。2016 年底，公司客户数量 666 家，客户已遍布全国 31 个省份。2016 年底公司员工总数为 760 人，2011 年底员工数量为 210 人。2011 年上市后的 5 年，公司无论在规模还是业绩方面都取得了突飞猛进的发展。

银信科技坚持以人为本，建立起一套工程师的成长机制，以保证工程师知识与经验的不断成长。同时，公司还建立了员工股权激励计划，截至 2016 底第一期股权激励首期授予部分已全部完成业绩考核目标，并办理完毕股票解锁，第一期股权激励效果显著。在 2016 年推出第二期股权激励计划，激励核心员工共计 159 人，覆盖人数较第一期股权激励增加了 1 倍。

（二）面临的问题

公司 2004 年成立，作为一家民营创业公司，公司成立之初面临着无市场份

---

① 笔者根据银信科技相关资料调研整理所得。

额、无储备人才、无核心技术的三无处境。公司负责人经过初期打拼，充分认识到了创业成功的关键因素不是创业机会，而是为创业构筑的管理平台，能够最大限度调度和发挥创业团队积极性和工作效率的平台，只有建立了好的平台、好多机制才能吸引人才、留住人才、发挥人才的作用，才能建立公司"以人为本"的核心竞争力。但人才招聘容易，管理难，为公司创造价值更难。因此，公司在初创期需要解决的首要问题是如何建立内部人才管理机制、绩效管理机制。具体来说，需要通过制度和管理模式解决三个问题：

1. 如何通过制度安排处理好员工与员工之间的关系？

问题描述：员工与员工在团队配合完成某些工作的过程中会出现"搭便车"、低估其他人工作效率和效果的情况，即"人无意间会对别人的劳动理解不够"，由此会造成公司管理者很难对团队成绩的奖励予以分配，即无法确定和衡量关键行为指标（key behavior index）。如 5 个人配合完成了一个项目，分别在项目中从事业务承揽、项目实施、后勤保障等工作，按照项目大小，公司可以奖励 10 万元，但 5 个人的贡献和工作量不好衡量，造成了无法合理分配的局面，从而造成了公司内部的不和谐，加速了后续员工"搭便车"行为，降低了团队配合工作效率。

2. 如何通过制度安排处理好公司与员工之间的关系？

问题描述：公司与员工的关系核心是公司对员工的评价和安排，过程包括招聘、考评、升职（加薪）、降职（降薪）、劝退或辞退。但面对信息不对称的人才市场，负责人在招聘过程中很难对应聘人员有全面的了解，很可能出现员工与公司期望不符，需要降薪或辞退的现象。公司创业初期面临的实际情况是招人不到 1 年即发现 80% 的员工达不到能力期待，负责人在处理过程中不但花费大量时间和精力，实际情况是负责人 2～3 年后就开始天天处理怎么劝人走，怎么让人降工资，怎么和人吵架。而且在《中华人民共和国劳动法》的规范下，公司也面临很高的法律风险。公司急需解决的问题是如何创建"制度"，让员工"愉快地走，愉快地降薪"。

3. 如何通过制度安排对员工进行激励，使其创造最大的价值？

问题描述：公司经过 3 年的发展，在管理上初步建立了较好的人员管理机制，2007 年因为制度顺畅，随着公司业务规模的扩大，人才队伍逐步稳定，核心人才成为公司后续发展的基石和最宝贵的财富。如何留住人才、使人才与公司利益保持一致成为管理者思考的问题。在众多方案中股权激励具有模式灵活、管理便捷、适合上市公司的特点，但股权激励方案如何设计成为难点。首先，股权激励无非是给员工股权让员工工作，但是员工拿了股权不干活了怎么办？其次，股权都给哪些人，给多少股？

（三）解决方式及成效

1. 建立"员工自主选择机制"解决员工与员工之间的关系

机制：多轮博弈下的员工自主选择合作团队机制。

原理：在多轮博弈下，员工基于长期合作关系，员工之间最了解相互的能力和工作表现，员工也可以通过其他人的评价争取理解自己的能力和贡献度。因此，企业最好的管理方式是建立内部市场化机制，让员工自由选择合作对象和奖励分配比例。

工具："提前分配表"，即在项目立项阶段即要求团队填写立项表，其中根据贡献度的奖金分配方案是必填项。如甲 30%，乙 20%……丁 15%。

方法：在确定项目后，员工自由选择团队合作伙伴，并事前谈好分工和报酬，填写立项表及提前分配表，实施项目。在项目实施过程中，如遇到困难需要其他员工支持，也需要根据支持的难度和工作量与支持人谈好报酬分配方案，包括请管理者参与的也需要支付报酬，公司确定的管理者参与的奖金比例是 60%。

成效：通过员工之间的谈判和多轮合作博弈，员工可以有较好的自我评价和团队合作情况体会，努力和不努力的体现是客观、公正、公平的，最终可以更好地激励选择努力的员工，淘汰不努力的员工；提前分配可以避免北方人豪爽讲义气、不愿谈钱的性格问题，避免事前不谈，事后分配不均伤感情的现象出现；不同的项目组合不同，可以避免员工之间的人情引起的不公正，也可以避免管理者分配情况下的员工一味讨好管理者的情况，员工将全部心思和精力放在工作上就好；由于管理者对报酬的报价很高，因此员工会尽量少麻烦管理者，使管理者从具体项目中解放出来。

2. 通过"承诺业绩合同"解决公司与员工之间的关系

机制：基于承诺，通过合同，使员工考评量化、法律化、认同化。

原理：管理层人为评价容易造成偏颇，且缺乏公信力，容易产生矛盾，通过承诺和合同，可以增加公司、员工双方对考评的认同感。

工具："低工资 + 高提成"的薪酬组合，员工个人事前业绩承诺，将业绩承诺签进劳务合同。

方法：公司制订"低工资 + 高提成"的薪酬组合，应聘者在讲述自己能力的同时，企业负责人根据应聘者个人描述给出薪酬水平和要求的业绩承诺，双方如达成一致，即按照薪酬水平和业绩承诺签订劳动合同，即"基本工资 + 业绩提成 + 期望"，后续公司根据此合同进行员工的考核。如果到考核节点，员工没有做到业绩承诺，则公司可以选择付低工资或将其辞退。

成效："低工资 + 高提成"的薪酬组合起到了激励员工努力工作的作用，且节约了公司在低业绩情况下的人工成本；业绩承诺明确了员工的工作目标，增加了危机感和工作动力；同时，相对于企业负责人考评或 360 度评估，员工对考评结果的认同度更高，公司与员工之间不宜产生矛盾，也解放了企业负责人协调考评的时间和精力，去除了企业负责人在处理人事关系中的烦恼，降低了公司的法律风险。

3. 通过"股权激励"建立员工与公司间的利益共同体

机制：通过股权激励，建立员工与公司之间的利益纽带。

原理：通过股权激励，使员工成为公司的主人，争取责任心和使命感。

工具：上市 + 股权激励

方案：首先，股权激励方案的目标是留住人才，并且激励人才努力为公司创造价值，提升公司市值。因此，股权激励方案是对员工未来工作绩效的激励，而不是对过去工作贡献的奖励，核心点是"激励"而不是"奖励"。其次，股权激励的数额要适度，与员工能力及贡献度匹配，有的公司给配股人员几千万，结果员工拿到股权后直接走了，因为觉得已经实现财富自由了。因此，股权激励是对员工未来的业绩工作进行适度动态奖励。

公司配合上市方案制订股权激励方案，股权激励方案在上市手续办理前就必须确定。具体方案如下：

公司制订了 6 年周期的股权激励方案，首次拿出公司 15% 的股份设置股权激励方案。

2007 年：将 15% 股权预分配给核心人员，其中销售领域分配总额的 40%（业绩 100 万元以上参与分配）、技术领域分配 40%、管理领域分配 20%。

2008 年：对预分配人员的业绩进行考核，达到预期业绩考核目标的，进行相应比例的股权划拨，即到工商局变更 15% 股份的 1/6 股东。

2009 年：根据 2008 年的股权分配人员清单，对预分配人员的业绩进行考核，达到预期业绩考核目标的，再次进行相应比例的股权划拨，即到工商局再次变更 15% 股份的 1/6 股东。

2010 年：由于公司申报 IPO，申报期间不允许变更股东名册，因此公司根据股权激励规则，进行虚拟股权划拨，待上市后进行正式股权变更。

2011 年：公司成功上市，上市后市值达到 10 亿元，股权激励大幅增值，相当于 10 亿元 × 15%，也就是 1.5 亿元拿出来分股，每年分 2500 万元，而当时公司每年的利润只有 1700 万元，所以股票的收益（市值）使公司每年分奖就分 2500 万元。

2012 年：按照上述分配规则，进行首期股权激励方案的最终兑现。

此外，股权激励方案中另一个难点是：如何对管理领域人员，即财务、人力部门经理的工作绩效进行评价？解决办法是管理领域人员自行上报工作计划目标及年度预期完成率，并上报上级领导审批，之后按年考核每项工作的完成率是否达到预期，以此标准决定股权激励是否可执行。

成效：解决了公司留住人才的问题，已经成为公司核心人才或正在努力成为公司核心人才的员工，在股权激励的预期下，都不愿意离开公司，自从实施了股权激励方案，公司人才流失率非常低；解决了公司业绩提升问题，所有员工都有明确目标，努力提升个人业绩，公司内部营造了非常好的争当核心人才的氛围；员工主人翁意识加强，内部管理、成本控制水平大幅提升，公司还需要控制费用吗？不用了，费用是为自己省的，公司少了费用，利润就多，市值按照市盈率的倍数上涨，员工身价就会高，如成本费用省了 1000 元，公司市值会高 5 万元，员工持股 15%，财富会增加 7500 元；同时，公司内部形成了互相监督氛围，一切对公司不利的行为都会遭到举报和反对，为此，公司授权每个部门有 10% 比例人员的开除权。

（四）理论总结及启示

银信科技从创业到上市再到持续为股东创造价值，经历了不断出现管理问题、解决管理问题的过程，公司负责人说"我们并不知道我们的理论与实际的结合点在哪？只有不停地做！"同时他给予我们的管理建议是"摸清门道、善于总结、善于学习"。那么，银信科技的案例体现出哪些管理会计思想？应用了哪些管理会计理论？给我们哪些启示？

（1）人们常说民营中小企业通常是家族企业、家长式管理，但通常的管理模式是否是最合适的管理模式呢？家长式管理的特色为老板管理、老板监督、老板评价，管理和评价都体现了老板的个人意志。但管理会计的思想和理念核心是量化管理、标准化评价。本案例作为民营中小企业成功案例的典型代表，其管理思路和管理核心均体现了量化管理、标准化评价理念，蕴含着管理会计的思想和方法。

（2）管理会计是目标导向、问题导向，是一门艺术，而不是标准科学。因此，管理会计一定是符合企业内外部环境，定制的，而不是标准的方法。没有现成的模式，实事求是解决问题。在本案例的成功管理实践中，作为管理会计案例，却没有出现套用教科书管理会计方法、工具的痕迹，而是从管理会计的某个理念出发，研究、设计适合企业自身的具体方法、工具。

（3）本案例运用了管理会计的行为管理理论，通过对制度安排和解决成效的分析，强调了团队管理、人才管理的重要性。行为管理理论旨在运用心理学和社会学的理论、方法和技术对管理中人的方面及人际关系方面进行的研究，对做好人才管理具有重要的指导意义。而在人才管理中，如何有效地激励组织中的个体，提高组织绩效是亟待解决的关键问题。因此，本案例的管理会计方法集中解决组织激励和绩效考核的问题。具体方法包括：阿米巴最小经营单位管理模式、内部定价建立内部市场；预算管理的事前管理方法，引入"提前分配表"和"业绩承诺"；以股权激励方式减少公司管理过程中的"道德风险""逆向选择"问题，完善公司治理与加强内部控制；投融资管理的完美组合，充分利用资本市场融资模式，实现价值发现和流动性，同时运用战略投资将股权投资于公司员工（公司的核心竞争力）。

（4）可知可控的绩效体系，激发最大的管理潜能。理顺生产关系与生产力，关键是责权利统一，做好内部市场，阿米巴经营管理体系，可量化最小单元。

（五）思考问题

（1）本案例的问题解决方式与传统管理会计有何区别？涉及了哪些管理会计

领域？

（2）根据案例介绍，分析案例公司的管理是否存在不合理之处或需改进方面？其管理会计方法是否有进一步深化的可能。如何设计。

（3）本案例的管理会计方法在企业规模逐步发展的过程中是否还有效适用？是否适合大型企业、集团化企业管理？

（4）站在本案例老板的角度，画出企业管理、管理会计体系构建的完整思路图，要求全面与创新。

案例七：直真科技阿米巴经营理念绩效管理分析[①]

一、直真科技情况介绍

（一）直真科技所在行业介绍

本次案例研究对象北京直真科技股份有限公司（以下简称"直真科技"）属于高技术服务行业，指知识密集度高，依靠新兴技术与专业知识，具有较明显的客户互动特征的商业性公司或组织，其发展本质是来自社会进步、经济发展、社会分工的专业化等的需求。科学技术特别是信息技术对现代服务业有着重要的推动和保障作用。此外，科学技术也直接推动服务业经营模式和管理模式的变化，直接推动和影响市场机制和政府监督方式完善的过程。

高技术服务业与传统服务业相比较，具有以下几点特征：

一是高技术性。高技术性是为服务通过技术支持和发展的重要平台，同时服务也能够赋予高技术产品新的价值，技术水平的优劣程度决定了服务的品质高低，同时，具有高技术含量的服务增值有助于形成独特的技术壁垒，增值创造产品价值之外的附加价值。

二是高渗透性。高技术服务业的根源都依托于高新技术，自然也会具有了该产业的高渗透性。在高技术产业发展至今的过程中，其服务的高渗透性使得技术和服务能够更好地融为一体，也使产业链能够得以延伸，更有利于拓展产业的发展空间。

三是高增值性。一个产品的市场价值分为使用价值和观念价值，使用价值主要体现在其客观拥有的使用功能，而观念价值则是客户在使用时主观的感受和体会，以及相关的附着价值。随着社会经济的不断发展，商品的市场价值也不可避免地取决于观念价值，传统的服务业主要是靠人力和资本投入，然而高技术服务业的主要业务内容却是依靠科技水平，因此也具有高技术行业的倍增性，使高技

---

① 笔者根据直真科技相关资料调研后整理所得。

术服务业呈现出高增值性。

四是高智力性。高技术服务业的企业更需要运用现代化的管理理念和经营理念来对客户企业现有的管理模式进行改革，使用新技术、新工艺、新材料来进行生产制造，并且搭建起新平台鼓励创新和发展，并为客户提供更高质量的服务和更优良的服务体验。

近些年来，我国经济的市场化程度不断提高，区域经济和高技术服务业都在迅速发展，传统产业受到冲击，各行业的专业分工逐渐被细化和深化，正在逐步形成一个人才密集、知识密集、高附加值的高技术服务体系，除此之外，该体系还能够更好地服务产业和企业的高速发展。高技术服务的项目也因此具有非常明显的技术创新性，旨在能通过增值的专业化服务来推广高技术成果，不仅能促进传统产业的升级，更能促进各行各业的架构优化和加快经济增长。

（二）直真科技情况分析

直真科技成立于 2008 年，是一家致力于电信及 IT 运营管理产品和解决方案的高新技术软件企业。成立至今已经拥有了超过 80 项自主知识产权的产品，获得了 14 项发明专利授权，通过持续地自主创新形成了 1 个网管应用中间件平台、9 个系列化产品。客户遍及中国移动、中国电信和中国联通等电信运营商的总部和 31 个省公司，并积极拓展到广电、铁路、金融等行业客户和大中型企业的 IT 运营管理市场。主要产品包括网元管理产品、综合网管产品、ICT - 数字医疗产品、宽带业务感知产品、数据业务端到端监测与分析产品、xPON 光接入网故障诊断与测试分析平台等 10 多项专业产品。

公司自创立以来，一直发展顺利，规模也逐年增大，然而从 2013 年开始，直真科技在发展过程中却不可避免地呈现典型的"大企业病"症状，主要表现为以下四个方面：

一是收入增长和成本之间不匹配。从 2008 年公司创立至 2010 年，直真科技的合同额就已接近 1.8 亿元，此后就进入了停滞状态，连续 5 年合同额都没能突破 1.8 亿元。而员工的数量，却在公司规模不断增大的过程中迅速增长，总收入没有明显提高，但是成本却在不断增长，利润空间被成本大量挤占。

二是创业精神消亡，员工打工心态特别突出。员工在工作时纷纷都只看着自己的"一亩三分地"，做事应付心理明显，没有自动自发的主动进取精神，很难会有员工站在企业管理者的角度，从降低成本或是提高效率的角度出发，主动联合其他部门，合作完成工作任务。工作出现问题时，第一反应并非解决问题，而是相互推诿、抱怨，为自己找借口。

三是组织机构臃肿，业务流程繁杂，导致公司多个部门之间信息沟通不畅，各自为营，工作交付文档繁多，职责不清，合作协调困难，致使公司工作效率低下，高层对信息的处理及时性极低，对市场反应迟钝，迟迟作不出决策，或调整决策速度远慢于市场变化速度。

四是纯粹为了管理而管理，而并非落脚于企业经营，大量的管理人员取代了业务、研发人员，甚至让大量研发人员学习管理经验，成为办公室主任。真正赚钱的业务人员越来越少，管理人员越来越多，以至于真正的人才逐渐流失。人才流失其实是"大企业病"的结果。因为以上这些病症存在，导致人才流失或沦为平庸员工，最终使得企业人才凋零，竞争力进一步缺失。

（三）直真科技进行绩效管理改革的管理基础

阿米巴经营管理模式，是将企业组织结构划分为一个个小的经营个体，称为"阿米巴"，在每个巴体都能在独立核算的基础上进行企业运作，在这个过程中，企业的绩效管理设计就成为阿米巴成功实施的基石，只有拥有一套完整合理的绩效考核标准，又能将其落实在基层，才能实现企业的有效运营。

直真科技在开始实施阿米巴经营管理模式之前，先对现行绩效考核模式进行了分析，并结合阿米巴特征的绩效考核模式进行扎实的理论学习和深入研究，以最大可能地保障阿米巴的成功运行。一个完善有效的绩效考核应该能做到有利于向企业经营者呈现企业运营业绩，并能够促使企业的长足发展。因此，直真科技结合业务特点，总结现行绩效管理的不足之处，研究判断是否具备进行阿米巴绩效管理模式改革的基础。

首先，直真科技多年不断夯实企业管理能力，并且在将组织划小后已经拥有良好的组织架构和完善的管理基础，为企业运营去除了直线型管理的缺陷，将庞大的企业划分为多个小的阿米巴体，且都能够做到独立运营，绩效考核的目标也从整个企业转变为每个阿米巴，大大降低了企业绩效改革的难度。

其次，由于直真科技的行业特征，其员工的整体素质偏高，在绩效管理改革初期，对于新的绩效考核模式和制度都能够较快的理解。除此之外，直真科技还对员工进行定期培训，并抽查员工对于改革后的绩效管理内容是否了解，以探知员工对于新制度的理解程度和接受程度，这不仅能使职员尽快地掌握新模式的核心，并能够在发现问题时及时调整。

二、基于阿米巴经营理念的绩效管理模式

（一）直真科技基于阿米巴经营管理模式的组织架构

直真科技根据公司业务重新界定了企业各个部门的组织架构，调整职责内容和职责范围，尤其针对项目部门，如果在工作过程中发现存在不足，便于管理者及时分析问题的原因，并能够尽快思考出提高工作业绩的办法，避免重复使用企业资源，而不应该在项目部门外另设相应科目。

同时，明确每个事业部的阿米巴长，即关键责任人，负责该部门阿米巴的绩效管理。具体公司架构如图3-5所示。

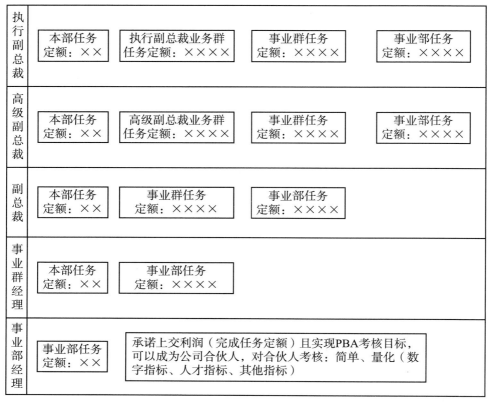

图3-5 直真科技公司架构组成

如图3-5所示，直真科技经过阿米巴改革之后的组织架构，主要具有两个特点，即举手制度与定额制度。

在直真科技内，员工可以根据自身的职业规划和对于业务资源的掌控程度，以及对自己管理能力、业务能力的预判结果，"举手"向企业申请成为业务组负责人甚至合伙人的职位（见图3-6）。不对员工级别进行限制，只需在位期间能够满足职位的业绩要求，举手人即可被聘任为该职位。对于员工来说，从进入一家公司到成为管理层，大致需要10年时间；对企业而言，随着业务规模的不断扩大，会出现领导梯队断层，业务骨干人才流失，以及员工才不配位等情况，举手制度的选人用人机制则能从个人层面、企业层面解决这些问题。

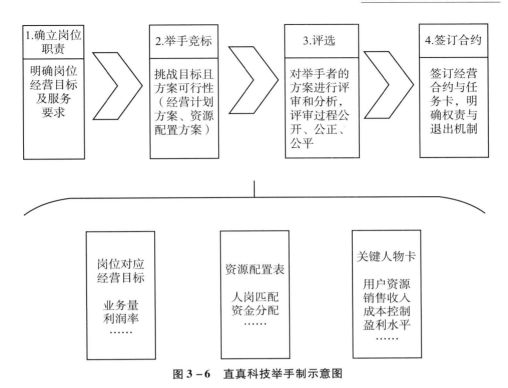

图 3 - 6 直真科技举手制示意图

直真科技采取举手制，就必然需要根据各职位制订能够量化的考核指标，进行定量定额管理，以及针对业务定额制订相关程序、考核方式和奖惩措施，才能更为准确地判断一个员工是否能够胜任该职位。

（二）直真科技基于经营会计的核算规则

在阿米巴经营会计中，稻盛和夫先生将传统的计算公式重新定义，并将这一新的核算模式运用到每个阿米巴组织内部，不仅有助于员工对于阿米巴核算的理解加深，更从而实现公司绩效的数字化和可视化。

首先，与传统会计相同，经营会计也需要记录和呈现企业决策相关的要素，直真科技作为标准的项目型企业，其经营会计核算要素主要包括每个新签合同的收入（分为外部收入和内部收入）、成本（分为外部成本、内部成本以及平台成本）、税金、毛利、费用（分为固定费用和可变费用）以及贡献利润，除此之外，为了衡定员工贡献并以此计算绩效工资和奖金、股权激励数额，还引入了定额利润和超额利润两个概念，如图 3 - 7 所示。

```
收入（外部收入、内部收入）
——成本（外部成本、内部成本、平台成本）
——税金
=毛利
——费用（固定费用、可变费用）
定额利润（工资、奖金）


=贡献利润
超额利润（超额奖金、股权）
```

图 3 - 7　经营会计核算过程

除此之外，直真科技还在收入和成本的确认方面有所创新：只要合同中有明确规定的回款点，就可作为收入和成本的确认阶段。例如，在某新签合同中规定，在项目初验、试运行、正式交付三个阶段分别成功时，都会给予该阶段事先约定好的金额并进行回款，那么在项目进行过程中，就按照以上三个阶段分别进行收入和成本的确认。

（三）直真科技单位时间核算表

直真科技原来的绩效管理重点在于降低成本，而阿米巴经营理念的核心之一就是同时关注成本降低和利润率的提高，结合直真科技的生产研发和销售特点，需要在绩效考核指标中加入效率指标，因此直真科技引进了阿米巴经营理念的单位时间核算制度，利用单位时间核算表来辅助企业的绩效指标设置和考核（见表 3 - 1）。

表 3 - 1　　　　　　　　　直真科技单位时间核算表

项目			本期计划		本期实际		实际对比
			金额（元）	占比（%）	金额（元）	占比（%）	
销售额	对外销售额	销售收入	100000		137000		37000
		售后服务收入	80000		64000		-16000
		培训收入	10000		7000		-3000
		延期交付	0		0		0

续表

项目			本期计划		本期实际		实际对比
			金额（元）	占比（%）	金额（元）	占比（%）	
销售额	销售额扣减项	索赔	0		0		0
		赠送	10000		10000		0
		返利	0		0		0
		短期政策	0		0		0
销售净额			180000		208000		28000
变动费用	变动成本	销售成本	5000		7800		2800
		运输费	3000		3000		0
		小计	8000		10800		2800
	变动人工	加班工资	10000		13380		3380
		营销提成费	10000		14000		4000
		小计	20000		27380		7380
	其他变动费用	宣传费	5000		5000		0
		促销推广费	3000		3000		0
		招待费	0		0		0
		会议费	0		0		0
		通信费	600		600		0
		交通费	2000		1900		−100
		投标服务费	6000		6000		0
		差旅费	12000		12000		0
		小计	28600		28500		−100
	资金利息	应收账款占用计息	0		0		0
	小计		56600		66680		10080

项目			本期计划		本期实际		实际对比
			金额（元）	占比（%）	金额（元）	占比（%）	
固定费用	人工费	人工费用	20000		20000		0
		福利费	5000		5000		0
		小计	25000		25000		0
	其他费用	办公费	3000		3000		0
		电话费	80		80		0
		水电费	60		60		0
		培训费	800		800		0
		驻点费	0		0		0
		推广费	0		0		0
		其他	0		0		0
		小计	3940		3940		0
	小计		28940		28940		0
贡献利润			122460		122460		0
总公司费用分摊			2000		2000		0
部门费用分摊			1550		1550		0

（四）直真科技业务模块调整

由于直真科技是还在较高速发展中的中小型民营企业，企业架构要尽可能精简，避免人员冗余，因而经过阿米巴经营理念改革后的直真科技，在业务方向涉及的部门被整合为业务部、客户服务部和研发部。

（1）业务部：直真科技实施小组长责任制，将整个业务部门划分为多个能够独立核算的小组，每年年初制订定额的销售额要求，如上文所提：采用举手制产生销售经理，对本年内小组内产生的业绩负责，并进行独立的绩效管理考核。

（2）客户服务部：直真科技先是取消原有的部门主管层级，再将客户服务部按照业务量和管理半径将其划分为数个小组，由举手制产生每个小组的服务经理，由服务经理直接向分管客户服务部的管理人员汇报，放大了服务经理的工作授权，并且对其进行独立的绩效管理考核。

（3）研发部：将原有的研发部和市场部进行整合，使直真科技的产品研发更加贴近市场需求，促进市场和产品研发的一体化，在开发业务时，由实施研发项目的经理负责，全程对接，减少在不同项目阶段时更换对接人产生的交接时间成本，并且更能提高工作效率和客户满意度。实行研发经理的一站式服务，并且对其进行独立的绩效管理考核。

（五）直真科技后台职能部门调整

在直真科技引入阿米巴之前的职能部门划分易造成部门间沟通困难，产生协作壁垒，且职能部门对于业务了解度较低，对一线业务部门的支持度不够，因而会阻碍业务的拓展。

在实施阿米巴改革后，直真科技取消了之前的职能部门划分方式，对后台职能部门进行组织重构，将职能部门整合为一个战略统一、建设一致的服务型后台，再结合信息化管理手段，提高职能部门反应效率，更快地对业务部门提出的协作请求进行反应。该服务型后台主要是对一线业务部门进行协调服务和对企业进行运营支持工作，通过二线职能部门向一线业务部门提供资源帮助，使整个公司围绕着业务开展工作，从而提高企业运行效率。

（六）直真科技绩效考核模式

基于以上两点，直真科技基本确立了绩效管理的框架，具体的绩效考核则是采用 PBC 和平衡计分卡结合的方式，它能够使员工专注于业务的完成程度，重点放在个人目标与业务的紧密结合上。

直真科技在企业经营的过程中，根据直真科技的业务特征，摸索着将 PBC 和平衡计分卡相结合，创立一套适合自己的、独特的绩效考核系统（见图 3 - 8、图 3 - 9、图 3 - 10，表 3 - 2），弥补了传统平衡记分卡在施用过程中的不足。

图 3 - 8　PDCA 管理原则

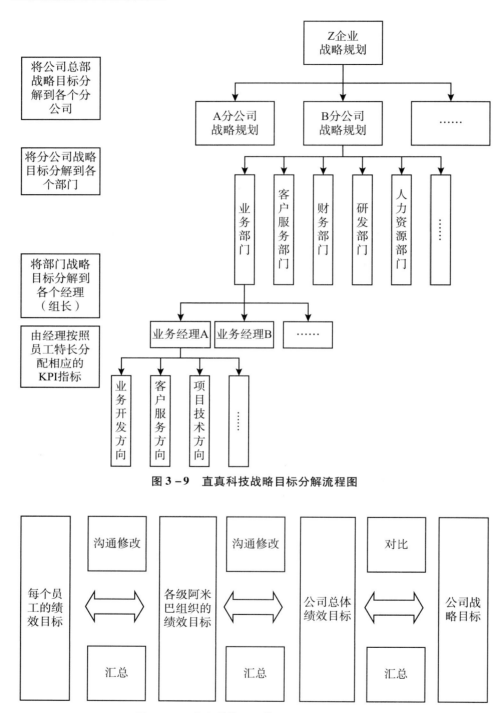

图 3-9　直真科技战略目标分解流程图

图 3-10　直真科技员工战略目标反馈流程图

表 3 - 2　　　　　　　　　　2018 年直真科技员工绩效考核表

考核人：×××　　　　　所在部门：×××　　　　岗位：×××

指标类别	指标	主要内容					权重	评分说明
		第一季度（Q1）	第二季度（Q2）	第三季度（Q3）	第四季度（Q4）	全年总额		
经营指标	合同额（万元）	573	380	330	380	1663	50%	总分 =（Q1 实际完成合同额/Q1 计划合同额）× 20% × 50% +（Q2 实际完成合同额/Q2 计划合同额）×20% ×50% +（Q3 实际完成合同额/Q3 计划合同额）× 20% × 50% +（Q4 实际完成合同额/Q4 计划合同额）× 20% × 50% +（全年实际完成合同额/全年计划合同额）× 20% × 50% 提前完成可加分：加分额度按照完成比计算
	权重	20%	20%	20%	20%	20%		
	验收（万元）	398	331	483	497	1709	30%	总分 =（Q1 实际完成验收/Q1 计划验收）× 20% × 30% +（Q2 实际完成验收/Q2 计划验收）× 20% × 30% +（Q3 实际完成验收/Q3 计划验收）× 20% × 30% +（Q4 实际完成验收/Q4 计划验收）× 20% × 30% +（全年实际完成验收/全年计划验收）× 20% × 30% 提前完成可加分：加分额度按照完成比计算
	权重	20%	20%	20%	20%	20%		
	回款（万元）	198	257	338	566.7	1359.7	20%	总分 =（Q1 实际完成回款/Q1 计划回款）× 20% ×30% +（Q2 实际完成回款/Q2 计划回款）× 20% × 30% +（Q3 实际完成回款/Q3 计划回款）× 20% × 30% +（Q4 实际完成回款/Q4 计划回款）× 20% × 30% +（全年实际完成回款/全年计划回款）×20% × 30% 提前完成可加分：加分额度按照完成比计算
	权重	20%	20%	20%	20%	20%		

指标类别	指标	主要内容					权重	评分说明
		第一季度（Q1）	第二季度（Q2）	第三季度（Q3）	第四季度（Q4）	全年总额		
经营管理	财务风险	1. 每月按要求时间完成交付工时填报。根据在实施合同（含不同进展的商机）实际情况及考勤，准确填写。如系统中还未发起商机（导致工时无对应的合同号进行填报），但已有交付工时投入，应及时提醒销售人员完成商机申请。禁止在滚动开发的合同之间随意填报。Q1 = 50%。 2. 及时发起销售合同商机试算流程：提前启动项目（有交付工时投入或者第三方采购），发起商机试算时间至少应与发生投入时间同步。Q2 = 20%。 3. 严格执行《发票管理办法》，Q3 = 10%。 4. 及时提供验收报告。电子版应取得时第一时间邮件给到合同管理员；纸质原件回到公司时间应在验收结束后 1 个月内。Q4 = 20%					20%	1. 未按时填报，每出现 1 次扣 1 分；误填或漏填，每出现 1 次扣 4 分。 2. 起算从有投入时开始，1 个月内完成商机测算，超过则每出现 1 次扣 2 分。 3. 对违反《发票管理办法》的，每出现 1 次，扣 1 分。 4. 延迟寄回验收报告的，每出现 1 次，扣 2 分
	资产管理	1. 借用公司的相关档案、章、照、资质证书，手续完整并确保安全，及时完整归还：Q1 = 50%。 2. 管理或外租的固定资产无丢失，无遗漏，外租房到期押金及时归还。Q2 = 50%					5%	1. 公章、公司营业执照、资质证书等遗失的，扣 5 分。 2. 发生租金或押金损失，扣 5 分
	现场支撑与管理	1. 现场解决问题的及时率。Q1 = 30%。 2. 现场工程实施质量。Q2 = 30%。 3. 现场项目管理，制订工程实施计划，有日报、周报。Q3 = 20%。 4. 与客户定期沟通，有例会沟通制度。Q4 = 20%					10%	1. 计划解决时间/实际解决时间，目标值是××。 2. 没有按时验收的次数低于××。 3. 没有实施计划不得分，每少 3 次扣 1 分。 4. 一年不少于 4 次，此项不达标则不得分
	质量管理	1. 内审检查得分，以内审检查单得分作为核算依配，按照检查得分进行百分制换算。Q1 = 100%。 2. 确保客户信息安全、产品质量、服务质量，无责任事故，无服务投诉					20%	1. 按照检查单结果评分进行百分制换算（检查表里有加分项，加分项不能超过 20 分）。 2. 出现一次责任事故，扣 5 分；出现一次客户投诉，扣 5 分

指标类别	指标	主要内容					权重	评分说明
		第一季度（Q1）	第二季度（Q2）	第三季度（Q3）	第四季度（Q4）	全年总额		
团队建设		1. 企业文化建设（全员直贯、交流企业经营哲学体会不少于2次）。Q1＝30%。 2. 能力建设（内部技术和管理培训）不少于4次。Q2＝40%。 3. 加强团队组织建设，关心员工，了解员工思想动态。Q3＝30%					20%	1. 1项和2项每少1次，扣2分。 2. 团队的离职率控制在28%以下，核心骨干团队的离职率控制在20%以下，此项不达标则不得分
协同项		与协同部门或人员的协同情况，得分不低于85分，详见协同性打分表，各事业部总经理交叉互评					20%	低于85分该项不得分，高于85分，则按照完成比例计算得分
主管领导评价		综合评价：领导能力、经营管理能力、执行力、贡献等方面					5%	由主管领导根据平时表现打分
加分项		1. 事业部单个合同额（被认定为系统集成资质范围内的合同）500万元以上的项目，年度完成合同签署。 2. 事业部或者业务群单个合同额（被认定为系统集成资质范围内的合同）1000万元以上的项目，年度完成合同签署。 3. 贡献利润率大于等于22%，或者年度完成新市场合同签署且合同贡献利润率不小于10%，且该市场能持续发展。 4. 获得省公司OSS领域供应商评价第一名（同行第一名）					20分	1项和4项符合条件可以加5分。 2项和3项满足条件可以加10分。 加分总和不超过20分
个人职业发展		自述个人的职业发展规划： 1. 力争2019年销售额冲刺并完成×××万人民币，上半年力争×××万元，为全年目标的50%，下半年完成剩余的50%。 2. 2020年力争在2019年基础上再增长20%。 3. 为确保目标的实现，力争确保存量市场的增长/开拓新项目/开拓新运营商。 4. 总体目标：力争带领事业部成为公司最顶尖的事业部						
全年业务定额	年度贡献利润	年度贡献利润达109.29万元						如未能完成全年定额要求，则不对以下指标进行考核评分，考核总分为0
合计								

负责人（签字）：×××　　　　　　　　　　　　　　　日期：×××

主管领导（签字）：×××　　　　　　　　　　　　　日期：×××

首先需要制订一个符合企业发展的经营计划，也就是企业的战略目标。经营目标的制订需要依据科学的制订方式，要根据企业的战略发展方向和经营现状，结合市场环境和客户需求，并且要求企业员工都能参与到指定的过程中，包括定量和定性的考核指标，使之能够被衡量和评价，在这个过程中直真科技采用了PDCA管理原则，即计划、执行、检查和行动/纠正。

在这个过程中，需要销售部总监对现有市场的潜在销售机会进行统计和分析，再经过综合评价后，与各销售组负责人沟通交流绩效任务，制订出各组的经营目标，并对执行情况进行定期的检查，如果出现落后于计划执行的情况，则需要对落后的原因进行分析，并进行调整。

比如，由于潜在客户数量较少导致没能按计划完成，则需要市场部门的配合，进行客户开发。在进行调整之后，再由销售总监和销售组负责人总结原因后，根据现状调整计划，以保证能够达成经营目标。

在进行企业的目标制订和分解之后，需要有完备的员工绩效考核体系对个人的工作情况和任务进行评价和反馈，如表3-2为直真科技业务部门员工绩效考核表模板，以2018年为例，因涉及企业管理机密，故而将重要指标数字及权重用字母进行脱敏处理，企业和个人可根据自身情况规定和进行填写。

直真科技并非采用传统的平衡计分卡，而是在此基础上结合PBC进行了调整，传统的平衡计分卡涉及财务、顾客、内部业务流程、学习与成长四套业绩评价指标，如此实施下来不仅难以分配各个指标的权重，也将耗费较大的人力、物力。而从PBC的角度来看，毫无疑问是要以业务目标和完成度为主，不仅不必费心设计和统计多维度的目标和考核数据，还能直截了当地获得考核结果。

直真科技针对员工的绩效考评中，主要包含了六个指标类别：经营指标、经营管理、团队建设、协同项、主管领导评价和个人职业发展，除此之外还设定了额外的加分项，以上指标类别可根据企业不同的性质和特点设计占比和权重。这六个指标体现了员工自主经营管理时四个不同的评价维度，分别是价值维度、业绩维度、能力维度和态度维度，企业对不同维度的权重设计体现了企业对员工能力要求的不同侧重点。

（1）价值维度。

在阿米巴经营管理模式下，团队协作是很重要的一环，不仅是每个阿米巴组织内的合作，更多的是跨部门的协作，因而在实现员工的自主经营管理时，每个经营单元内的员工价值评估需要与整个单元的价值评估挂钩，采用上文所述的单位时间核算表进行统计，不同部门的价值维度权重不尽相同，以业务部门为例，直真科技对此维度的权重设置为30%。

（2）业绩维度。

尽管直真科技的中后台职能部门不直接参与业务，但是每一笔业务的成功签订都与其付出息息相关，因而在每一个员工的绩效考核过程中都需要加入业绩考核维度，只不过根据不同部门设置不同的考核权重，如销售部门，直真科技则将该项比重设置为 50%，如中后台职能部门，直真科技则将该项比重设置为 25%，主要体现在中后台职能部门对销售部门等的协作程度上。

（3）能力维度。

员工的能力包括很多方面，直真科技在进行绩效考核时较为注重其中三点：道德素养、领导力和专业能力。首先，阿米巴强调人的道德品质，强调什么是人该做的，一个有良好道德素养的人会更加谦逊、善于反省、易于沟通合作，有利于营造一个更加和谐向上的企业环境，是直真科技对员工能力的基本要求。领导力和专业能力会根据不同岗位层级的员工设置不同的偏重，对于管理层级的员工自然会比对普通员工要求拥有更多的领导能力，包括战略思维和培养下属等。

（七）直真科技员工激励措施

直真科技之所以能够成功地实行阿米巴经营管理模式，自然是离不开其独特的激励制度，一个合适的激励制度能更好地激励员工，调动员工的积极性，更能从根本保证员工绩效目标的达成。

对于任何一个企业而言，战略规划是其能够发展下去的基石，是企业在面对变幻莫测的市场环境时，能够遇事不乱，赢得竞争优势的关键因素。直真科技在进行绩效管理改革之前，首要任务是先明确公司战略，在此基础上，设计改革现有的绩效管理模式，优化考核方式，形成一个完善的绩效管理模式。

1. 精神激励手段

精神激励即内在激励，是指精神方面的无形激励。尽管人性致使人们都会去追求个人利益的最大化，但是情感是影响人们行为最直接的因素之一，任何人都有渴望各种情感的需求。因而精神激励的设计在很多时候会对员工起到超出想象的作用，它能慢慢引导员工将长远利益置于短期利益之上，将集体利益置于个人利益之上，逐渐在企业内部形成一种良性循环、义利合一的文化环境。阿米巴的精神激励手段主要包括信任激励、目标激励和竞争激励三种。

直真科技在实施阿米巴时深谙不能将所有员工的成就都体现在物质奖励上，采用了很多精神激励手段对员工进行鼓励，比如在员工提出一个不错的营销创意时，会当众鼓励夸奖，或者在员工超额完成本季度工作任务后，会在下一次季度会议时调整该员工的座次，通过诸如此类的精神激励手法能够让员工树立起信心，对公司充满归属感和幸福感，也能在企业内的阿米巴体之间逐渐形成良好的竞争环境。竞争激励手段能够鼓励员工进步，也能起到慢慢淘汰落后员工的作用，这些是单纯进行物质奖励很难达到的效果。

2. 物质激励手段

直真科技所采用的物质激励手法是基于 EVA（公司税后净营业利润扣除资本成本的差额）的，之所以采用 EVA 指标，是因为它考虑到企业的资本成本，将扣除资本成本后的价值视为企业真正创造的价值。因此，EVA 的数值代表了企业创造财富的能力，比之其他的会计核算指标更为真实和全面，真正反映了企业在生产经营过程中为投资者创造的切实利益。

直真科技所采用的是 EVA 利润分享激励，其核心就是根据激励相容原则，将企业员工薪酬与 EVA 指标紧密结合，将企业本期 EVA 增加的部分，按一定比例分享给员工，这不仅能极大地调动员工积极性，还能促使管理者更大限度地从企业股东的视角来经营企业，将追求自身利益最大化与股东财富最大化的目标相结合。

（1）短期激励。

短期的物质激励主要包括薪资、奖金、津贴福利等，直真科技的薪酬设计的核心是基于人的个人价值、岗位价值和绩效价值。

个人价值也就是固定价值，不易随着工作岗位的变化而改变的，比如员工的专业、学历、工龄等，这一类的个人价值在直真科技的薪资结构中占据一定的比例。

岗位价值，也就是使用价值，指将某员工置于某工作岗位上时，该岗位的工作内容和职责所决定的该员工将能做出的价值大小。当一个人的个人价值与岗位价值不匹配时，就容易造成人才浪费或者该员工难以全面履行职责。

绩效价值指的是某员工在某岗位所为企业做出的贡献价值，且该贡献是值得企业购买的，换句话说，在企业与员工的关系上，可以看作企业出钱购买员工的绩效价值。

直真科技的薪酬设计基本是以以上三种价值为主，在企业经营过程中，企业会制订定额利润值，当该团队的职工在达到企业要求的业绩要求时，就会根据事先约定的比例去计算当期的工资和奖金，这决定了该员工的薪资待遇如何，如表 3-3 所示为直真科技业务部门员工薪酬组成。

表 3-3　　　　　　　　　　直真科技员工薪资组成

直真科技 2018 年员工绩效考核表	
考核人：×××　　　　　　所在部门：×××　　　　　　岗位：×××	
薪酬数额	岗薪工资×80% + 津贴 + 出差补助 + 业务提成 + 法定节假日加班
奖金标准	以岗薪工资为基础
实得奖金	岗薪工资×20% + 月度考核系数 + 超额利润完成值

其中业务提成项，可根据不同岗位和层级进行不同的比例设计，直真科技会将业务组组长的业务提成设置为普通员工的 1.2 倍，以及将中后台职能部门的业务提成设置为业务部门普通员工的 0.1 倍，因其经手的业务数量较多，且都属于辅助性工作。

（2）中长期激励。

在企业某团队超额完成业绩要求时，除了可观的奖金激励（直真科技规定超额利润的30%全归团队所有），还设计了期权激励制度，员工可以用完成超额利润拿到的奖金来认购公司股权，这与员工的未来收益挂钩。从直真科技的角度出发，再设计期权薪酬制度时并没有局限性的只关注期权薪酬，而是从全盘薪酬制度的角度来定位，也只有这样，才能避免期权薪酬不被员工看重的尴尬局面。

直真科技曾在香港主板上市，计划未来在美股上市，且直真科技自从实施阿米巴经营管理模式以来，突破了之前企业管理制度层面的局限，业绩水平和利润连年增长，出于高速发展阶段，这些都是直真科技成功实施期权激励的基础保障。

除此之外，期权激励方案还复杂在流程上，因为期权薪酬是具有法律效力的，因此在方案设计时要先符合法律要求，制订出翔实的实施计划，最后要上报董事会后经批准才能开始实施。在此过程中，需要涉及财务、人力资源、法务、审计等多个部门的合作，且直真科技阿米巴经营模式落地已经有一段时间，因而整个流程中各部门的协作流畅，才能快速且高效地制订出期权薪酬方案。

3. 合伙人机制

前文已经说过要想成功地实施阿米巴模式，需要先进行组织变革，先由顶层设计开始，以人为核心地激励人才，尤其是经营型人才，这样才能更好地带动各类专才。因此，在阿米巴实施之初，直真科技就开始着手设计实施合伙人制。

阿米巴合伙制包括了控制权机制和激励机制，其最主要的特点就是能够打破传统的合伙人制公司"纵向决策，横向分工"的组织架构，阿米巴合伙人对项目享有充分的决策权力，也有更高的权力去处理利润分配，因此能使人产生更强的归属感和责任感。在此过程中，企业也从一个绝对的领导者身份，转变为支持者，为各个阿米巴团队提供平台、技术等资源，让员工在公司内部由"打工者"转变为"创业者"。

这种平台——阿米巴——合伙人不仅是一种激励机制，还是一种商业模式的创新。直真科技在阿米巴经营模式下的良性发展，离不开一个良好的经营机制，中国的市场情况，民营企业虽然可以改变体制，但是能从机制入手开始变革，更为简单。因此在经过深思熟虑后，直真科技决定进行机制改革，实行责任与权力对等的经营责任制、合伙人的模式，这种机制就是以责任到位、权力下放、权力与责任高度统一为核心。

直真科技将举手制和合伙人制结合，有能力的人都可以通过领取相应的岗位任务并且完成任务要求进行自己的职业发展，人岗匹配，有能者居之，不需要按工作年限和工作经历一层层晋升，更能对员工起到激励作用（见图3-11）。

2015年初	2015年12月	2016年12月	2017年12月
合伙人团队 40人+	50人+	60人+	70人+
经营业绩	经营性现金流从2014年的负数，变为2015年、2016年、2017年三年净现金流分别为5000万余元、6000万余元、9000万余元；合同销售额从2亿余元到超过5亿元		

图 3-11 加入合伙人机制以来取得的成效

三、直真科技实施阿米巴经营理念绩效管理后取得的成效

直真科技自实施阿米巴经营管理模式以来取得的成效是有目共睹的，然而自从稻盛和夫在日本京瓷株式会社中使用阿米巴至今，国内也有不少企业曾尝试过以这种经营模式来管理企业，然而成功者寥寥，因此还要去了解和分析，直真科技缘何能成功将阿米巴推行，并取得不俗的成绩。

（一）公司管理方面的成效

（1）很多人初了解阿米巴，只知道它是将企业划分为若干小的阿米巴组织，进行巴内核算和经营，由下至上、由小至大地进行管理，在很大程度上能够减少管理时间和管理成本。如果认为阿米巴经营模式只是一味地将单元划小进行管理，只见树木不见森林，改革终将失败。

首先要明确的是，"分"只是一种表象和手段，"合"才是管理的最终目的。分工是为了提高员工的劳动效率，分权和分责是为了提高企业的管理效率，分利是为了提高人的工作效率，最终要达成的目标是企业能够稳定地获得高利润。因而，将组织划小的前提，是要先做好上层架构。树立合理统一的企业战略规划，培养以人为核心的企业文化，建立良好的企业氛围，设置合理的竞争机制，这都是阿米巴能成功实行的基本保障。

直真科技的经营者不只是依靠简单的命令下达来分配和完成目标，而是先鼓舞士气，调动员工的积极性，让员工觉得自己与公司目标休戚与共，才能够使员工能主动为了企业战略目标而努力。所以，直真科技在制订战略目标时，还注意到了以下几点：

企业经营工作要以战略目标为中心，战略目标在企业经营中的作用相当于一

盏指路明灯，只有明确的方向，管理者才能带领员工有指向性地努力和进步，不仅如此，在整个经营过程中时刻要牢记以战略目标为中心，这样也能提高工作的效率，最大限度地完成目标，甚至超出目标要求。

目标设定要明确、具体，如果目标不够明确、具体，就会给分配和实施增加难度，那设立战略目标也就失去了意义。

战略目标必须是切实可行、合理的，战略目标的重要性自不必再说，但是制订战略目标却不是一件简单的事，要根据企业的实际经营情况，结合市场变化，制订一个合理的目标。管理者在制订目标时要尽可能地减少事项，战略目标是企业发展的大方向，不要过于翔实，而是应该给员工期待值，同时又能通过努力达成。

因此，将组织划分为小的阿米巴体，并不是实施的要点，最重要的是如何"合起来"，让每个组织，每个人都能为了企业的共同目标努力。这就要靠企业文化和企业机制的双重作用，要靠人与人之间的良好协同，组织与组织之间的沟通流畅，甚至会出现企业与企业之间的联合，形成一个行业的"生态圈"，从而能更好地提高平台的竞争力。

（2）会计对于企业的重要性自不必多说，如果想要认真地经营一家企业，那么必然离不开通过企业的经营数据来体现企业的经营状况，也就是要通过各种报表来反映企业经营实态，而且这些数字必须是真实的，未经过加工处理的。

然而传统的财务会计存在一个很大的问题，就是依据统一的会计处理准则，很多时候很难一眼看穿经营的具体情况，稻盛和夫举了一个很形象的例子，以卖香蕉来说明一些会计在处理企业经营中的"不合理"之处：因为第二天不再需要卖香蕉，为了卖香蕉购买的箱子，布和棍子便毫无用处，但是在第一天结束时却要将其记为资产，不仅使经营利润虚高，还需要缴纳更高的税费，因此，记为资产还是记为费用，会对企业的经营情况造成很大的影响。如果经营者总是在担心已经投入的资金何时才能在会计处理上被记为费用，那就会给经营增加很多的困难。如此看来，无论账面数字显示企业盈利多少，能够被放心使用的也只有现金，因而在经营决策时，就应该着重查看现金数额，尽力去消除夹在现金与账面上的利润之间的数字影响。这也就是阿米巴经营会计的第一原则——现金为王。

除此之外，大多数的企业经营者并非会计出身，在企业运作过程中也很难有足够的时间去学习会计的专业知识，然而经营数字对于经营者决策来说又十分重要，因而建立一个新的，能够让经营者普遍都能看懂的报表系统，就显得尤为重要。

对于直真科技而言，在经营中，最重要的是三类数据：订单数据、验收数据和项目回款数据，这三类数据反映代表了企业的合同成交量、执行合同的程度和力度以及更为直观的经营管理能力。因此，直真科技在设计实时反馈系统时，囊括了当年新签署合同的预算数字、上一年结转合同的预算数字、现金余额、人均投入产出比、内部交易的数据等多项指标，也就相当于同时融合了资产负债表、现金流量表以及利润表，简单直观，让不懂会计的经营者都能看得懂、想得明白，最后在决策中，才能用得起来。最后通过算法再由这套经营数据实时系统自动转出为财务报表，不仅节省了大量的人力、物力，还增加了数据的准确性，进一步使决策更加准确、切实。

（3）企业的经营过程中自然离不开钱与物的流动，这就必须要做到数据与票据的一一对应，只有收到该项经营活动的票据，才能在系统中生成相应的数据变化。这看似理所应当，但是在实际生活中，却很难真正地做到，经常是客户急需产品，票据第二天才能开出，甚至工作人员匆忙中遗忘了开具票据，都是有可能发生的。而直真科技认真贯彻"一一对应"原则，不见票据，系统中的项目状态就不会产生变化，也严格按照票据金额来更新系统数据，因此对于数据的准确性就有了一定的保证。这种规章的实行还有一个好处，就是系统在简单累加若干张票据的金额时，就能自然而然地得到一个非常确切的企业经营数据了。

除此之外，尽管阿米巴经营模式一直强调以人为核心，强调通过文化熏陶和哲学教育对员工产生正面影响，但是，即使是最诚实正直的人也难免会鬼迷心窍，犯下错误，因此，为了能进一步控制员工的"犯罪行为"，从合同签订到合同的履行，再到最后的项目回款，每一个流程、每一次项目状态的变更，都需要经过前台业务人员和中后台的行政管理人员的双重确认。这看似是一个企业的预防机制，其实也是在这个过程中，增进业务端口和行政端口的对接和相互熟悉，从而能够在企业经营过程中更好地协作。

市场变化瞬息莫测，有时需要经营者极为快速地对变化作出反应和决策，因此呈现在经营者面前的数据，就需要能跟得上实时变化。直真科技的经营管理系统应用以上所述的"一一对应"原则和"双重确认"原则，能够抓取项目在通过确认后的瞬间，即刻就能通过算法和系统将相应的项目更改为最新的状态，显示出数据的实时动态变化，不至于在经营者急需时，呈现出的是一个过期的数字，从而耽误了决策的最佳时间。

（二）财务状况方面的成效

如表 3 - 4 所示，直真科技 2012 ~ 2014 年的业务收入分别为 574892638 元、476829474 元、357987122 元，净利润分别为 139153736 元、107845095 元、95699664 元，员工数量分别为 296 人、334 人和 336 人。不难看出直真科技从 2012 年起，其财务状况就开始略见颓势，而"大企业病"的症状在 2013 年便表现得很是明显：员工数量不断攀升但营业利润被大幅度压缩。于是 2013 年 6 月直真科技的管理层经讨论后决定开始实施阿米巴经营管理理念，从多个角度进行企业改革，首当其冲就是要改变员工的工作意识，调动其积极性，结合阿米巴改变企业绩效管理模式。

表 3-4　　　　　　　　　　　　2012~2018 年直真科技经营数据

年份	收入（元）	成本费用（元）	净利润（元）	员工数量（人）
2012	574892638	435738902	139153736	296
2013	476829474	368984379	107845095	334
2014	357987122	262287458	95699664	336
2015	462192499	337439892	124752607	317
2016	644248793	487985303	156263490	263
2017	829847924	577938925	251908999	277
2018	1003398743	687843799	315554944	279

　　阿米巴经营理念强调企业文化建设，因而在开始实施到初见成效所用时间较长，直至 2015 年下半年才有明显的回转。直真科技 2015~2018 年净利润分别为124752607 元、156263490 元、251908999 元、315554944 元。与此同时，直真科技也在进行人员精减，2014 年比之 2013 年的员工数量没有太大变化，从 2015 年开始减少，至 2016 年的员工数量分别为 317 人和 263 人，在精减员工的同时做到收入和利润的稳定上升。在 2017 年收入状况高速上涨的情况下略微扩招，员工增加 5% 左右，但利润总额上升 61%，增长速度在 2018 年变缓但仍处于较为可观的增长速率。

　　（三）业务状况方面的成效

　　如表 3-5 所示，为直真科技某业务群 2012~2018 年的营业额与员工数量数据，与直真科技财务状况变化相似，该业务群 2012~2014 年的员工数量一直在增加，分别为 13 人、15 人、18 人，而营业额却在大幅度下降，分别为 33817214 元、28048793 元、21058066 元。

表 3-5　　　　　　　　　　2012~2018 年直真科技某业务群相关数据

年份	营业额（元）	员工数量（人）
2012	33817214	13
2013	28048793	15
2014	21058066	18
2015	27187794	14
2016	37896988	11

年份	营业额（元）	员工数量（人）
2017	48814584	12
2018	59023455	12

该业务群在 2015 年及 2016 年明显减员，分别为 14 人和 11 人，并在 2017 年与 2018 年趋于平稳，维持在 12 人。其营业额也是从 2015～2018 年，一直处于上升趋势，分别为 27187794 元、37896988 元、48814584 元和 59023455 元。

四、直真科技阿米巴经营理念绩效管理存在的问题及成因分析

尽管直真科技自实施阿米巴经营理念改革以来，无论是经营业绩方面还是财务指标方面都有所改善，但从绩效管理角度来看，仍存在很多问题需进行进一步完善。

（一）阿米巴经营理念绩效管理实施过程中存在的问题

1. 企业文化未能深入人心

中国与日本的社会文化基础不同，国情也大相径庭，企业员工价值观的差异会或多或少地影响阿米巴在国内企业的落地。日本企业的员工很多采用终身制，即使不是，也很少出现跳槽的现象，然而中国自改革开放以来，经济发展迅速，社会人才的流动性也较大，员工跳槽成本相对较低，因而，若直接照搬阿米巴经营理念，会因为社会文化基础和社会发展阶段的区别导致落地失败。

直真科技虽在正式进行阿米巴改革前就已经着手企业文化的改建，甚至有"不换观念就换人"的口号，但是一味地强迫员工接受企业文化的改变，从本质上是压迫员工天性的，难免会造成人才流失和"上有政策，下有对策"的现象出现，从根本上影响企业变革的效果。

2. 员工 KPI 完成度不足

在直真科技开始进行阿米巴改革至今，在员工管理方面已经初见成效，并取得较好的经营结果，尽管直真科技尽量根据部门工作和岗位层级设置相匹配的 KPI 指标，然而由于设置了举手制，难免存在有部分员工为升职在最初作出承诺时过于乐观，定下的目标最后很难完成，也很难完成相应的 KPI 指标。

也存在部分员工在工作过程中"过于保守"，严格按照考核指标履行工作义务，仍存留着过往"多做多错，少做少错，不做不错"的工作理念，担心承担责任而推诿工作内容，最终导致员工协作不利，影响工作效率，员工 KPI 完成度不足，从而影响企业良好运营。

3. 绩效评价反馈不到位

绩效评价后的沟通和反馈环节也是绩效管理中很重要的一环，因为绩效管理

不仅是在企业运行过程中一个动态管控的过程，也是在短期内维持静态的一个内部循环，需要达成二者的平衡，才能发挥最大的效用。

直真科技在绩效管理过程中仍存在部分绩效评价反馈不到位的情况，导致下一个周期的 KPI 制订未能真正贴合实际，且评价结果仅运用于核定员工薪资而很难以此提高公司管理能力，不仅增加员工完成难度和企业管理难度，而且不利于企业战略的实行。

4. 员工过分追求市场份额

直真科技作为高技术服务业，由于软件研发到售后服务流程结束之间环节众多，周期较长，且处于如今激烈的行业竞争和有限的市场份额当中，企业重视销售额和营业收入是理所应当的。然而直真科技作为即将在港上市的企业，领导层也会更为注重财务报表中能够体现出的数据变化，因此难免会导致企业忽视其他非财务指标，丧失阿米巴经营理念对于企业和员工的实质意义。

（二）阿米巴经营理念在绩效管理实施过程中存在的问题成因分析

1. 企业进行阿米巴改革时过于注重实学

在学习阿米巴经营管理模式时，只注重其中的实学，而非哲学本质，是最常见的问题之一。阿米巴的经营本身就是以哲学思想为基础，建立在以人为本的思想基础之上的，稻盛和夫在接过"解救"日航的重担之后也曾说过，并不是阿米巴救了他们，而是他们自己的"日航哲学"帮他们走出了困境。也正是因为他们根据自身特点并结合国内市场环境开发出自己的阿米巴系统，因而在其他公司学习和借鉴时，也不应照葫芦画瓢一般，而是应该更深入地研究。

2. KPI 权重设置不合理

阿米巴不仅是一种从上而下的管理模式，也是一种从下而上的管理模式。传统的管理模式强调企业管理层根据市场变化和行业发展制订适合企业的战略规划，但是阿米巴经营理念在此同时也强调企业基层员工针对客户情况和即时的同行竞争来判断和调整经营方式。这需要员工具有较强的判断力和自由度，如果 KPI 的灵活度不足，很容易限制员工的决定。

直真科技在实施阿米巴经营理念时，虽以按照各个岗位和层级设置了相关的 KPI 指标，但在很难针对每一个人设置不同的指标，导致 KPI 指标设定缺乏个性化和灵活性。即使处于同一个部门、同一个层级，不同的人拥有不同的特质，因而在业务中所承担的任务和角色不同，需要根据实际情况进行调整，更遑论由于每一单的业务需求不同导致产品和实质的工作任务有所区别，若是采用一成不变的 KPI 设置，很难做到合理准确地对员工的绩效进行评价。

3. 未设立合理的处罚机制

直真科技未设置合理完备的绩效评价方法，只设置丰富的奖励机制，而没有配备合适的处罚机制，对员工的绩效指标完成没有足够的促进作用。

直真科技强调在完成目标后的奖励方式，以此鼓励员工，调动员工的积极性，然而人存在惰性，如果不在签署任务书时约定未完成目标的处罚方式，很难使员工全力以赴、争取完成工作任务，再好的管理模式都没有意义。

4. 业务部门与职能部门渗透度不高

在实施阿米巴管理模式的最初，直真科技对企业架构进行了较大的调整，将人员精简化，大部分工作人员都是存在于研发、销售等一线岗位，在通过经营会计将前中后台联合起来后，中后台职能部门的工作量也相对有减轻，但是在日常工作过程中更需要业务部门和职能部门的高度配合来提高效率和业绩。

由于业务部门和职能部门以往的工作内容相差较大，很难在第一时间打通部门壁垒，比如财务部门由于不精于技术，很难根据不同的业务内容设置不同的预算来进行管控，或者业务部门员工重心多放在促进合同签署和项目完成上，很难理解职能部门所需手续的重要性，诸如此类现象都会影响跨部门协作的效率和沟通，这些都是企业经营过程中难以避免的障碍。

5. 企业内部存在恶性竞争

阿米巴经营理念强调在企业内部建立独立的核算单位，通过内部交易促使员工自主经营和结算。然而有竞争力就难以避免产生恶性竞争的可能性，企业内部交易的初衷并非真的要通过内部交易来盈利或评判出不同阿米巴体的优劣，只是要培育选拔具有经营能力的员工。

处于同一企业内部的不同阿米巴，在彼此竞争时所拥有的资源和其成本所差不多，因而如果势均力敌的双方甚至多方进行恶性竞争，则会造成整个企业受损。

直真科技属于高新服务业，主要业务内容都是软件开发和应用，尽管各个客户对于功能要求具有各自的特点，但大多数企业适用的管理软件功能彼此相通，业务内容重叠，产品重复性高，都会造成企业内部的恶性竞争。

五、直真科技基于阿米巴经营理念绩效管理模式的优化方案

（一）增强企业文化培养

1. 印发公司宣传刊物

通过定期印发公司宣传刊物，在公司宣传刊物中详细介绍阿米巴经营管理模式和公司实施阿米巴以来的进展，让企业员工对阿米巴的学习能更加便利，不仅能了解更多阿米巴的理论知识，还能帮助员工理解公司新规章制定的原因和作用，结合企业实际学习阿米巴的核心理论，有助于为员工在未来生产经营的过程中奠定一个良好的理论基础。

2. 定期对管理层进行培训

定期组织企业管理层成员去有阿米巴经营管理模式成功实施的企业参观学习，或者邀请对方公司的人来直真科技进行培训，使企业管理层可以从第三人的角度观察了解阿米巴的落地和执行，以及是如何根据自身企业进行调整和变形

的。能够更清楚直观地感受到阿米巴模式的优势和弊端，并在此基础上思考，如何将阿米巴经营管理模式更好地运用在自己所在的公司，使之能促进直真科技的长期稳定发展。

3. 定期开展讲座

由直真科技内部管理层职员定期为基层员工开展讲座对阿米巴在本公司内的实施情况进行讲解，并对员工的疑问即时进行解答，且讲解内容更能贴近直真科技自身情况，经过讲解、沟通和交流，能够帮助员工更好更快地理解阿米巴。

4. 改变员工意识

阿米巴的成功实施，离不开员工的意识转变，要让员工从 "打工者" 心态转变为企业的 "管理者"，不只是几条规定能够做到的，除了要定期向员工宣传和讲解之外，还需要经常对员工进行指引和沟通，首先确保员工学得会，看得懂相关表单，才能鼓励员工通过使用这些表单和规则对企业进行经营管理，为阿米巴在企业的成功落地贡献力量。

除了要改变被动工作的心态，还应帮助员工调整畏难心态，新制度的实行，总会有部分员工处于陌生和不了解的状态，对未来的工作内容产生困惑和排斥，因而要通过定期的培训消除他们的陌生感，经常沟通可以消除员工的畏难心理，更有利于制度改革的推进。

（二）增强企业管理意识及人才培养

阿米巴的独创性在于它将一个庞大的公司划分为一个个小的阿米巴组织，分权、分责，并且将公司经营情况公开透明化，使每个人都能够成为经营者，这样做不仅提高了公司管理的效率，减轻了管理者的管理压力，还调动了员工的积极性，使他们在公司管理经营过程中得到锻炼和提高。所以阿米巴的精髓就是以人为主，培养经营型人才，但若是公司出现人才不足或者是现有员工没有足够的经营管理意识，阿米巴的实施必然会更加困难，从根本上降低成功率。在面临这种问题时，应该要有针对性地去解决，建立好成长平台，给人才培养提供最大限度的环境支持。

首先针对人才不足的问题，可以采取的解决措施主要有两个方面。

一是广纳贤才。从外部吸引人才，广纳贤才，除了扩大公司知名度，提高公司竞争力之外，一个良好的员工激励机制也能起到很大的作用，通过公平公正、高薪酬来吸引更多的人才。

二是加强内部员工培训。提高员工的专业能力和综合素质。定期的员工培训是企业提高员工能力必不可少的组成部分，除了专业技能的培训，更重要的是员工的价值观教育。

除此之外，在阿米巴经营管理模式之下，要促使员工重视过程，而非结果，比如直真科技虽使用了单位时间考核制度，但目的并非通过这个对员工的薪资造成过大的差异，而是使员工提高效率，方便管理，包括其他的绩效管理手段，都是在弱化个人利益，强调公司集体利益，更多地通过精神激励来达成目的。这些都是在阿米巴实施过程中需要加强的教育内容。

（三）设置能够动态调整的 KPI 权重

由于部门和产品的不同，都要在具体情况下变化单位时间计算表中的相应具体参考指标，这样才能充分发挥出绩效评价指标的实用性、公平性以及公正性。而且 KPI 的灵活性不足会影响员工的经营自由度，要针对每一个员工量身定做 KPI 指标又很难实现。可以通过设置专职人员对员工的个人能力以及职业发展趋向进行了解和评估，更好地做到人岗匹配的同时，可根据个人能力的不同采取不同的 KPI 权重，设置更为合理的 KPI 指标，做到能够根据企业每年不同的战略偏向和个人能力的不同进行动态调整，能够更好地发挥员工的积极性。

（四）调整中后台绩效考核标准

阿米巴经营管理模式是强调企业产品的生产经营，将其他部门员工视作为生产部门的"雇用人员"，从而进行费用管理，但是在绩效管理层面来看，生产部门和销售部门的绩效考核相对简单，可以轻易地与企业经营挂钩，但是企业的中后台职能部门却很难根据绩效进行考评，设置薪酬结构。

因此在企业借鉴实施阿米巴时需要注意的一点是要对中后台职能部门的绩效考核标准进行调整，使之与企业整体文化相符合。

可以将职能部门的业绩考评主要分为两部分：部门专项指标和公司业绩指标，并设置一定的权重比例。公司业绩指标能使职能部门了解公司经营状况并激励他们去了解，深入公司业务中。而部门的专项指标又能督促员工做好本职工作。

如此一来就可以促使职能部门更为重视企业的业务情况，在与生产和销售部门协作时，能够提供更为及时、高效、优质的服务，进一步促进企业的经营发展。

（五）避免阿米巴之间的恶性竞争

阿米巴经营管理模式将企业划分为一个个小的组织结构，每一个巴体都能独立核算和自主经营，为自己的利益和巴体利益负责，并且间接影响企业的利益。因此，在引入这种管理模式的同时，不可避免地也会在企业内部、阿米巴之间产生竞争。

阿米巴善于通过倡导良性竞争来激发员工的积极性，在企业的内部，一共划分了 1500 余个阿米巴组织，存在着大量的内部竞争，但都是良性的，并非以损害其他阿米巴利益为基础的恶性竞争。这种竞争，会促使员工们不断提高服务意识，改进生产模式，在提升自身阿米巴的内部竞争力的同时，也提高了企业的整体竞争力，创造出更多的价值，既是实现阿米巴体利益最大化的体现，也是促进企业发展的一大助力。

在企业引入阿米巴之后，由于产生的竞争会激发企业活力，也会激发员工们的胜负欲，这会成为促使企业发展的原动力，也是阿米巴经营管理模式最大的优势之一。但是，如果不对这种欲望加以控制，就很容易转变为恶性竞争，而企业内部结构恶性竞争的结果，只能是两败俱伤，最终损害的是企业的整体利益，所以企业必须谨慎看待阿米巴直接的竞争，避免恶性竞争的发生。

因此企业除了要培养员工具有经营管理意识之外，还应加强集体意识的培养，可以通过增加企业团建次数促进员工之间的合作意识和协作能力，改变员工的心理，明确企业间存在的内部竞争只是为了调动员工的主观能动性，一致对外，达成公司战略目标。因此，要强调集体利益，培养员工将公司目标置于个人乃至阿米巴目标之上，共同为了公司进步而努力。

第四节 业财融合案例分析

案例八：共享竞合——中国铁塔业财融合管理会计模式创新[①]

（一）案例背景

1. 成立背景

我国通信网络发展迅速，人们对于通信服务的要求也越来越高。三大运营商在扩张的市场攫取利润，在有限的空间里竞相建造通信铁塔，导致突出的重复建设问题和网络资源利用率普遍较低的问题。2008 年 8 月 27 日，审计署的报告显示，2002～2006 年，中国移动、电信、联通、网通、铁通 5 家企业累计投入 11235 亿元用于基础设施建设，重复投资问题突出，网络资源利用率普遍偏低，通信光缆利用率仅为 33% 左右，而社会竞争成本最终又转嫁到了消费者的头上，运营商之间资源共享的呼声随之而起。工信部和国资委联合印发了《关于推进电信基础设施共建共享的实施意见》，提出该年度共建共享考核的各项要求和具体考核指标，明确通信基础设施的资源共享，提升网络技术水平的理念。然而，以企业层面自发开放并共享资源，存在缺乏统筹、缺失能动性的问题，政策实施未能达到预期效果。面对越来越严重的通信基础设施资源的重复浪费，政府出台政策成立了中国铁塔股份有限公司（以下简称"中国铁塔"），旨在实现通信领域的"网业分离"，负责统筹建设通信基础设施以及基站维护与运营，加强通信基础设施建设的共享水平。基础设施建设的整合将会在一定程度上解决行业资源浪费的问题，增强行业集约型发展的内生动力，从机制创新上即从源头上促进节约

---

① 笔者根据中国铁塔相关资料调研后整理所得。

资源和环境保护，同时还有利于有效盘活存量资产，节省资本开支，优化资源配置，着重于运营核心业务，提升竞争力，加快战略转型升级。

中国铁塔成立于 2014 年，注册资本 100 亿元，最初三大运营商中国移动、中国联通和中国电信分别持有 40.0% 、30.1% 和 29.9% 的股权。2015 年 10 月 14 日，中国铁塔与中国电信、中国移动、中国联通三家基础电信企业以及中国国新控股有限责任公司达成协议，中国铁塔向三家电信企业收购全部存量铁塔相关资产，并同步引入中国国新控股，因此到 2017 年末，中国铁塔的股权架构如图 3 – 12 所示。中国铁塔于 2018 年 8 月成功上市。

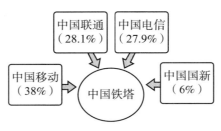

图 3 – 12　中国铁塔股权架构

2. 业务情况

中国铁塔是于 2014 年响应国家号召成立的，其以"共享竞合"为核心，旨在营造一个共享发展、协调发展、绿色发展的通信基础设施市场。中国铁塔于 2018 年已实现上市，是对其未来经营情况的一个利好因素。回首过去，在成立至上市的这几年中，中国铁塔表现较好，较为成功地开展了国企改革和行业发展创新实践。同时，政府也出台了多项利好政策支持，明确了通信运营商不得自建铁塔等基站配套设施，这也进一步巩固了中国铁塔"共建共享"的地位。

中国铁塔作为全球最大的通信塔基础设施服务提供商，主营业务：一是塔类业务。根据现场资源，中国铁塔为通信运营商提供立站点空间，维护服务和电力服务，并通过两个业务线为其提供支持。其中，一是宏站业务，该公司负责通信运营商通信网络普及覆盖的业务；另外一个则是微站业务，该公司帮助通信运营商在城市和城市外的特定区域中人口密集和建筑物密集的地区实现移动通信网络的互补覆盖。二是室分业务。该公司以房间分区为基础，为通信运营商提供室内分布式天线系统，维护服务和电力服务，帮助他们在建筑物或隧道的室内区域实现移动通信网络的深度覆盖。三是跨行业网站应用和信息服务。该公司按照客户需求提供不同的站点资源服务和基于站点的信息服务，如政企通信网络服务、视频监控服务和环境数据采集服务等。目前来看，向运营商们收取的铁塔设施使用的租金占据了中国铁塔主营业务收入的绝大部分。

截至 2017 年底，中国铁塔运营并管理了 1872154 个站址，拥有国内 4G 基站共 389 万个，其中包含移动 187 万个、电信 117 万个、联通 85 万个，供应

2687475 个租户的经营使用。这些站址资源已经遍布了全国 31 个省份,涉及省份的城市及广大的农村地区均有覆盖,且在经济发达和移动通信用户密集的地区分布比较密集。由于站址是移动通信网络建设的重要内容,中国铁塔凭借其大规模的站址资源在通信铁塔基础设施服务提供商中脱颖而出。据沙利文报告,该公司站址数量、租户数量和收入方面在全球通信塔基础设施服务提供商中排名第一。以站址数量为衡量标准的话,中国铁塔在中国通信业基础设施市场的份额为96.3%,若从收入方面来看,中国铁塔占据了将近97.3%的中国通信塔基础设施市场份额。其中,中国铁塔三大主要股东也是其主要客户,并且中国移动是最大的客户源。

随着中国铁塔的不断扩张,原有的较为单一的业务基础预计在未来不能很好地支撑其高速发展,中国铁塔在不断探索新的业务增长点。随着移动通信行业的快速发展,中国铁塔致力于将通信铁塔基础设施服务作为基础,加快拓展跨行业应用与信息业务,将铁塔站址共享延伸到社会领域,促进"通信铁塔"向"社会铁塔"的转化。同时,中国铁塔正在加快多边合作,开展多元化业务模式。

(二)中国铁塔业财融合实施背景

1. 实施业财融合的必要性

在业财融合探索初期,大部分公司的业财融合体系更多的是停留在建立财务业务一体化的信息系统上,很少能够从公司管理的角度去看待这个问题。2016年安永及上海国家会计学院联合调查了不同行业不同规模企业实施业财融合的情况,全面而深入地对我国公司业财融合进行了调查研究并得出相关的结论。在这份调查报告中,安永及上海国家会计学院把业务部门和财务部门在公司经营各个模块中的相互融合程度作为衡量公司业财融合情况的指标,而并非只是用公司建立财务共享中心这一个片面的指标来描述一个公司的业财融合情况,这也较为全面和直接地展示了我国实施业财融合的瓶颈所在。

在公司层面,"业务"这个术语涵盖的范围很广,其中包含公司战略规划、绩效考核体系的建立、重大投资决策、预算管理、公司信息系统建设等,这些事项都需要结合公司的财务资源以及企业的中长期目标,因此财务部门在其中能够发挥的作用不容小觑。通过调查发现,只有近50%的公司财务部门能在业务事项中具有一定的发言权并能够牵头企业的一些决策制定。而在制定企业业务财务一体化信息系统上,仅有17%的财务部门反映能够主导企业的信息系统建设。此外,参与调查的财务部门普遍都对公司的主要供应商和客户不了解,对于业务合同签订事项的参与度较低。从业务部门角度而言,通过调查得知,业务部门对于财务部门提供的信息需求较大,而且也需要财务部门的帮助,然而事实上被调查的业务部门从财务部门获取的帮助不尽如人意。

因此,在如今企业业务与财务相融合的意识不断提升的大环境下,业务部门对于业财融合的意识比财务部门强,财务部门欠缺主动性和积极性。虽然如今有较多财务人员意识到业财融合的重要性，较好地融入了业财融合的进程中，但是离理想中的业财融合的状态还有较远的差距。在业务部门对财务信息支持的需求较大的情况下，财务部门需要多些积极性为业务部门发挥更多的专业指导作用。

2. 中国铁塔实施业财融合的目标

（1）实现战略目标。中国铁塔成立时间不长，除了像其他公司一样是营利性组织，中国铁塔还带有一定的政治色彩。在降低通信基础设施建设的浪费，提高资源的利用率的大背景下，国家出台政策成立了中国铁塔，促成了中国铁塔收购三大基础运营商的通信铁塔。这给中国铁塔提供了开展业务的资产基础，也提供了实力雄厚的客户资源。因此，中国铁塔的战略规划不能忘记初衷，其运营发展也不应仅仅着眼于自身价值最大化，还应响应国家号召，实现战略目标。中国铁塔的成立是为了提高资源的利用率。之前三大运营商为了抢夺市场而竞相在城市地区建造铁塔，甚至出现相隔几米有两个不同运营商的铁塔站址，然而在偏远地区则没有运营商愿意去建造铁塔的情况。这种竞争关系不仅对规划有不良影响，更是造成了通信市场的不均衡发展。因此，中国铁塔在收购了三大基础运营商的通信铁塔后，应充分利用自己的优势，统筹规划铁塔站址的布局，做好有关存量和增量的工作，提高通信铁塔的利用率。

（2）优化财务管理。公司的财务管理对于公司的长远发展来说是一个至关重要的因素，资产和负债会带来未来经济利益的流入或流出，因此其表现的好坏能够影响公司能否稳中向好发展。公司的财务管理也是以资产负债为基础向外发散开的，因此做好公司的财务管理对于提升公司价值来说是很重要的。特别是对于处在成长期的公司来说，前期逐渐建立起的成熟的财务管理体系能够在未来成为扩张和发展的有利抓手。

中国铁塔作为我国通信基础设施服务行业最大的公司，涵盖了90%左右的铁塔站址，是个固定资产占比较大的公司。同时，由于中国铁塔是个政策性公司，国家还投入了大量扶持基金，帮助中国铁塔开展中小城市地区通信铁塔覆盖业务。因此，中国铁塔资产负债体量较大，账上还有一大笔国家政策性资金，如何管理大体量的资产负债和如何利用好政策性资金是中国铁塔发展面临的重要问题之一。此外，中国铁塔未来发展还需要建造新铁塔，而建设成本不仅关乎企业发展，也关系到下游通信市场客户的利益，良好的财务管理对于降低建设成本而言也是重要的。

（三）中国铁塔业财融合实施情况

1. 再造组织结构，优化资源配置

中国铁塔是基于减少资源浪费、构建统一网络的战略背景下成立的，在这个战略背景下，从三大运营商抽调的管理层开始着手优化管理体系，从组织结构入手，构建集中高效的管理模式。首先，扁平化管理体系为中国铁塔创造了一个"小而精"的组织架构，大幅度压缩了公司管理链条和管理者职数，削弱了权力和等级制度，防止机构臃肿和人员过多，提高了公司运营管理效率。除此之外，通过细分财务职能，督促财务人员从单纯的事后分析核算人员向价值创造人员转型，同时辅以创新的信息技术平台，将业务数据及时地传输给财务部门，实现"实时共享"，打通业务与财务的沟通流程，从部门沟通渠道上支撑中国铁塔的业财融合。

（1）建立扁平化管理体系，打通信息渠道。在管理幅度理论中，在确定的组织规模下，管理层次与管理范围成反比。直接控制的下属越多，管理层次越少，相反，管理范围越小，管理层次越多。扁平化管理系统强调权力集中，严格指导和监督下属。因此，扁平化管理的管理系统非常小，通常在 3 ~ 6 人，并且管理级别很多。在扁平化管理体制下，各级之间的管理链条相对缩短，基层组织相对独立，组织形式扁平化，可以有效运行。此外，现代信息技术的发展，使得管理幅度增大带来的增量成本不高，因此扁平化管理体系逐渐成为企业经营管理理念的主流之一。

中国铁塔采取了一级架构的组织结构，在全国设有一个总部，31 个省级分公司，381 个地市级分公司，还有接近 3000 个县级办事机构。同时中国铁塔总部实行一级扁平化管理，采取"7 部 +2 中心"的模式（见图 3 – 13），按照公司经营内容划分职能部门，设立 7 个大部门，分别是综合部、运营发展部、建设和维护部、人力部、财务部、商务合作部和审计部。公司总部对于这 7 大部门实行直线管理，将管理层级缩短至一或两级，并通过技术手段支持在财务、人力资源管理、物资采购、IT 支撑等方面通过技术支撑中心实现集中，确保对这 7 个部门的集中控制，同时又赋予 7 大部门自主权管理下属部门，实行扁平化管理。而中国铁塔省分公司则是设立"四部门一中心"，即综合部、运营发展部、建设维护部、财务部和维护中心，地市分公司则只是设立这 4 个部门。

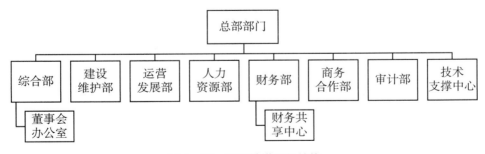

图 3 – 13　中国铁塔组织结构

因此，中国铁塔将采购业务集中到总部管理，总部对下属公司的采购业务进行把控，同时又减少了上报采购活动数据到各级财务部门并最终在总部汇总的流程，缩短了信息传递链条。此外，采购部门和财务部门都是中国铁塔总部直线下属部门，而财务共享中心又将公司的财务处理集中到总部，方便总部对其进行管理。

（2）按职能细分财务部门。财务部门作为业财融合中的主要参与部门，中国铁塔利用技术手段对公司财务部门体系进行了创新，划分为传统的财务工作和管控型财务工作两大块，其中财务部门主要是负责战略型会计并对财务共享中心进行管控，负责财务核算、财务费用以及资产折旧摊销等，而其下设机构财务共享中心负责业财一体化的会计信息系统操作，主要负责将全公司的会计核算、资金支付结算、财务报表编制等业务集中到信息平台上。财务共享中心下设有工程资产核算岗、成本费用核算岗、收入核算岗、资金结算岗、财务报告岗、管理报表岗、稽核管理岗等岗位。中国铁塔通过细分财务活动，将部分规范、标准化和重复性比较高的财务工作整合到财务共享中心系统，进一步解放财务部门劳动力，去提供决策有效性帮助。

2. 建立财务共享中心，再造会计流程

中国铁塔接受了三大运营商的存量资产，占据了约90%的市场份额，大部分业务的开展都要基于铁塔站址。大体量的业务活动给中国铁塔财务工作带来了挑战。业财融合要求在公司运营管理过程中，业务提供给财务的数据的真实性、准确性以及时效性能够得到保障，同时财务部门应更好地利用业务数据对业务开展提供帮助。因此，中国铁塔秉承核算智能化、资金收支集中化、数据模块化、管理集约化的宗旨，与浪潮公司携手共建"管控服务型"财务共享平台，采用先试点后大规模推进的循序渐进的方式，在确定发展可行性的基础上，最终形成了现有的财务共享中心平台，打通了业务数据和财务数据实时交互的通道，构建了有质有量的数据池。

中国铁塔财务共享平台旨在将各下属公司的会计核算、资金支付结算、财务报表编制、数据管理与支撑等传统财务会计职能业务集中，通过标准化、流程化、集约化、规范化的集中统一操作，为各级公司提供标准化的财务服务和数据。因此，中国铁塔财务共享中心主要包含以下几个业务：报账支付业务、会计核算业务、结算业务、报表业务和稽核业务，并通过将业务系统与财务系统对接，最终形成了如图3-14所示的信息系统架构。

首先，财务共享中心优化了中国铁塔的财务处理，通过采用影像系统这个技术手段支撑，搭建了线上财务处理流程，简化了报账支付、核算、生成报表等财务活动。财务共享中心的报账支付业务主要负责报账申请、业务审批和财务审核，主要提供给各级公司需要报账付款的业务人员使用。通过在影像系统扫描提交费用单据，影像直接生成一个报账系统任务，申请人通过选择相应的会计科目进入对应科目单据报账界面，属地财务部门报账系统在线审批票据的真实性和操作的正确性等，同时报账系统又会根据预算系统里的相关业务预算数据对业务进行控制，加强了对业务的把控。报账业务审批通过后，该影像就自动在凭证模块自动生成了相应财务凭证，同时录入了发票信息池，进入税务系统验证发票，若该报账任务没有经过审批，则不能继续后续的费用报账程序。特别地，省公司对于地市级分公司金额数量较大或性质特殊的报账业务负有授权和审批责任，这就进一步控制了虚假报账类业务风险。

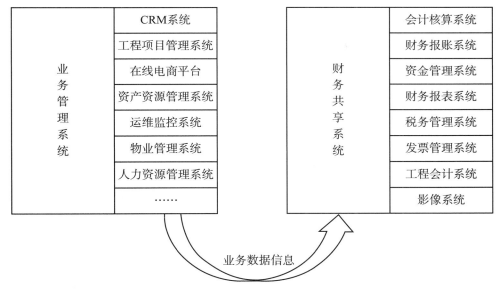

图3－14　业务系统与财务系统的联通

财务共享中心中的结算业务则体现了中国铁塔资金集中管理支付的特色。通过与资金系统相连，由业务系统发起的如大宗运营物资采购付款业务生成报账业务，由属地公司财务部门审核通过后，总部通过财务共享中心一并支付，付款业务完成状态自动反馈回报账系统。而其他的结算业务如支付场租、电费、修理维护费、日常费用、员工薪酬等则是由属地公司自行负责，通过资金系统直接支付。此外，需要通过支票、代收等方式支付的服务也由属地公司自行负责，但是资金的调度和使用还是要归集到财务共享系统中，资金系统会对属地公司的支付进行约束。

会计核算业务则主要负责收入核算、成本费用核算、人工成本核算、工程物资核算和固定资产核算等，旨在加强核算的自动化，财务人员重心转向会计复核工作，而报表业务则是负责生成并推送财务报表、管理报表、单站核算损益表等。总部通过统一和规范会计业务的管理方法和程序，促进了财务报告系统的建设以及与相关业务系统的接口。各级公司根据规范化和标准化的流程进行相同的核算处理，属地公司财务部负责各自的会计复核工作，特殊的是省间资产调拨的财务处理是由财务共享中心负责。之后，总部通过财务共享中心管理账期，统一开关账，统一编制各类报表并推送至各级公司。

除此之外，中国铁塔还集成了外围关键业务系统，将其与财务共享系统对接，构成中国铁塔的大数据池，便于业务与财务的融合。其中涉及财务转型主要有以下几个系统：一是合同管理系统中严格控制了实际付款进度与合同约定的付款阶段的匹配，合同能够有效地控制公司对外付款的进度，对外付款完成后系统自动将付款金额反馈给合同管理系统。二是合同管理系统还可做到在业务进行过程中随时提供合同附件比对的功能，相较于纸质版来得更为方便。三是物业管理系统，将费用报账等琐碎重复的工作交给信息技术处理，线上生成物业费用单据直接开启一个新的报账任务，经由审批付款完成后，任务状态自动反馈到报账系统，再由报账系统传回给物业管理系统，自动生成的成本费用数据直接进入会计核算流程，保障了维修费用的准确性和及时性。四是较为特殊的是在线商务平台，具体操作与物业管理系统操作类似，将采购业务集中并且将该业务数据准确及时地反映到财务系统中去。通过将这些系统对接财务系统，实现了业务数据传输到财务系统的自动化和快捷化，并保障了业务数据的真实性和时效性。

因此，中国铁塔通过建立财务共享系统，借助数字化工具和信息技术，从电子发票到影像识别存档，再到进行会计核算和报告，实现了财务处理流程的全程电子化，固化了财务报告的内容与生成规则，规范了流程操作和管理用报表、对外财务普及对外披露信息的格式，实现了"一点关账、一点出报、一点推送、一本账、一套建立财务共享中心"后，中国铁塔总部可通过信息平台一点生成报表，并且即时推送省、地市公司，而这个过程通过信息平台只需 2 天。此外，通过构建外围业统与财务服务系统的集成，将业务数据和财务数据以共通的语言，即数据语言，在财务共享中心里，将财务系统与业务系统横向贯通，实现了业财信息一体化，实现了用业务数据信息将业务系统与财务系统打通，为公司实施业财融合提供了操作平台。

3. 再造业务流程，打通业财沟通渠道

中国铁塔的业务都是建立在铁塔站址基础上，并且目前中国铁塔业务模式较为单一，业务量大且简单重复，因此对于中国铁塔而言，铁塔站址相关业务活动关系到公司未来的经营发展。"三低一保"是中国铁塔运营的重要理念之一，即在低于其他公司定价的基础上又要保证其成本能够收回，保持公司一定的营利能力。中国铁塔目前按照目标成本法，依据产品定价，倒推标准建造成本，以标准建造成本作为公司的价值管控线进行建造，因此如何降低铁塔建造成本成为中国铁塔长远发展的一个重要考虑因素。这就进一步要求中国铁塔从业务流程入手，降低冗余成本，提高单位成本的效益。因此中国铁塔根据自身业务特色，创新了采购模式和对铁塔站址的管控模式，对主要业务流程进行再造，同时又集成了业务系统与财务系统，利用信息技术拓宽了财务与业务的沟通渠道，提高了财务与业务的沟通效率和准确性。

（1）创建电商采购平台，再造采购流程。中国铁塔根据自己业务量大，覆盖范围广等特点采取了线上采购方法，创新了采购办法，将财务部门纳入采购业务闭环，发挥了财务部门对于业务的管控作用。中国铁塔在线商务平台的运作流程：中国铁塔总部的商务合作部牵头组织建设维护部、技术支撑中心、财务部等部门开展供应商认证审核。总部商务合作部设立供应商准入标准和评分体系等，从各部门抽调人员组成审核小组对供货商提交的认证申请文件如资质许可证照、经营财务情况、正式商用经营等进行审核，根据要选择的供应商个数从上到下按平均分排序并进行选取，进而确认公司准入供应商名单，其中财务部门对供应商财务状况进行评价，借助于财务共享中心的数据分析和会计处理经验的审核，加之相关采购活动的现实可行性分析等，给出财务部门对于供应商的评分。下级分公司再进一步按照本地拟选择的供应商数量和标准进行遴选。对于适合按项目采购的物资及服务，分公司商务合作岗可以按项目站点下单。对于适合批量采购的物资，则由商务合作岗按照建设维护部给出的采购周期内的预估需求进行采购。

生产验收完成后，总部商务合作部在商务平台发起集中结算，平台自动根据是否属于专项基金建设项目，按是否归属于财务共享中心付款进行操作。地市级分公司商务合作岗 5 日内将稽核通过的结算数据归结到单个项目上，并按地市、产品类别推送相关供应商开具增值税专用发票，接着由财务共享中心同步审计，决算，形成财务报表，最后完成转入固定资产，实现了业务信息与财务信息的即时共享，创新了"订单代替合同、自动归集到站、用于入账决算"的采购模式。这大大缩减了一个采购循环的账务处理时间，进一步降低了票据的滞后影响。

通过引入互联网思维、平台理念、网络经济、B2B 模式，中国铁塔建立了"在线商务平台"，实行"集中管控、分层实施、一线订购、统一结算、分账入站、公开透明"的互联网＋采购，形成了全国统一市场，使采购交易公开透明，加强供应商之间的良性竞争，减少了交易成本，从源头降低采购成本。截至 2017 年 6 月底，商务平台上线产品共计 28 大类，涵盖了公司工程建设与运营维护所需的主要物资与服务，并有 644 家供应商经认证后准入平台交易。全国 31 个省份、377 个地市分公司均在平台进行采购，平台累计下单 570 万笔，采购金额超 600 亿元，供应商订单评价平均达到 4.67 星（满分 5 星），满意度达 93.4%。

（2）创新资产管理模式，出具单站核算损益表。中国铁塔的主营业务紧紧依靠铁塔站址这个载体，因此对于铁塔资源的核算和管理是中国铁塔经营管理的重点之一。如何在铁塔的生命周期内进行严格控制，以及如何在这个周期中利用财务预判和管控作用对铁塔生命周期内的成本做好把控是中国铁塔成本管理的重要环节，然而中国铁塔的铁塔站址有存量有增量，体量大并且分布范围广，有在密集的市中心地带的，有在偏远郊区的，还有在戈壁沙漠上的，管理工作体量较大且难度较高。中国铁塔利用大数据将广泛分布的铁塔站址进行统筹管控，同时通过将业务系统与财务系统对接，重新整合业务数据，将财务系统的成本利润直接与业务主体相连，使公司有多少个站址就有多少张损益表，做到铁塔站址实物资源的可视化、运维管理的可管理性和收入成本的可控性。

通过对铁塔站址进行编码（设备类别＋供应商编码＋采购年份＋流水号），中国铁塔利用信息技术构建了铁塔站址资产管理系统。对于存量资产直接进行编码，对于新建资产，中国铁塔从设备采购阶段就生成相应的编码，之后在资产生产阶段、到货阶段、交付阶段、运维阶段都要围绕这个编号开展活动。中国铁塔通过这个系统对资产资源进行管理，若资产资源一旦发现问题触发警报，总部接收到警报后通过线上采购服务，分派附近的维护人员进行维修，其间发生的维修费用、发电成本等按照资源编号进行归集，并通过与财务系统对接，自动归集到站址成本中。同时，资源资产系统和财务系统进行对接，总部可以对资产实行一点折旧，同时在建工程转入固定资产时进行自动核算，两个系统的数据来源和数据变动都保持一致，避免了业务部门的资产实物信息与财务部门的资产卡片信息存在差异。通过建立资产资源管理系统，中国铁塔的 187 万个铁塔站址资源都被赋予特有的"身份证"，对于这些铁塔站址的监察也就更加方便，不仅能更快速地对铁塔站址出现的问题进行反映，还能够节省大量人力成本，同时能保证财务系统成本归集的正确性和及时性，实现运营成本的可控性（见表 3 - 6）。

表 3 - 6　　　　　　　　　　　　资产运营成本

项目	规划设计阶段	采购施工阶段	验收交付阶段	运营维护阶段	资产评价阶段
成本	选址费，可行性研究费，勘察设计费	资本投入，征地费	监理费，审计费	日常维修费，租金，外包费	报废损失，改良支出

在资产管理系统的数据基础上，中国铁塔提出了"单塔核算、精细管控"模式，通过已有的信息系统平台做支撑，全面梳理铁塔站址相关数据，落实铁塔站址收入与成本入账问题、收入与成本配比问题和资产全生命周期操作合规性问题等。基于建成的资产资源管理系统和财务共享中心，一个"事件驱动"就可以通过这一套数据查询到铁塔站址的资源信息和财务信息，同时通过流程驱动，实现资产资源系统的各项增减变动与财务账面资产管理系统的"同步形成、同步运营、同步退出"，通过将其成本核算下放至每一个站址，以物理站址为对象准确归集资产投资价值、收入、成本，将业务系统的数据转化为财务系统的收入、场租、维护费等，最终形成表 3 - 7 所示的单站核算损益表。月底结账后，可在一天内形成 187 万个塔址的单站损益表，包括站址的投资成本、收入、运营成本和利润，从而形成各区域、各地市分公司、各省分公司以及全集团的损益表，将资产管理责任追溯到明确的责任主体上，实现了"一个站址一张损益表、一个经营责任人一张损益表、一个经营主体一张损益表"。除了资产资源的成本信息以外，单站核算管理体系也将单站的资源信息及产品信息涵盖其中。

表 3 − 7   单站损益表

经营收入合计	折旧摊销	修理维护成本	运行成本	营业外支出	毛利
塔类基准价格收入、场地租金、电力引入、电费、油机发电服务	折旧费、外市电引入摊销、租入机房维修摊销、选址费摊销、其他摊销	大修理费、日常修理费、代维费、维护耗材、监控流量费、检测费、其他费用	房屋土地租赁费、设备租赁、电费、油机发电能源使用费	—	基准价格毛利/毛利率

　　在建立单站核算体系的过程中，业务部门和财务部门共同参与企业内部成本费用归集和分摊的方法的讨论，规定间接费用一般按照直接费用的百分比来进行统一分配，并根据公司业务特点和会计准则的规定制定了相适应的会计科目，如经营成本类科目：外市电引入摊销，代维费，运维监控费等，进一步规范了中国铁塔单站核算管理体系。根据所设置的会计科目，铁塔站址的收入成本归集也更加准确。

　　在流程再造起步前，中国铁塔设定了以"资产管理"为核心，建立资产资源一体化的资源管理体系理念。在单站核算损益表基础数据的支撑下，中国铁塔围绕铁塔站址资源建设期、运营期及取得效益期三个阶段进一步设定了评价体系（见表 3 − 8），加强资产资源管理体系的作用。通过设定各阶段的总分项指标，对单站址表现进行评价，并通过树立省内及地市先进标杆，进行对标管理，在公司内部形成良性竞争氛围，有效促进公司降本增效。

表 3 − 8   "单塔核算"指标评价体系

	总体	分资产类别指标	分产品类型指标
建设期	单站平均建造成本 单站投资回收期 单站造价高于标准造价比例	单站铁塔平均造价 单站机房平均造价 单站配套平均造价 单站平均选址费	普通地面塔平均造价 灯杆塔平均造价 简易塔平均造价 普通楼面塔平均造价
	总体	分成本项目	分注入与自建
运营期	单站平均收入 单站平均成本 有支无收站址比例 资产折损站址比例	单站平均维护费用 单站平均场租费用 单站平均物业维护费用 单站折旧摊销占塔租收入	注入站单站平均场租费用 自建单站平均场租费用 注入站单站更新改造费用 注入站单站平均维护费用

	总体	分产品	分注入与自建
效益期	单站平均利润 单站资产平均使用年限 负效益站址比例	普通地面塔平均利润 灯杆塔平均利润 普通楼面塔平均利润	注入单站平均利润 自建单站平均利润

因此，资产资源管理系统和单站核算管理体系是中国铁塔加强内部管控，加强精细化管理的基础，也是实行管理会计绩效管理、对标管理、财务分析的基础，同时还是加强资产管理、推行物联网的基础。充分利用好资产资源管理系统和单站核算管理体系将会为管理层决策提供更高质量的帮助。

（四）中国铁塔业财融合实施效果

在国家政策的支持下，辅以中国铁塔在公司内部推行的业财融合措施，中国铁塔逐渐形成了集约高效的"互联网＋"管理体系。

首先，实施了业财融合后，中国铁塔能更好地贯彻战略规划：当前，中国铁塔由总部集中管理财务共享中心和采购业务，在研发和 IT 支撑上也遵循着统一管理的模式，集约高效的管理和支撑体系精简了职能型部门的管理层级，能够将更多的工作人员调往业务面的一线，减少了不必要的职数，让管理层的指令能更快地传递到各个部门，减少信息层层传递带来的扭曲。此外，总部扁平化管理使财务与业务"交圈地带"就更为明显，而公司的战略规划的实现离不开财务和业务的协同作用，因此中国铁塔的管理体系使协调业务部门与财务部门更机动。此外，中国铁塔还在固定资产管理、采购等方面采用信息技术手段进一步提升管理效率，创新平台，管理层的决策也就能以大量精准且具有针对性的财务数据为基础，根据公司的战略目标；为未来的发展规划提供有效意见，这也是公司战略规划不断修正改进的道路。

其次，中国铁塔实施业财融合带来的最明显的效果就是成本的可观、可量化和可控：成本管理是将财务与业务联系在一起的主线，通过建立财务共享中心，中国铁塔的各种单据和交易信息都会即时地汇总到这个数据池中，减少了很多琐碎重复的工作，降低了成本并保证了收入、成本费用数据的有效性。同时，中国铁塔具有重资产、建造周期长等鲜明特色，并且处在成长初期的单一业务市场情况下，购入或新建的铁塔占据中国铁塔资产的近 90％，因此铁塔的成本控制与中国铁塔的利益紧密相连。中国铁塔将资产资源管理系统和财务信息系统对接，使中国铁塔能对固定资产从购入到处置的成本进行管控。此外，中国铁塔于 2015 年上线的电子采购平台则进一步地加强了公司对于采购循环、建造成本的把控，商务平台构建了公开透明的市场环境，实现了供应商良性竞争。在提升产品标准与服务要求的前提下，各类产品价格走势稳中有降，其中主流产品的价格基本低于运营商集采价格，在维持产业链稳定发展的同时，有效降低了采购成本。同时，互联网采购快速、高效地响应了单站立项的建设需求，通过与模块化项目管理系统及财务管理、资产管理系统的紧密衔接，大大提高了采购效率与工程建设效率。

最后，业财融合也为中国铁塔财务管理模式转型提供了技术支持：业务与财务的相互渗入要求财务职能不再局限于事后分析，财务管理模式要从后端走向业务前端，财务共享中心为财务管理模式创新提供了技术支持。由于中国铁塔建造、改造铁塔的周期长，资金回收期长，同时采购业务也涉及大量的资金收支，还涉及国开行的专项资金，因此资金管理对于中国铁塔而言是重要问题之一。通过集成财务系统、项目系统和资金系统，将资金调度与信息技术手段结合，加快了资金周转速度。此外，实施一点结算、一点投融资加快了资金的到位速度，并通过数据实施共享能进一步降低财务滞后于业务的效应。财务部门还从资金的被动供应者变为主动参与供应商资格审核的角色，中国铁塔因此能进一步加强对采购业务和资金使用的管控，更好地根据数据信息调整财务管理模式。在财务共享中心提供的数据基础上，中国铁塔提出的单站核算的模式根据公司的成本管控点明晰地显示出了每个单塔的营利能力，将成本收益归集到明确的可确认责任主体上，优化了绩效考核方式，强化了财务管理体系的约束力。

（五）中国铁塔实施业财融合的经验启示

1. 加强顶层设计，营造"业财融合"氛围

正所谓态度决定高度，公司管理层的思维意识决定了该公司的价值取向。因此，公司要想顺利地推行业财融合，应注重公司的顶层设计，明确业财融合要实现的目标，然后再根据梳理的公司业务流程确定重要的风险管控点，进一步确定整体组织结构，建立由基础规范控制风险、支撑服务提升能力、管理会计引领价值创造三个层次组成的财务管理体系。

确定好业财融合体系的建立思路后，管理层应根据规划对公司结构进行调整，建立扁平化组织结构，减少企业管理层级，消除部门间的沟通障碍。此外，公司还需要加强企业员工"业财融合"意识的培养，听取业务人员和财务人员对于实施业财融合的困惑和抗拒，采取措施消除员工的心理障碍，如设立有效的绩效考核制度，同时还要防范"形式主义"，从上往下将业财融合的理念严格贯彻下去，采取切实的措施将业财融合理念融入公司日常运营中去，如剥离面向核算的财务会计与面向专业的运营财务，在财务部门内区分对接业务前端和传统财务会计的角色，真正意义上打破"业务"与"财务"两张皮的情况，形成一个良好的实施环境。

2. "量身定做"流程再造方法

公司所在行业、公司规模和公司的发展战略等因素都会影响一个公司实施业财融合的方向和具体进度，快慢可因公司而异。因此在公司推行业财融合理念的过程中，公司还应根据规模大小、业务体量、供应商或客户议价能力等方面对自身业财融合措施进行规划。

中国铁塔正处在业务扩张的时期，铁塔资产成为中国铁塔运营发展的重要基础之一。通过梳理业务流程，中国铁塔确定了符合业务链特色的业财融合的战略目标，建立了符合公司自身特色的业财融合模式。通过创新普通的成本核算模式，将成本核算追溯到每一个站址、每一个责任人上，加强了成本的管控。由于中国铁塔最重要的资产单站核算的模式将可观、可控的成本风险点呈现在管理层面前，单站的各类收入、建设成本及各类费用都将直接推送至财务系统，直接影响利润，这使中国铁塔管理层能够有效地掌握每个站址的收入贡献、成本效益，进而更具针对性地进行优化和完善。此外，采购环节是中国铁塔经营过程中重要的一个环节，除了采购日常的办公设备，采购铁塔建设是关系到铁塔成本的最直接因素，而铁塔作为支撑着中国铁塔运营的实物基础，无论是对存量铁塔的维护还是新增铁塔的建设，都值得中国铁塔重点关注。通过建立电子采购平台，使财务部门参与到采购循环里，优化了业务链的上端，并且还保证了对采购业务信息进行会计核算的及时性。

因此，为了实现预期的业财融合效果，公司管理层应该组织业务人员和财务人员三方一起对公司的业务流程进行梳理并找出风险关键点，找出经营发展过程中的难点痛点，建立起符合自身实际情况的业财融合体系。

3. 信息技术手段支撑业财融合建设

要想彻底打破财务与业务间各司其职的局面，深化业财之间的交流，实现资金流、业务流及信息流的高度融合，构建资金、资产、核算集中管理的集约化管理体系，信息平台的构建是必不可少的。

中国铁塔在成立之后，利用信息技术手段不断创新自己的数据处理模式。如今，其资产管理系统和财务信息系统对接，实现了资产全生命周期管理，管理层在线既能对资产资源情况进行更新，新建的铁塔所需的物资材料成本费用数据也都实时传输到财务信息系统中，保证了业务部门与财务部门对于资产的了解一致。在线电子商务平台创新了铁塔采购模式，同时通过集成的信息系统将采购业务的数据和财务系统实时共享。中国铁塔利用信息技术手段优化了业财融合建设，进一步实现了业财共享化、一体化运作，建立了交易和财务信息的接口，达到了系统自动对接、数据实时共享、资金高效归集的效果。

公司的信息数据系统对于业财融合体系的建立而言是基石，集团公司应对信息技术以及数据技术进行充分运用，借助技术的力量构造业财融合系统，将集成的信息系统运用到企业日常经营决策当中去。为了更好地建立数据信息系统，应对公司的组织架构、业务流程、IT支撑水平、财务流程等进行统一梳理和优化，在技术人员和财务人员、业务人员的沟通中对数据信息系统的建成进行充分的可行性研究，不能仅将公司的信息系统项目外包给几个顾问或某个系统建造商，而是应该从企业财务、业务、IT部门抽调人员，进行实时的学习反馈，最终确立阶段实施任务，并后续跟进实施进度，及时进行修正。

4. 加强标准化和流程化设计

业财融合的核心是业务与财务的相互渗透，是为了更好地发挥财务与业务的协同作用。对于中国铁塔而言，业务数据涉及的是塔类业务相关的工程术语，财务数据涉及的是营业收入、成本费用和利润等，因此如何使业务部门和财务部门能对这两类术语进行自如的转化成为业财融合需要解决的问题之一。当然，公司内部对工作人员的培训可以帮助业务人员更了解财务的作用和功能，也可以帮助财务人员了解业务链和上下游关系。此外，通过重造业务流程，加强业务流程的标准化，用数据套语言将业务数据转化为财务数据，同时加强财务职能的标准化和流程化设计，也能够加快业财融合的进程。

通过建立财务共享中心，中国铁塔对财务共享中心管理的财务工作建立了统一的规范标准，集中了大部分重复性高的会计工作，同时将财务职能细分为核算会计和战略会计两个部分，其中财务共享中心的专业岗人员熟悉会计业务的流程和规范，但其只负责财务数据的客观性和操作规范性，不承担会计信息的分析和处理工作。同时中国铁塔还规范了部分业务文件资料在财务共享中心运作的流程，使业务数据与财务数据的接口规范标准化，加强业务数据转化为财务数据的真实性，同时节省时间和人力成本。

因此，通过对业务和财务的流程再造，加强业务流程和财务流程的标准化和流程化才能让业务和财务的兼容性增加，公司才能更好地采取措施来发挥业财协同效应，利用信息技术将业务数据和财务数据的端口打通，更好地推进业务和财务的融合。

第五节 财务共享案例分析

案例九：时代的企业——海尔集团"共赢增值"管理会计模式创新[①]

共享服务作为一种商业模式，自20世纪80年代诞生以来，在企业人力资源管理、财务管理、信息系统管理等业务中得到了广泛应用。随着对共享服务中心概念的深入了解和中国本土企业的成长，国内大型企业也开始设立自己的共享服务中心。其中，财务共享服务中心作为一种新的财务管理模式，正在我国大型集团公司中兴起与推广，使其运行成本大幅度降低、财务管理水平及效率得到了提升。共享服务的运用对急需降低企业成本、提升财务管理水平、提高企业竞争力的中小企业也有一定的借鉴意义。该案例将分别介绍海尔集团公司（以下简称"海尔集团"）实施财务共享服务的经验、中小企业如何实施共享服务、如何应

[①] 笔者根据田高良，杨娜. 海尔共赢增值表实践与管理会计报告创新［J］. 中日管理会计，2022（1）：44-57 内容整理所得。

对财务共享服务所带来的管理变革。

一、海尔集团的财务共享之路

海尔集团财务共享服务中心荣获英国皇家特许管理会计师公会（CIMA）颁布的 2012 年度 "最佳财务共享服务中心奖"。该财务共享服务中心以其清晰的市场定位和完善的服务体系，不仅提升了海尔集团财务运作效率，更推动了资源的优化配置，是我国企业在财务共享管理模式上的先进实践。

（一）海尔集团财务共享服务中心成功建设的六要素

2007 年 5 月，海尔集团为了保障其 "全球化" 战略目标的实施，开始了以共享服务为切入点的财务变革。通过组织再造、流程再造和人员再造，将交易频繁且标准化程度高的财务核算业务和出具标准财务报表的活动集中到财务共享中心（shared service center，SSC）进行处理，强化了企业管控能力，实现了财务信息的高效传递、降低了企业的经营和财务风险，提升了资源的使用效率和效益。海尔集团为了实现财务共享服务中心 "以最低成本为各成员单位提供最优质服务" 的目标，从 "SPORTS（选址、流程、组织、政策法规、技术、服务）" 六个维度出发设计和布置财务共享服务中心。

1. 共享服务中心的选址

财务共享服务中心的办公地点具体设在哪个城市需要考虑多种因素，包括成本收益限制、基础设施、税收法律制度、人力资源因素等。海尔集团的备选城市主要有北京、大连、青岛、重庆、武汉和上海等，集团根据设定的指标体系从多维度出发，对每一个城市进行综合分析，并按照综合得分结果确定共享中心所在地。经过定量加定性方法评估，最终选择在青岛设立集中的财务共享服务中心，负责国内所有会计核算业务，其他成员企业通过扫描程序向共享服务中心传输票据影印件。海尔集团财务共享服务中心的选址指标体系如表 3-9 所示。

表 3-9　　　　　　海尔集团财务共享服务中心的选址指标体系

指标	权重（%）	主要因素
运营成本	25	人工成本：各备选城市职工人均工资
		房屋租赁成本：各备选城市平均房价
		税赋成本：SSC 以独立法人形式经营可能承担的税赋
人力资源	25	人口基础文化素质、从业人员受教育程度、人才健康水平、所在地高等院校在校大学生数、教育持续发展水平、小语种人员储备

指标	权重（%）	主要因素
商务基础设施	10	通信设施状况、网络设施状况、路网设施状况、出行设施综合状况
商务环境	40	产业密集程度、城市综合竞争力增长预期、行政机构工作质量、行政机构工作效率、城市全球联系、城市环境优美度、社会保障水平

2. 共享服务的流程管理

财务共享服务的应用使会计处理与业务流程的联系更加紧密，如何进行流程管理成为影响财务共享服务实施效果的重要因素。一个典型的流程管理循环包括流程定义、流程表述、流程分析、流程改进和流程控制 5 个过程。由于各分子公司的业务流程不尽相同，在进行流程管理时应综合考虑集团本部和各分子公司的实际情况，寻求具有普遍适用性的业务处理流程。海尔集团按照"海尔全球价值信息化系统"运行要求，在财务共享服务中心成立之初就对财务组织、流程和数据进行了严格的分析、梳理，统一了相关的交易处理流程和财务核算流程。将需要调整的业务模块和流程梳理成总账（GL）、应收（AR）、应付（AP）、固定资产（AM）、费用预算控制和资金管控等 6 个模块 24 个流程，标准化和系统化的流程极大地提高了交易处理和核算的效率。图 3 - 15 以海尔集团的费用报销为例，反映业务执行的标准化流程。

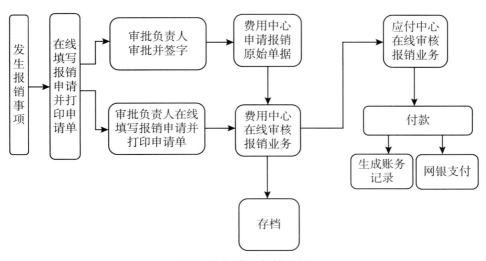

图 3 - 15 费用报销流程

3. 信息系统的开发利用

财务共享服务中心的独立运作需要一整套完整的信息系统为其提供技术支撑和保障。其中应用最为广泛的技术主要包括 ERP、文档影像扫描和传递、工作流技术、数据库、数据分析和报告工具、自助报销、电子支付、电子账单系统等。海尔集团在 2005 年建立了全球统一的信息系统——SAP/ECC，用一个服务器、一套软件将全球各贸易公司的财务信息与业务信息集成在一个统一、共享的信息平台中。随后通过财务共享和 HGVS（海尔全球价值信息化系统）系统实施，在全集团推进财务共享。海尔集团还开发了 SG&A 员工自助费用核销系统、MPC 资金支付系统、信息化对账系统等，在高效运行的信息系统支持下，海尔集团财务共享中心可以对财务工作进行在线管理。同时，利用 ERP 系统，可以动态跟踪企业的每一项变动，使投资者及时获得各种财务和非财务信息。

4. 政策法规的遵循

共享服务中心必须对其业务覆盖地的法律、法规进行认真研究，并定期了解地方政策法规的更新信息，因为法规方面的要求可能会影响共享服务中心的业务流程、信息系统和组织结构等。海尔集团在设立财务共享服务中心时不仅重点考虑了《中华人民共和国会计法》《会计档案管理办法》以及国家税务总局关于"纳税检查"的规定等相关法律、法规，还重点了解了会计机构设置、会计档案归档和保管、账簿凭证管理和各地的税收法规等内容。由于海尔集团在青岛设立的财务共享服务中心主要负责集中处理国内各机构的会计信息，因此在设计时没有太多法律方面的障碍，在运行时重点考虑各地方性法规的差异。同时，由于各地子公司在面对财税大检查时要有齐全的会计凭证，财务共享中心在出完财务报告后将相关凭证返还各地公司保管、备查。

5. 共享中心的组织设计

会计组织是企业组织结构的重要组成部分，海尔集团根据设立财务共享服务中心的实际需要，对会计组织进行了组织再造，使新的组织围绕业务流程运行，而职能单元则主要为业务流程的运行提供服务性的支持。组织再造过程中以流程为中心，将有逻辑关系的会计活动联系起来，由流程小组完成并按业务类型设立核算岗位。组织再造使会计组织趋于扁平化，在授权范围内的操作可以由流程小组独立决定，从而使会计事务更好地面向决策和客户。在组织再造前，海尔集团依据专业化分工设计而形成的职能型结构不仅机构、人员多，而且容易处于无人管理状态，市场应变能力低。经过业务流程重组后，海尔集团将分散在各事业部的销售公司统一到商流本部，实行统一核算，不仅精减了机构和人员，还加强了财务监控力度。集团财务中心直接管理和考核各公司财务部门的工作，同时撤销原来的职能管理部，新设资金管理部门加强集团内的资金管理。新的组织结构实现了财务和业务的高度协同，提高了财务管理的效率和能力。

6. 服务水平协议

服务水平协议是共享服务中心运作的"逻辑平台"，共享服务中心通过与服务客户签订服务水平协议，以保证财务共享服务中心提供的服务能达到最终用户的期望目标。服务水平协议主要包括定义服务的范围、成本、质量、责任义务界定和收费付款方式等。海尔集团的服务水平协议主要包括主约和附件两部分，协议包含的主要内容如表3-10所示。

表 3 - 10 　　　　　　　　　　　　服务水平协议主要内容

协议名称	主要内容
主约	双方责任、服务水平、双方联系人与联系方式、服务水平、收费与计价、持续改进与解决问题、违约责任与处罚、责任限制、不可抗力、保密、补充和修改
附件 1：服务水平管理	总账报表流程、资产管理流程、应收业务流程、应付业务流程、费用报销流程、成本管理流程
附件 2：服务收费与计价细则	收费方法一、收费方法二

（二）海尔集团财务共享的成效

首先，财务共享服务管理模式的实施，实现了由事后核算的财务会计型财务组织向规划未来的管理会计型财务组织转型。海尔集团将原有的财务人员按3:2:5的比例分为交易处理、风险管控和业务支持三部分：首先业务财务与业务单位融为一体，逐渐从会计核算领域中脱离，为业务单位提供最准确的财务信息；专业财务为公司的战略决策提供全方位的数据支持，保障战略的切实可行；财务共享中心则通过集中处理大量交易业务，促进财务流程的标准化和规范化，提供更专业和更可比的数据支持。其次，财务共享服务的推进实现了数据定义统一、会计科目统一、企业数据仓库统一、会计核算流程统一和会计账套统一，统一的会计语言更好地实现了总部会计信息和各分子公司会计信息之间的对接，加快了会计信息的处理速度。最后，通过将风险控制点嵌入流程并固化至信息系统中，从事后的风险发现转化为事前的流程闭环及优化，用主动的风险预警降低风险，提高了会计信息的准确性。海尔集团实施财务共享服务实施前后的效果比较如表3-11所示。

表 3 - 11 　　　　　　　海尔集团财务共享服务实施前后的效果对比

项目	共享前	共享后
业务规模	约 1000 亿元	约 1500 亿元

项目	共享前	共享后
财务人员 其中：1. 会计核算 2. 财务管理	约1400 人 约1100 人 约300 人	约1040 人 职能转移后240 人 约800 名财务人员完全致力于预算、内控、资金及业务支持等财务管理工作
服务标准	以财务部的会计制度为标准	以财务共享与业务单元签订的服务水平协议约定双方的责任和权利
关账日期	10 个工作日	3 个工作日
资源管理	各分子公司流程、标准、原则各异，资源分散	整合资源，统一流程，建立优化10 大类120 个子流程

（三）应注意的事项

1. 财务共享实施方式的选择

实施方式的选择是财务共享服务实施过程中值得关注的重要因素。目前常见的实施方式主要有逐步实施、试点实施和全面实施三种。企业应该充分考虑自身的组织结构、业务特点、管理方式等因素，选择符合自身发展现状的实施方式，以实现业务的平稳过渡。海尔集团在财务共享服务中心运营伊始，为了避免新部门和新业务对现有财务核算业务带来负面影响，采取了试点实施的方案，首先选取了业务规模最齐全的重庆园区为推进样板，通过对重庆样板的研究将成功的模式复制到其他园区，以进一步推进财务共享转型。在此期间，财务共享项目的实施团队积极向各园区宣传共享服务的优势，取得业务单元对新模式的认同和支持；在充分调研的基础上，梳理每个业务单元的特殊业务，提高共享服务的适应性；组织业务单元参与转型后的流程和系统测试，共同应对运行初期的问题。

2. 人员转型方式的选择

财务共享服务中心的建立可以大大简化财务组织机构并精减财务人员数量，因此财务人员的转型方式是实施过程中的敏感话题。不同的企业可以根据实施背景、人力成本、推动力度等因素，选择当地安置释放财务人员、全体员工集中管理、根据岗位需求进行人员再安置等不同的转型方式。海尔集团按照一定的比例，将财务人员分到战略财务、共享财务和业务财务三个不同的领域，在明确各财务领域的具体职能的前提下，加强了各领域的相互协作以寻求协同效应。

3. 共享流程的选择

财务共享服务中心通过建立标准化的流程提高了处理业务的效率。海尔集团在选择共享流程时，主要考虑了具有以下四个特征的流程：第一，大量的和例行的事项；第二，具有普遍性；第三，需要专门的技术手段支持；第四，能满足公司层面特定目标和需求。如"采购到付款流程""费用报销流程""固定资产全生命周期管理流程"等。在了解不同流程的共性和差异的基础上，逐步推广有效的流程设计模式，实现全流程的最优化。

二、海尔集团的进阶，创新企业管理——从家电企业转型为创客孵化平台

2014年12月海尔董事局主席、首席执行官张瑞敏亲笔写下了一封激情澎湃的公开信——《致创客的一封信》。在这封信中，张瑞敏回顾了海尔三十年的变革历程，传达了海尔转型为平台企业的动向与决心，向全球创客发出邀请，希望每一位有志之士都参与到海尔的开发与创新中。这封信暗藏着海尔向新一轮战略部署的推进。

（一）海尔集团创客模式的产生过程

1. "人单合一"双赢模式

海尔从2005年起开始探索的"人单合一"双赢模式，对企业组织、管理模式以及战略层面进行了巨大的、颠覆式变革。在"人单合一"双赢模式下，"人"即员工，"单"即用户资源，而非狭义的订单。"人单合一"即以用户为导向，把员工和用户需求连接在一起，让员工与用户融为一体。"双赢"则体现为员工在为用户创造价值的过程中实现自身价值。

真正实现"人单合一"并非易事。传统企业组织，以企业为中心，在组织模式上是正三角形，最下面是员工，上面是领导。上级对下级下达命令，下级服从上级。而在理想的"人单合一"双赢模式下，每个人的市场目标不是由上级指定，而是根据自己所负责的市场的第一竞争力所定；每个人的收入也不是上级说了算，而是为用户创造多少价值说了算。这要求企业从根本上进行转型。

从2005年探索"人单合一"双赢模式，到2014年海尔的组织模式经历了从正三角到倒三角，再向平台化演变，已经形成扁平化、去中心化的组织。根据海尔官方的数据，2013年海尔集团原有员工有8.6万人，2013年底减少至7万人，中间管理层减少近1万人，裁员比例为18%。外界对海尔集团裁员质疑很大，而海尔集团则认为，这是转型必须要走的一步。

2. 网络化战略阶段

2012年底，海尔宣布进入第五个战略阶段——网络化战略阶段，网络化战略的实施路径主要体现在三个方面：企业无边界、管理无领导、供应链无尺度。

2014 年，海尔进一步颠覆为"企业平台化、员工创客化、用户个性化"：企业从原来封闭的组织变成开放的生态圈，可以整合全球的资源来完成目标，从而演变为一个可以自循环的开放生态圈；员工从原来被动的执行者变成主动的创业者；以满足每个用户的个性化需求为目标。

对企业来讲，没有中间管理层，就可以变成一个创业平台。发现了需求，几个人就可以成立一个创业团队。在推进"人单合一"双赢模式过程中，涌现出了一个个自主创业的小微团队。现在则进一步提出了创客理念。

3. 创客平台的起源

海尔表示今后要做的是孵化器平台，这个平台不只面向海尔内部员工，任何创客都可以来申请，海尔集团可以提供资金、系统和平台，支持他们创业。小微公司完全市场化运作，海尔可以是股东，占股可多可少，也可以不持股。小微公司可以引入战略投资者，独立于海尔体系外，将来做好了海尔还可以回购。

张瑞敏说："我们的想法是把企业拆成很多的小公司，把航母变成一个个舰队。海尔在传统经济做到一定的高峰了，现在需要到一个新的阶段，但不是爬到一个新的高峰，而是把它完全转变为一个生态系统；不是下一座山，而是把这座山峰改造成森林。而森林是一个生态系统，其间的树木可能每天都有生死，但生态系统却可以生生不息。"

目前，海尔的小微企业可以自主经营、决策、分配，可以直接面向用户，能够吸引全球一流的资源，发挥机制和活力优势。来自海尔的数据显示，到 2014 年 6 月底，海尔共有 169 个小微企业。例如，雷神是专门研发游戏笔记本的一个创客团队，该团队定位为一家专注于游戏笔记本及周边软硬件产品的互联网公司，2014 年雷神实现 2.5 亿元销售额和近 1300 万元净利润，现在已是独立运作的实体公司。

再以水盒子为例。水盒子是一个创业团队自主创业的成果。其是一个网器，它能够监控自来水水质的变化并改造自来水，让用户通过手机 App 可以更加智能化地实现水质监控等操作，从而更好地享受健康用水解决方案。目前水盒子已注册成为一个小微的实体公司，水盒子的小微主名叫邹浩，在海尔的创客平台上，他的角色不再是传统意义上的研发人员，而是创新产品的创业者。在这个平台上，海尔员工只要能在细分市场找到细分需求，即有用户资源，就可以成立小微企业，进行市场化运作。

（二）海尔集团的创客模式

1. 企业风投风向标

伴随着指数级科技的发展，无法避免的商业颠覆已经席卷所有行业，传统企业所面临的挑战更为艰巨。海尔的创客宣言正是对这场颠覆的积极响应，它与曾经风靡一时的企业风投颇为相近。

企业对早期市场试验的投资也被称作企业风险投资（CVC），拥有悠久的历史。在 20 世纪 90 年代末期互联网蓬勃发展的那段时期，似乎每家公司都在成立企业风险投资基金，希望能在早期互联网 IPO 不理性的繁荣中大赚一笔。当公共市场重返理性后，这些基金许多都被终止，企业风险投资机构也被关闭。

《大爆炸式创新》一书的作者拉里·唐斯（Larry Downes）和保罗·纽恩斯（Paul Nunes）认为："在大爆炸式创新的年代，企业风险投资重新回到了大众面前，变得更加聪明也更有重点。现在的企业投资者们不再只想赚快钱，相反，他们正在利用资本市场了解和获取有可能颠覆自身业务的各种技术。他们的策略就是为最具发展前景的早期市场试验提供资金，并在这些努力获得灾难性成功之前进行投资。在风投资本家和创业者眼里，企业风险投资合作人不只是初级投资人。在位企业同时也会提供相当积极的内部用户和市场专业知识，还有可能在未来成为成品和服务的渠道合作伙伴。"不只海尔，近两年来，联想、富士康、微软等企业都加入搭建企业孵化器，重启企业风投的行列里，尽管它们的名称各不相同。

联想 2013 年启动了创客大赛项目，每次大赛他们都选出一两个重点孵化。参赛的作品比较杂，不一定都是智能硬件，也有一些工业设计甚至是概念作品。联想 1984 年创立，成立近 30 年后他们开始关注创客群体，并希望能够通过他们得到更多的好点子。

富士康 2013 年建立了 innoConn 孵化中心，被人戏称为"富二代"，他们希望能够通过孵化初创企业打造更具活性的制造工厂，这就是"富士康第二代"。2014 年他们还发布了创意服务平台 Kick2Real，能够帮助全球各地的创客们实现梦想。作为中国最大的硬件制造商，富士康已经敏锐地感知到智能软件的众筹优势将会改变这个行业的未来格局，通过创办自己的硬件创业公司孵化中心试图加入其中。

微软 2013 年成立微软风投（Microsoft Venture），收拢旗下所有投资机构和项目。微软风投主要由三大部分组成——微软风投在线社区、加速器、种子基金。微软风投将重点投资面向企业软件、大数据、安全、人工智能、广告、游戏、云服务领域。羽翼未丰的创业公司能加入 3 ~ 6 个月不等的孵化器项目，获得微软风投的技术、资金、管理、咨询等全方位的支持。目前微软风投在北京、巴黎、西雅图、印度班加罗尔、以色列特拉维夫设有加速器分部。

与这些企业相比，海尔的创客行动更为彻底。拉里·唐斯和保罗·纽恩斯认为，在这一波新的企业风险投资模式中，投资不仅考虑经济回报，同时还考虑战略性的回报。例如，投资是否帮助公司更好地了解了新兴技术？投资是否让公司获得了在全球新兴市场中的经验，并与之建立起了联系？投资是否提高了公司在外部创新者、投资者及其顾客中的知名度？投资是否使潜力巨大的新产品和新服务得到开发，从而推动投资公司进入新的业务领域？

2. 自以为非，自我颠覆

张瑞敏在 2014 年复旦管理学奖励基金会颁奖典礼上讲："要想富有成效、基业长青，就得跟上时代的发展。百年老店之所以很难做得到，很重要的一个原因就是要不断地战胜自己。这有点像约瑟夫·熊彼特所说的企业家精神——创造性破坏，就是要创造性地破坏曾经的产品、产业，尤其是自己的产品和产业。这就要求我们自以为非，而绝不能自以为是。自以为非，有可能找到新的机会；如果自以为是，百年老店就不可能存在。要么是破坏自我，要么被破坏，没有其他的出路。"

诺基亚取代摩托罗拉，又被苹果取代，本质上就是因为被取代者没有跟上时代的发展：摩托罗拉代表的是模拟时代的技术，诺基亚代表的是数码时代的技术，而苹果代表的是互联网。跟不上时代就只能被淘汰，那么，如何才能抓住机会，自我突破并再次抓住机会呢？这是全世界所有企业所面临的管理难题：真正做到自我颠覆非常困难。

张瑞敏认为，原因有两点：第一，原来成功的思维模式成为今天的拖累，用过往的"成功经验"来做新的战略，可能根本不适合，甚至反而会阻碍你的思维。第二，过去优质的资产今天可能变成负债。最有说服力的例子就是柯达。很多人认为，柯达是被数码技术击败。张瑞敏认为，它是被它曾经成功的思维模式和优质的资产所击败。

所有的企业都是这样，原来成功的思维模式和优质资产在转型的时候会成为拖累，海尔也一样。假如认准了一定要改，那么要走什么路径？互联网时代一定是去中心化、零距离的、分布式的。

企业越大，反应速度就越慢，所以它们需要靠创客们来活化自己的研发部门。创客知道需求，也能够快速反应，产品也能快速迭代，对大型企业来说却是一股"活血"。不管是海尔、富士康，还是微软，企业风投成为它们进阶这场技术商业变革风潮的共同方式。

"大爆炸式创新"将创新的生命周期分为，四个阶段：第一阶段，奇点，关键看企业能不能抓住机会；第二阶段，大爆炸，创新的发展速度非常快，是无法控制的增长；第三阶段，大挤压，落伍者的空间越来越少；第四阶段，熵，沉寂阶段，也是酝酿新的奇点的阶段。企业风投可以为在位企业带来创新和发展的最佳途径，同时也是创造自身的大爆炸式创新的绝佳方法。

3. 打破创新者的窘境

当然，孵化器平台的搭建还面临着诸多问题。

创客在富士康 innoConn 里孵化，其中适合大量生产的将对接富士康的资源，创客产品前期的量比较小，富士康的制造资源比较难配合这一部分。虽然富士康一直在缩小制造的规模，但它的反应速度还是不能满足创客的需求。富士康的高层杰克·林（Jack Lin）公开邀请国外的硬件创业公司前来参观。但他同时说，新奇酷的产品不一定都适合商业化，Kickstarter 上有 80% 的创业项目最终都失败了。联想接触创客的模式比较放松，他们不对创客进行干预，只帮创客们上众筹、找渠道，但想在这些产品中找到适合联想的项目，好比大海捞针。

在海尔的平台上，如果创客有了一个好的产品创意，海尔可以提供软硬件设备的支持及供应链整合的服务，涵盖从研发设计、到试制与中试再到模具设计，甚至生产、销售、物流配送的服务支持。海尔网上商城、日日顺及海尔的渠道伙伴国美、苏宁、京东、天猫等都可合作对接。

对海尔而言，彻底自我颠覆，搭建孵化器平台，一方面，困难在于需要平衡三大矛盾，变轨转型与企业发展的矛盾，创新变革与企业稳定的矛盾，主动创新的机会成本和被动变革的边际效益之间的矛盾。企业面对转型同时还要保持现有规模的稳定发展，但是大部分企业转型初期都会出现下滑，之后慢慢回到高点，这个过程中如何平衡变革和发展的关系？海尔的做法是边破边立，削平低谷，实现变革的同时适应企业内在的发展需求。另一方面。海尔要做生态系统，所有平台上孵化的创新都要符合海尔的大战略，这很考验海尔的顶层设计能力。每个小微公司有各自的创新方向，但组合起来符合海尔的整体策略。海尔要做的是把一个大企业变成无数小企业，小企业又不断创新变成大企业。

自我变革未知的东西远远大于已知，但只要走对了路，就不怕路远。海尔认为，"企业平台化、员工创客化、用户个性化"将是必然趋势。创客时代，人人都是创客，让在一线"听得见炮声"的员工来决策、创业。

除了鼓励员工成为创客，海尔还鼓励思维活跃的大学生也成为海尔创意的新来源。海尔成立 M－LAB 创客实验室主要以丰富的活动、充足的经费以及先进的设备，支持大学生自己成立创客组织。目前创客实验室已经在北京、上海、青岛、广深、西安、成都、武汉、长春成立八个联络区，并分别与上海交通大学、北京理工大学、浙江大学、东华大学、中南大学、山东大学、武汉理工大学、清华美院、同济大学、湖南大学等多所高校展开合作。

总体来说，经过逐步发展，海尔最终希望打造一个公共科技服务平台，形成从"创客市场（帮创客找到市场）""创客实验室（帮创客生成满足用户价值的创意方案）""创客微工厂（帮创客把创意变成现实产品）"，到"创客银行（帮创客找到钱、帮资金找到好项目）"的生态链。

海尔有一句话，"没有成功的企业，只有时代的企业。"做企业不能想着成功，所谓的成功只不过是踏准了时代的节拍。人不可能永远踏准时代的节拍，不可能获得所有的机会的眷顾，但只要不断挑战自我，就不会被时代抛弃。支持企业风险投资，鼓励创客精神的企业是新的先驱者。在创新大爆炸的时代，他们或许可以突破熵阶段，找到了新的奇点，同时对自己进行彻底改造。

三、海尔创客模式下的管理会计创新与探索

创客模式的背后代表着海尔企业战略的创新、组织的变革、机制的创新以及管理的创新。从 2012 年开始，海尔进入第五个战略阶段即网络化阶段，海尔的

组织结构从传统的科层组织结构转变为网络化的平台组织结构。这种平台组织结构以自主经营体为单位，能够快速应对市场、满足用户需求，为顾客创造价值。这种创客模式即"人单合一"管理模式，"人"就是员工，"单"就是市场目标、用户需求。"人单合一"就是员工与用户融合为一体，"双赢"体现员工在为用户创造价值的同时体现出自身价值。

人单合一管理以快速满足用户需求和创造用户价值为目标，依托先进信息系统，通过构建以自主经营体为组织基本单元的网络平台组织，形成用户驱动、员工驱动的自组织；并建立以战略损益表、日清表、人单酬表为核心的人单合一管理会计体系，从而建立起由市场需求驱动的全员自主经营、自主激励的经营管理模式。

通过具有创新性的"人单合一"模式，海尔实现了"企业平台化、员工创客化、用户个性化"，开启了企业发展的新时代。"人单合一"的模式使得海尔全球财务共享服务规避了公司财务信息失真、效率低、经营风险不受控等问题，提升了财务处理的交易效率。

海尔管理会计的探索主要体现在三方面：首先是新的"三表"，即战略损益表、日清表和人单酬表，实现基于自主经营团队的战略承接、预算、绩效评价和激励的闭环。其次是"三预"体系，即预算、预案和预筹，对传统的预算体系进行创新。海尔不是简单地自上而下分解预算数据，而是由团队主动"竞单"承诺有竞争力的市场目标、自主创新差异化的路径和机制达成目标，目标要有预案、团队和激励机制支持。最后是"三赢"，即事前算赢、事中调赢、事后双赢。事前算赢主要是算赢有竞争力的目标以及达成目标的资源、团队和路径，保证目标的达成；事中调赢主要是通过滚动预测、动态优化、持续创新等应对市场变化，支持目标的实现；事后双赢主要是实现用户、员工、企业、合作方等利益相关者的价值共赢。在绩效评价方面，海尔集团提出二维点阵，不仅评价企业价值和市场绩效，还评估用户价值与战略绩效。

海尔管理会计的探索背后，体现了两层含义：一是共赢，二是增值。海尔的管理会计报表呈现的是共赢收益和增值收入。以往的企业都是企业主导型，企业前期调研、生产、推广、销售，产品到客户手里，已经形成一个完整闭环，不存在其他共赢或者增值收入。但这种管理模式在当今"大智移云物区"时代已经不适用了，新时代下，市场对企业提出了更高的要求，以往的模式带来的是市场推广费用的不断增加。因此，海尔由过去的以企业为中心转向以用户为中心，从产品制造商转型为社群经济的物联网生态平台，以共赢增值理念下的管理会计报表作为共赢增值战略驱动的工具。共赢增值报表颠覆了传统损益表，由过去的以企业为中心，到现在以用户为中心，由封闭到开放的、有用户和资源方参与的模式；由自上而下的管控到从用户到用户的循环生态模式转变；由事后算账的项目制，颠覆为各相关方的参与增值分享。共赢增值报表的目标是驱动小微加速向共创共赢的生态平台转变，实现各参与方的价值。共赢和增值的第一项是用户资源，第二项是平台上各相关方的资源，最后才是收入成本。因此以用户为中心，实现产品和服务与用户的交互，由用户体验持续迭代升级，将用户资产做大做强做优是共赢增值管理模式下的首要目标。基于用户的需求来推动整个生态圈的演进，让生态圈里各个节点、各个参与方相互赋能，形成了海尔平台生生不息的价值创造重构能力、共创共享开放的能力。

主要参考文献

［1］杨时展. 管理会计对会计学术的贡献 ［J］. 财会通讯, 1997 (5): 3 - 6.

［2］王生升. 哈耶克经济自由主义理论与市场经济秩序 ［D］. 北京: 中国人民大学, 2002.

［3］刘仲藜. 怎样认识推进国有企业战略性改组的重要性和紧迫性? ［J］. 前线, 1999 (10): 37 - 39.

［4］杨时展. 我国会计制度的演进 (二) ［J］. 会计之友, 1999 (8): 16 - 17.

［5］杨时展. 中国会计制度的演进 (一) ［J］. 会计之友, 1999 (7): 16 - 18.

［6］项怀诚. 强化监督机制搞好国有企业 ［J］. 中国国情国力, 1998 (7): 4 - 5.

［7］项怀诚. 深化改革强化监督努力搞好国有企业 ［J］. 预算会计, 1998 (7): 3 - 7.

［8］项怀诚. 深化改革强化监督努力搞好国有企业 ［J］. 中国财政, 1998 (7): 4 - 6.

［9］欧阳清. 我国成本管理改革的回顾和展望 ［J］. 会计研究, 1998 (5): 26 - 31.

［10］于光远. 于氏简明社会主义所有制结构辞典初稿 ［J］. 经济体制改革, 1997 (6): 3 - 24.

［11］杨继良, 徐佩玲. 议管理会计的应用 ［J］. 会计研究, 1997 (12): 33 - 36.

［12］谢志华. 会计的未来发展 ［J］. 会计研究, 2021 (11): 3 - 19.

［13］贺颖奇. 管理会计概念框架研究 ［J］. 会计研究, 2020 (8): 115 - 127.

［14］王斌, 任晨煜, 卢闯, 焦焰. 论管理会计应用的制度属性 ［J］. 会计研究, 2020 (4): 15 - 24.

［15］冯巧根. 管理会计工具的创新——"十字型"决策法的应用 ［J］. 会计研究, 2020 (3): 110 - 127.

［16］叶康涛, 刘金洋, 曾雪云. 会计管理活动论的当代意义 ［J］. 会计研究, 2020 (1): 5 - 15.

［17］张先治. 论管理会计的内涵与边界 ［J］. 会计研究, 2019 (12): 28 - 33.

［18］杨雄胜, 陈丽花, 孙东木, 向利. 新中国会计监督的历史贡献 ［J］. 会计研究, 2019 (11): 3 - 11.

[19] 栾甫贵. 论会计学的学科性质 [J]. 会计研究, 2019 (3): 18 – 24.

[20] 孔垂珉, 李靠队, 蒋雯, 张济建. 中国管理会计研究回顾与述评: 1978 年至 2018 年 [J]. 会计研究, 2019 (2): 49 – 56.

[21] 丁胜红, 吴应宇. 基于人本经济发展观的管理会计理论体系与计量方法创新探讨 [J]. 会计研究, 2019 (1): 53 – 58.

[22] 王满, 于浩洋, 马影, 马勇. 改革开放 40 年中国管理会计理论研究的回顾与展望 [J]. 会计研究, 2019 (1): 13 – 20.

[23] 钟芳, 王满, 周鹏. 供应链下的管理会计工具整合运用与企业绩效 [J]. 华东经济管理, 2019, 33 (1): 145 – 153.

[24] 黄贤环, 吴秋生. 阿米巴模式下的管理会计理念、方法与创新 [J]. 云南财经大学学报, 2018, 34 (8): 104 – 112.

[25] 宋雪. 管理会计创造价值的实证研究 [J]. 科研管理, 2018, 39 (4): 166 – 176.

[26] 谢志华, 敖小波. 管理会计价值创造的历史演进与逻辑起点 [J]. 会计研究, 2018 (2): 3 – 10.

[27] 夏冬林. 企业会计是一个战略控制系统——纪念杨纪琬先生诞辰 100 周年 [J]. 会计研究, 2017 (1): 23 – 31, 95.

[28] 敖小波, 李晓慧, 谢志华, 何华生. 管理会计报告体系构建研究 [J]. 财政研究, 2016 (11): 91 – 102.

[29] 潘飞, 任立苗. 基于环境管理会计框架的物质流成本会计应用 [J]. 财务与会计, 2016 (11): 51 – 52.

[30] 田超. 企业管理会计报表体系设计探讨 [J]. 财务与会计, 2016 (9): 68 – 69.

[31] 胡仁昱, 孔令曼. 管理会计信息化的理论与框架 [J]. 财务与会计, 2016 (5): 56 – 58.

[32] 冯巧根. 论管理会计范式的形成规律 [J]. 云南财经大学学报, 2016, 32 (1): 15 – 23.

[33] 池国华, 邹威. 基于 EVA 的价值管理会计整合框架——一种系统性与针对性视角的探索 [J]. 会计研究, 2015 (12): 38 – 44, 96.

[34] 傅俊元. 新常态下宏观经济与管理会计维度的思考 [J]. 财务与会计, 2015 (23): 23 – 24.

[35] 冯巧根. 关于推进中国特色管理会计的思考 [J]. 财务与会计, 2015 (22): 11 – 12.

[36] 朱元午. 关于管理会计的几个问题 [J]. 财务与会计, 2015 (21): 10 – 11.

[37] 冯巧根. 管理会计的变迁管理与创新探索 [J]. 会计研究, 2015 (10): 30 – 36, 96.

[38] 沈艺峰，郭晓梅，林涛. CIMA《全球管理会计原则》背景、内容及影响 [J]. 会计研究，2015（10）：37-43，96.

[39] 陈良华. 管理会计镜像：对管理控制系统评述 [J]. 财务与会计，2015（19）：6-8.

[40] 张先治. 关于管理会计理论体系建设的几个问题 [J]. 财务与会计，2015（18）：6-7.

[41] 彭家钧. 海尔财务信息化系统的构建与运行 [J]. 财务与会计，2015（15）：18-20.

[42] 许金叶，王梦琳. 管理会计信息化的定位、内容与规范 [J]. 财务与会计，2015（15）：16-18.

[43] 傅元略. 中国特色的管理会计理论问题探讨 [J]. 财务与会计，2015（12）：14-16.

[44] 戴璐，支晓强. 企业引进管理会计方法的排斥效应、后续变革与影响因素——基于国有企业情景的案例调查 [J]. 南开管理评论，2015，18（2）：103-114.

[45] 杨雄胜. 管理会计体系之理论基础问题探讨 [J]. 财务与会计，2015（6）：13-14.

[46] 张明明. 推动建立中国特色管理会计的思考 [J]. 财务与会计，2015（6）：17-18.

[47] 王兴山. 企业互联网时代的管理会计 [J]. 财务与会计，2015（4）：13-14.

[48] 张先治，晏超. 基于会计本质的管理会计定位与变革 [J]. 财务与会计，2015（3）：9-11.

[49] 曹伟. 论会计学科的理论整合及会计学的边界 [J]. 当代财经，2015（1）：109-121.

[50] 胡玉明. 强化管理会计理论研究的"中国元素" [J]. 财务与会计，2015（1）：11-12.

[51] 朱清海. 基于内部控制体系的管理会计应用 [J]. 财务与会计，2014（12）：28-29.

[52] 胡静林. 管理会计在中国：回顾与展望 [J]. 财务与会计，2014（12）：4-5.

[53] 张连起. 管理会计的"中国实践" [J]. 财务与会计，2014（11）：11-15.

[54] 楼继伟. 加快发展中国特色管理会计促进我国经济转型升级 [J]. 财务与会计，2014（10）：4-10.

[55] 冯巧根. 基于环境不确定性的管理会计对策研究 [J]. 会计研究，2014（9）：21-28，96.

［56］孟焰，孙健，卢闯，刘俊勇．中国管理会计研究述评与展望［J］．会计研究，2014（9）：3–12，96.

［57］王斌，顾惠忠．内嵌于组织管理活动的管理会计：边界、信息特征及研究未来［J］．会计研究，2014（1）：13–20，94.

［58］蒋占华，宋家兴，吕良玉．管理会计体系建设：透视与展望［J］．财务与会计，2014（1）：68–69.

［59］杨雄胜，陈丽花，曹洋，缪艳娟．会计理论范式革命：黎明前的彷徨与思考［J］．会计研究，2013（3）：3–12，95.

［60］周琳，潘飞，刘燕军，马保州．管理会计变革与创新的实地研究［J］．会计研究，2012（3）：85–93，95.

［61］殷俊明，王跃堂．基于价值链的集成成本管理系统［J］．华东经济管理，2011，25（9）：127–130.

［62］何素华．对中国管理会计应用问题的几点思考［J］．经济与管理，2011，25（8）：92–95.

［63］潘飞，陈世敏，文东华，王悦．中国企业管理会计研究框架［J］．会计研究，2010（10）：47–54.

［64］傅元略．中国管理会计理论研究的发展和亟待解决的几个问题［J］．学海，2010（4）：76–83.

［65］中央财经大学会计学院管理会计研究课题组．管理会计研究方法体系框架的构建与应用——基于国内外现有研究成果的初步分析［J］．会计研究，2010（5）：30–38，95–96.

［66］万寿义，王红军.1949–2009年中国企业成本管理发展历史考察［J］．经济问题探索，2010（2）：98–103.

［67］杜荣瑞，肖泽忠，周齐武．中国管理会计研究述评［J］．会计研究，2009（9）：72–80，97.

［68］肖泽忠，周齐武，杜荣瑞，赵立新．中国上市公司管理会计实务研究［J］．北京工商大学学报（社会科学版），2009（1）：30–34.

［69］胡玉明，叶志锋，范海峰．中国管理会计理论与实践：1978年至2008年［J］．会计研究，2008（9）：3–9.

［70］林万祥．中国管理会计的历史演进、现状与未来［J］．当代财经，2008（9）：112–117.

［71］王建新．培育与塑造有中国特色的共同会计价值观［J］．会计研究，2008（7）：25–33.

［72］王建新．依托共同价值观重塑会计职业行为［J］．会计之友（中旬刊），2007（8）：4–6.

［73］冯巧根．论管理会计与公司治理的内在化［J］．山西财经大学学报，2007（3）：115–119.

［74］李晓静，张群. 价值链分析与价值链管理会计［J］. 经济问题，2007（1）：114 - 116.

［75］余恕莲，吴革. 管理会计的本质、边界及发展［J］. 经济管理，2006（6）：68 - 73.

［76］潘飞，文东华. 实证管理会计研究现状及中国未来的研究方向——基于价值管理视角［J］. 会计研究，2006（2）：81 - 86，8.

［77］陈良. 全面预算管理理论与实践的思考［J］. 中国流通经济，2005（12）：28 - 31.

［78］江其玟，荣玮. 战略成本管理理论及其方法运用［J］. 生产力研究，2005（12）：236 - 238.

［79］许亚湖. 企业战略成本管理理论框架研究［J］. 中南财经攻法大学学报，2005（5）：97 - 101.

［80］余绪缨. 管理与管理会计理论的几点新认识［J］. 中国经济问题，2005（5）：3 - 10.

［81］李玉周，聂巧明. 基于成本视角对管理会计框架的重建［J］. 会计研究，2005（8）：82 - 85，96.

［82］孟焰，孙丽虹. 管理会计理论框架的研究［J］. 中央财经大学学报，2004（10）：67 - 70.

［83］傅元略. 价值管理的新方法：基于价值流的战略管理会计［J］. 会计研究，2004（6）：48 - 52，96.

［84］王斌，高晨. 论管理会计工具整合系统［J］. 会计研究，2004（4）：59 - 64.

［85］阎达五. 价值链会计研究：回顾与展望［J］. 会计研究，2004（2）：3 - 7，96.

［86］赵西卜，刘瑜宏，施武妹. 我国会计理论研究的发展轨迹与取向——《会计研究》十年文章述评［J］. 会计研究，2003（4）：55 - 60.

［87］汪家常，刘路冰. ERP 理念透视与会计思维变革［J］. 管理世界，2002（12）：144 - 145.

［88］石本仁. 公司治理中的会计角色［J］. 会计研究，2002（4）：24 - 31，65.

［89］阎达五，支晓强. 会计学视野中的经济学［J］. 会计研究，2002（1）：11 - 15.

［90］袁水林，王东升. 试论战略管理会计对企业投资决策的影响［J］. 经济问题，2001（11）：43 - 44.

［91］冯巧根. 21 世纪管理会计发展展望［J］. 外国经济与管理，2001（2）：37 - 44.

［92］胡玉明. 21 世纪管理会计主题的转变——从企业价值增值到企业核心

能力培植 [J]. 外国经济与管理，2001（1）：42 – 48.

　　[93] 黄曼行. 管理会计"价值观"的创新与发展 [J]. 会计研究，2000（9）：59 – 60.

　　[94] 刘玉廷. 关于会计中国特色问题的思考 [J]. 会计研究，2000（8）：2 – 7.

　　[95] 孟焰. 面向 21 世纪的中国管理会计 [J]. 会计研究，1999（10）：45 – 49.

　　[96] 余绪缨. 企业战略管理与战略管理会计基本理论问题 [J]. 财务与会计，1999（8）：8 – 11.

　　[97] 胡玉明. 二十世纪管理会计的发展及其未来展望 [J]. 外国经济与管理，1999（5）：3 – 7.

　　[98] 高雅莉，蔡元萍，王秀玲. 试论管理会计在企业管理中的应用 [J]. 商业研究，1999（2）：43 – 44.

　　[99] 李来儿. 对管理会计中几个理论问题的再思考 [J]. 山西财经大学学报，1998（S1）：42 – 43.

　　[100] 陈信元，金楠. 试论西方会计理论对我国会计学的影响——纪念十一届三中全会召开 20 周年 [J]. 财务与会计，1998（11）：7 – 10.

　　[101] 林文雄，吴安妮. 中国管理会计实务调查报告 [J]. 会计研究，1998（8）：14 – 18.

　　[102] 余坚. 对管理会计若干基本理论问题的探讨 [J]. 财经研究，1998（7）：56 – 59，63.